高等职业教育新形态一体化系列教材

跨境电子商务

主　编　孟昭香　柴宝华
副主编　刘　娜　陈彩虹　陈东岩　栾希杰

北京理工大学出版社
BEIJING INSTITUTE OF TECHNOLOGY PRESS

内 容 简 介

《跨境电子商务》是一本专为跨境电子商务行业企业卖家而编写的实用教程。本教材以企业卖家的视角，深入解析了跨境电子商务交易平台的运作机制，详细介绍了从产品选品、市场分析、店铺运营到物流管理、客户服务等跨境电子商务实操流程中的每一个环节。本教材内容覆盖了跨境电子商务领域所需的核心知识和技能，并将这些理论知识与岗位技能紧密结合，采取案例分析和项目式的教学方式，强调理论与实践的一体化，以实操练习巩固学习成果，真正做到学以致用。

本教材不仅可作为财经商贸类专业学生学习跨境电子商务课程的重要教材，而且也可作为在职的电子商务人员和创业者进行自我提升的参考书。通过本教材的学习，学习者将能够系统地掌握跨境电子商务的专业知识，提高其实战操作能力，为在日益繁荣的跨境电子商务领域中取得成功奠定坚实的基础。

版权专有　侵权必究

图书在版编目（CIP）数据

跨境电子商务 / 孟昭香，柴宝华主编． -- 北京：北京理工大学出版社，2024． 5.
ISBN 978-7-5763-4127-0

Ⅰ．F713.36

中国国家版本馆 CIP 数据核字第 2024BX3644 号

责任编辑：王梦春　　　**文案编辑：**辛丽莉
责任校对：周瑞红　　　**责任印制：**施胜娟

出版发行	/ 北京理工大学出版社有限责任公司
社　　址	/ 北京市丰台区四合庄路 6 号
邮　　编	/ 100070
电　　话	/ （010）68914026（教材售后服务热线）
	（010）63726648（课件资源服务热线）
网　　址	/ http://www.bitpress.com.cn
版 印 次	/ 2024 年 5 月第 1 版第 1 次印刷
印　　刷	/ 河北盛世彩捷印刷有限公司
开　　本	/ 787 mm×1092 mm　1/16
印　　张	/ 18
字　　数	/ 467 千字
定　　价	/ 58.00 元

图书出现印装质量问题，请拨打售后服务热线，负责调换

前言

在这个全球化趋势日益加剧的时代，跨境电子商务（以下简称跨境电商）以其独特的魅力和无限的可能性，正在成为连接世界各地的重要纽带。随着我国经济社会发展步伐的加快，党的二十大精神的深入贯彻落实，扩大开放的决心更加坚定，不断推动贸易创新发展，积极构建新发展格局。跨境电商作为新兴的国际贸易方式，在促进贸易便利化、激发市场活力、增强国际竞争力方面发挥着日益重要的作用。

《跨境电子商务》以习近平新时代中国特色社会主义思想为指导，贯彻落实党的二十大精神，根据当前国内外跨境电商的发展趋势和实际需求，结合党的二十大报告提出的新理念、新思想、新战略，旨在系统地为学习者提供一套全面、实用的跨境电商知识体系。本教材分为认知篇、运营篇、服务篇和数据篇四个模块，涵盖从行业认知、平台选择、运营管理到客户服务、数据分析等多个维度，不仅帮助学习者掌握理论知识，更通过丰富的实训内容，培养学习者将知识应用于实践的能力。同时利用运营案例、素养小课堂、素养加油站等形式将思政、职业素养贯穿始终。

认知篇带领学习者走近跨境电商的世界，深入了解其优势及影响力，并对我国跨境电商的发展态势进行深入剖析。同时，也将重点介绍跨境电商的法律规范，确保学习者在遵循国际规则的基础上，能够合法合规地开展业务。运营篇聚焦于跨境电商平台的入驻、产品选品、成本核算、产品发布及营销等关键环节，旨在培养学习者的市场洞察力和实操能力，使其能够在激烈的国际市场竞争中抢得先机。服务篇探讨如何提升客户满意度，从询盘沟通技巧到售后服务纠纷处理，每一个环节都是提升客户体验、构建品牌信誉的关键步骤。数据篇着重于数据分析的重要性，帮助学习者掌握如何通过数据驱动业务决策，提升运营效率。

本教材立足于实战，以项目和任务的形式对知识点进行介绍，力求通过案例导入、实训任务、拓展阅读、习题巩固的方式达成知识目标和技能目标，并通过素养加油站的设计来强调学生素养提升的重要性。融入国家战略，不仅注重知识的传授，更注重能力的培养和价值观的塑造。期望每一位学习者在学习本教材的过程中，不仅能够获得知识的丰收，更能够在跨境电商的浪潮中乘风破浪，勇往直前。

为响应国家推进教育数字化的号召，本教材配套了电子资源，包括微课、教学PPT、教学标准、习题、讨论题等，大部分电子资源以二维码的形式呈现在教材中，希望能为在校师生提供混合式教学支撑，也能为社会人员提供一门完整的继续教育课程，助力形成全民终身学习的学习型社会。

感谢各位编者在百忙中抽出时间参与本教材的编写，同时也感谢参与调研的跨境电商企业不吝分享对人才的理解。编写本教材各项目的人员分工：项目一、项目二、项目三由孟昭香老师编写；项目四、项目五、项目六（除实训部分外）由柴宝华老师编写；项目六实训部分、项目七由刘娜老师编写；项目八、项目九由陈彩虹老师编写；项目十、项目十一、项目十二由陈东岩老师编写；来自企业的栾希杰负责审核校对本教材内容与行业企业发展之间的贴合度，使本教材内容能切实符合行业企业需求，从教材层面促进产教融合。

尽管编者本着严谨的态度编写本教材，但由于时间匆忙、能力有限，教材中难免还存在疏漏和错误，恳请读者批评指正。

最后，愿每一位走进跨境电商世界的学习者，都能在这个充满机遇和挑战的新领域中找到自己的位置，实现个人价值，为推动我国对外贸易发展和经济全球化作出积极的贡献。

编　者

目 录

模块一　认知篇

项目一　掘金海外——带你走近跨境电商 ··· 2
　　任务一　初识跨境电商 ·· 3
　　任务二　了解跨境电商的优势及影响 ·· 5
　　任务三　熟悉我国跨境电商的发展及趋势 ·· 7
　　任务四　牢记跨境电商的法律规范 ··· 8
　　任务五　认识跨境电商的参与主体和岗位 ·· 13
　　实训一　搜集有关跨境电商企业的案例 ··· 19
　　实训二　书写职业说明书 ··· 19

项目二　细数平台——教你认识跨境电商平台 ··· 25
　　任务一　初识跨境电商平台 ·· 26
　　任务二　了解速卖通——国际版的"天猫" ··· 28
　　任务三　了解亚马逊——"以客户为中心"的外贸平台 ··· 29
　　任务四　认识 Wish——推荐与探索结合的移动外贸平台 ·· 30
　　任务五　认识敦煌网——通往全球的线上"丝绸之路" ··· 31
　　任务六　认识 eBay——全球人民的线上拍卖、购物网站 ··· 33
　　任务七　认识 Shopee——跨境电商的创新引擎 ··· 34
　　任务八　认识阿里巴巴国际站——中小企业全球贸易平台 ·· 35
　　任务九　选择跨境电商平台 ·· 38
　　实训一　认识第三方跨境电商平台 ··· 39
　　实训二　跨境电商服务平台案例分析 ·· 39

模块二 运营篇

项目三　踏上征途——学会入驻跨境电商平台 42
　　任务一　学习速卖通平台卖家入驻知识 43
　　任务二　掌握 Wish 平台卖家入驻知识 45
　　任务三　了解其他平台卖家入驻知识 47
　　实训一　完成速卖通平台卖家注册 50
　　实训二　完成 Wish 平台卖家注册 53

项目四　以品撬销——精通跨境电商选品 57
　　任务一　初识品类 58
　　任务二　了解选品的原则与理念 59
　　任务三　掌握选品的技巧 61
　　实训一　在速卖通平台上选品 66
　　实训二　在亚马逊平台上选品 73

项目五　精算成本——合理确定产品价格 80
　　任务一　核算出口跨境电商产品的成本 81
　　任务二　实施跨境电商产品的定价策略 82
　　任务三　了解跨境电商产品定价心理学 86
　　实训　为某跨境电商产品制定合理的定价 90

项目六　扬帆起航——熟知跨境电商产品发布 93
　　任务一　学习平台产品发布须知 94
　　任务二　掌握优化产品的技巧 102
　　任务三　学会跨境店铺优化 106
　　实训一　在速卖通平台上发布产品 111
　　实训二　对产品标题描述进行优化 121
　　实训三　使用 Photoshop 处理产品图片 124

项目七　拓展市场——学会跨境电商营销 129
　　任务一　认识跨境电商营销 131
　　任务二　认识跨境电商站内营销 134
　　任务三　认识跨境电商站外营销 138
　　任务四　采集推广数据与分析 153
　　实训一　新建速卖通直通车推广计划 158
　　实训二　速卖通平台直通车广告的投放地域选择 161

项目八　畅通全球——借助跨境电商物流与供应链 170
　　任务一　认识跨境电商物流 172
　　任务二　了解跨境电商物流模式 174

任务三　熟悉主要跨境电商平台的物流方式 187
　　任务四　认识跨境电商供应链 190
　　实训一　计算中国邮政国际小包物流运费 197
　　实训二　计算国际空运头程物流费用 197
　　实训三　计算海外仓相关费用 198

项目九　勇往直前——处理订单及报关报检 201
　　任务一　学习跨境电商平台的订单处理 202
　　任务二　熟悉跨境电商产品的报关报检 209
　　任务三　了解外贸综合服务平台的通关服务 215
　　实训一　拟写感谢函 222
　　实训二　调研订单取消原因与设计应对方案 222

项目十　回收资金——明晰跨境电商支付 225
　　任务一　认识跨境电商的支付模式 226
　　任务二　熟悉便利快捷的跨境支付 228
　　任务三　学习安全高效的跨境电商平台收款 237
　　任务四　认识与防范跨境电商支付风险 240
　　实训一　创建、绑定国际支付宝账户 244
　　实训二　对比认识常见跨境电商支付方式 246

模块三　服务篇

项目十一　提升满意度——做好跨境电商客服 250
　　任务一　认识跨境电商客服 251
　　任务二　掌握询盘沟通技巧 254
　　任务三　熟悉交易评价管理 258
　　任务四　学会处理售后服务纠纷 260
　　任务五　妙用对买家进行二次营销 262
　　实训　买家服务 263

模块四　数据篇

项目十二　精准运营——精通跨境电商数据分析 266
　　任务一　掌握跨境电商数据分析的基本步骤 267
　　任务二　熟悉跨境电商数据分析指标 269
　　任务三　学会跨境电商数据分析的思维与方法 272
　　实训　分析云计算、大数据、人工智能 278

参考文献 280

模块一
认知篇

项目一

掘金海外——带你走近跨境电商

知识目标
1. 了解跨境电商的概念、分类和流程。
2. 了解跨境电商在对外贸易中的优势及影响。
3. 了解我国跨境电商的发展历程与发展趋势。
4. 了解跨境电商企业的岗位划分及岗位职能。

能力目标
1. 能够指出跨境电商与传统国际贸易的区别和联系。
2. 能够分析跨境电商的发展趋势。
3. 能够根据跨境电商企业的岗位设置及岗位职责，构建跨境电商企业架构。

素养目标
1. 了解我国跨境电商品牌出海的情况，感受中国速度、中国力量，成为具有社会责任感、社会参与意识和法律意识的高素质技能人才。
2. 能够对自己的职业生涯规划有深入认知，对跨境电商企业的主要工作内容及流程有整体的认识，有较强的集体意识和团队合作精神。

知识导图

前言

当前，互联网已经深刻改变了人们的生活方式与消费习惯，互联网经济已经成为我国经济增长的重要引擎。艾媒咨询分析师认为，在"新消费"观念和消费升级潮流的冲击下，产品质量更有保障的跨境电商市场交易规模将继续保持快速增长。

项目一　掘金海外——带你走近跨境电商

运营故事

速卖通全球市场渗透率排行榜大公开，阿里巴巴出海大获全胜

1. 榜单出炉

在全球消费市场并不稳定的背景之下，全球速卖通（以下简称速卖通）的发展势头十分强劲。近日，Statista 公布了速卖通全球国家市场渗透率排行榜，该数据是基于过去 12 个月各国买家在速卖通购物的比例得出的，具有较强的客观性和真实性。从数据表现来看，在所有市场中，欧洲市场和拉丁美洲市场是速卖通渗透率最高的两大市场。

欧洲市场：西班牙以 38% 的份额成为速卖通渗透率第一的国家；荷兰以 28% 的渗透率位列第二；意大利和德国仅有 14% 和 11% 的市场渗透率，远低于荷兰市场。

拉丁美洲市场：巴西和墨西哥的渗透率分别为 25% 和 19%，位列第三和第四。

除了以上渗透率较高的重点市场外，速卖通也在不断探索新兴市场，包括韩国、日本、德国等。随着速卖通市场范围的不断扩大，并在新兴市场持续取得不错的成绩，未来渗透率数据的排名很有可能发生新的变动。

2. 迅速扩张

回望过去，早在 2010 年阿里巴巴集团就创立了速卖通，速卖通上线后也被广大卖家称为"国际版淘宝"。速卖通的成长之路并不顺利，上线之初经常因售卖廉价产品而受到嘲笑，但时间证明了速卖通的价值，现在速卖通已经在众多市场中站稳了脚跟。

以韩国市场为例，速卖通在韩国掀起了一阵海淘热潮。据韩媒报道，速卖通已经起到了带动韩国跨境电商的作用，其成交额达到历史最高值。2023 年第二季度，韩国跨境电商成交额增加了 25.6%，其中来自中国的交易额增幅最大，达到了 7 778 亿韩元。

为了提升服务质量，速卖通近期宣布在韩国升级发货物流保障服务，并承诺部分货物将在 5 天内送达。此外，速卖通还在押注美国市场，并将在洛杉矶开展首个快闪店线下活动，提供各种产品和参赛机会。

（资料来源：《出海必读》，2023-08-22）

案例分析：当下速卖通能在多个市场达成这样的渗透率是十分不错的，再加上其不断开拓新市场，未来很有可能会带来更多的惊喜。而对卖家来说，速卖通早已成为出海的选择之一，随着其不断开拓更多市场，卖家选择的空间将变得更大。

知识准备

任务一　初识跨境电商

一、跨境电商概念

跨境电商（cross-border electronic commerce）是指分属不同关境的交易主体，通过电商平台达成交易，进行支付结算，并通过跨境电商物流及异地仓储送达产品，从而完成交易的一种国际化商业活动。实际上，跨境电商就是把传统国际贸易加以网络化、电子化的新型贸易方式。它以网络、电子技术和物流为手段，以

初识跨境电商

商务为核心,把传统的销售、购物渠道转移到互联网上,打破国家与地区间的交易壁垒。

小知识:关境又称海关境域或税境,是一个国家或地区行使海关主权的执法空间。交易主体分属不同关境的产品销售需要"过海关"。

二、跨境电商分类

跨境电商可以根据交易主体属性、进出口方向、运营方式、业务专业性等的不同分为多种类型。

(一) 根据交易主体属性的不同分类

根据交易主体属性的不同,跨境电商可以分为 B2B (business-to-business)、B2C (business-to-customer)、C2C (customer-to-customer) 三类,见表 1-1。

表 1-1 跨境电商分类 1

分类	含义
B2B	企业对企业的跨境电商,即分属不同关境的企业之间通过互联网进行产品或服务的交易
B2C	企业对个人的跨境电商,即企业以网上零售的方式,将产品或服务直接售卖给境外个人消费者
C2C	个人对个人的跨境电商,该模式是跨境电商发展的初级阶段,目前无论是在 eBay 还是在速卖通,基本是企业在经营店铺

(二) 根据进出口方向的不同分类

根据进出口方向的不同,跨境电商可以分为进口跨境电商和出口跨境电商。由于我国的产品有着较强的成本优势,加之政策对跨境出口相对倾斜,因此我国跨境电商以出口跨境电商为主。

(三) 根据运营方式的不同分类

根据跨境电商平台运营方式的不同,可以将跨境电商分为第三方开放型、自营型、第三方+自营型三类,见表 1-2。

表 1-2 跨境电商分类 2

平台类型	平台简介	平台盈利模式	平台示例
第三方开放型	通过线上搭建商城,整合物流、支付、运营等服务资源,吸引卖家入驻,并为其提供跨境电商交易服务	以收取卖家佣金或增值服务费作为主要盈利模式	eBay、全球速卖通、亚马逊、Wish、敦煌网
自营型	平台方整合供应商资源,通过较低的进价采购产品,然后出售产品赚取差价	主要以赚取产品差价作为盈利模式	兰亭集势、DX、米兰网、大龙网、网易考拉
第三方+自营型	平台方既有直营产品,又有其他卖家入驻	以赚取卖家支付的服务费及产品差价作为盈利模式	京东全球购

(四) 根据业务专业性的不同分类

根据电商平台业务专业性的不同,可将跨境电商分为垂直型跨境电商与综合型跨境电商。其中,垂直型跨境电商专注于某些特定的领域或特定的产品品类,如米兰网的宗旨是做最专业的服装跨境电商 B2C 平台;综合型跨境电商是一个与垂直型跨境电商相对应的概念,它所销售的产品种类繁多,并且涉及多种行业,如 eBay、速卖通、亚马逊、京东全球购等。

项目一 掘金海外——带你走近跨境电商

素养小课堂

随着中国的"一带一路"倡议不断推进，跨境电商成为这一宏大愿景中的亮点。它如同织就一张新的丝绸之网，跨越山海，连接世界各地。尤其是上海、福建、重庆、广东、北京等地的出口企业中，跨境电商展现出了与传统贸易模式不同的新活力和潜力。

这些企业不受传统销售中地理位置的限制，它们以互联网为翅膀，覆盖了更广泛的消费群体。通过线上平台，它们不仅拓宽了销售渠道，也为买家提供了更为便捷的购物体验。此外，这些企业借助我国在互联网技术领域的优势，积极在"一带一路"沿线国家开展电商、在线支付、娱乐内容、智慧城市建设等业务，促进了技术和文化的交流。

跨境电商的发展，不仅为我国的传统外贸企业提供了新的增长点，也为全球贸易注入了新动力。它通过创新贸易模式，提升了经济运行的效率，降低了交易成本，有力地推动了全球贸易的整合与发展。在传统贸易遭遇挑战的当下，跨境电商如同一股清流，正在以其独特的魅力和强大的生命力，成为全球贸易新的增长极。

案例链接

小李在澳大利亚留学时，有一次逛超市时随手发了一张产品图片到朋友圈，没有想到有很多国内的朋友纷纷留言要求他帮忙代购当地超市的产品。小李推辞不过，在超市采购完产品之后，通过一家国际快递公司将产品寄回了国内。

小李了解到很多人出于对国外产品的信任，不惜花费更多的金钱来求购国外产品。他看到了其中的商机，于是做起了朋友圈海外代购的生意。几年来，他不仅自付了学费，还攒下了不少零花钱。

由于政策变化等原因，小李感到代购的成本越来越高，来自国内的订单也越来越少。国内的朋友告诉他，当前国内一家叫"好快通"的海外代购网站广受好评，大家购买国外产品都到这个网站，产品都是平台自营的且很便宜。

想一想

1. 小李在朋友圈发布产品图片，然后在超市购买产品，通过跨国物流将产品寄回国内，属于哪一种跨境电商？这种电商存在哪些问题？

2. "好快通"购物网属于哪一种跨境电商平台？这种电商平台有何优点？

任务二　了解跨境电商的优势及影响

一、跨境电商在对外贸易中的优势

跨境电商不仅提高了传统对外贸易的效率，还重塑了整个对外贸易的组织方式，具有一些传统对外贸易无法比拟的优势，具体见表1-3。

跨境电商的优势及影响

表1-3　跨境电商与传统对外贸易的对比

对比项目	贸易形式	
	传统对外贸易	跨境电商
交易主体的沟通方式	当面接洽，过程复杂烦琐	通过互联网平台，简单快捷、随时随地
运作的模式	基于商务合同的传统贸易模式	借助电商平台的新型贸易模式

5

续表

对比项目	贸易形式	
	传统对外贸易	跨境电商
订单的特点	大批量、少批次，订单集中、周期长	小批量、多批次，订单分散、周期短
价格、利润率	价格高、利润率低	价格低、利润率高
产品类目	产品类目少，更新速度慢	产品类目多，更新速度快
规模、增长速度	市场规模大但受地域限制，增长速度相对缓慢	越来越多的企业参与，增长速度快
交易环节	复杂，涉及的中间环节多	简单，涉及的中间环节少
支付	传统贸易支付	在线支付
政策	政策优惠一般	政策优惠较多

二、跨境电商的影响

（一）促进了中小企业的发展

随着互联网的发展，大量的中国中小企业通过跨境电商登上了国际贸易的舞台。这些中小企业自主掌握销售渠道，发展自主品牌，通过定制化的生产制造，满足消费者的个性需求，改变了以往的代加工生产模式。因此，跨境电商为提高品牌知名度和美誉度创造了更好的机会和途径，尤其给一些小而美的中小企业创造了新的发展空间。

（二）改变了传统对外贸易的贸易链条

跨境电商是贸易的供需双方通过互联网直接接触，使互联网成为最大的中间环节。在这种情况下，市场上出现了新的经营主体，如电商平台。跨境电商重塑了传统外贸的贸易链条，减少了大量的中间环节，如中间商、代理商和专业的进出口公司等。

（三）加快了我国经济转型升级

我国外贸企业通过发展跨境电商，提高了外贸产品的技术含量，改变了传统外贸长期处于低端加工厂的困境，为我国经济转型升级提供了有效动能。

（四）增加了就业机会

电商的发展催生了许多新技术、新产品、新业态、新模式，使大众创业变得更加容易，创造了上千万的就业创业机会，如网店装修、网店代运营这些从业机会。从业者与互联网平台不存在传统的雇佣关系，而是利用新技术构造的电商平台开展创业就业，或进行兼职工作，为消费者提供各项服务。

拓展阅读

一家鲜为人知的中国公司，
在海外赶超国际大牌

任务三　熟悉我国跨境电商的发展及趋势

跨境电商源于传统的海淘、海外个人代购等模式，在多种因素的刺激下，我国跨境电商市场迅速发展，大量的跨境电商平台应运而生。经过十多年的发展，跨境电商逐步实现了正规化、规模化，越来越多的企业相继涌入跨境电商市场。

一、跨境电商发展历程

按照相应平台技术水平的发展阶段进行划分，跨境电商的大概发展历程如图1-1所示。

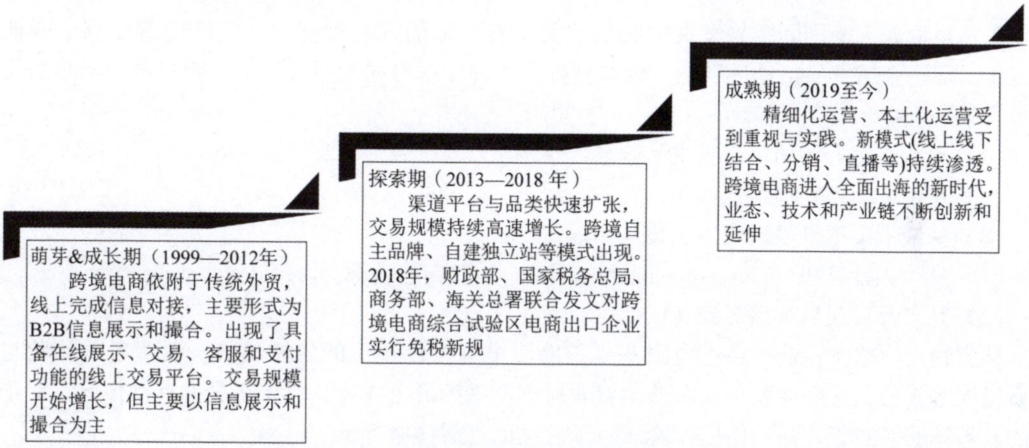

萌芽&成长期（1999—2012年）
跨境电商依附于传统外贸，线上完成信息对接，主要形式为B2B信息展示和撮合。出现了具备在线展示、交易、客服和支付功能的线上交易平台。交易规模开始增长，但主要以信息展示和撮合为主

探索期（2013—2018年）
渠道平台与品类快速扩张，交易规模持续高速增长。跨境自主品牌、自建独立站等模式出现。2018年，财政部、国家税务总局、商务部、海关总署联合发文对跨境电商综合试验区电商出口企业实行免税新规

成熟期（2019至今）
精细化运营、本土化运营受到重视与实践。新模式(线上线下结合、分销、直播等)持续渗透。跨境电商进入全面出海的新时代，业态、技术和产业链不断创新和延伸

图1-1　跨境电商的大概发展历程

2013年阿里巴巴速卖通的成立，标志着新一轮的跨境电商在我国正式兴起。新时代的跨境电商具有五个方面特征：大型工厂进入互联网、海外企业买家形成规模、中大额订单比例提升、大型服务商加入、移动用户量爆发。在此阶段跨境电商逐渐向正规化发展，个人卖家退出市场，跨境电商平台企业也逐步向价值链两端延伸，通过整合上下游的资源，力求在产品质量、服务和价格上建立起全方位的优势。

二、我国跨境电商发展现状

作为我国对外贸易新业态，近年来我国跨境电商发展得到了政府的大力扶持。由于国内制造业加速结构调整与居民消费需求升级态势持续凸显，不仅跨境出口规模占比稳步提升，跨境进口规模也不断扩大，行业市场规模持续增长。随着行业政策监管体系逐步完善，我国跨境电商行业发展质量将稳步提升，跨境物流效率将进一步增长，支付结算流程也将更加便利。综上所述，我国跨境电商发展现状有以下六点。

（1）跨境电商交易规模持续扩大。
（2）跨境电商出口远超进口。
（3）B2B交易占据主流，B2C交易发展迅猛。
（4）跨境电商服务体系不断完善。

我国进出口监管服务、金融服务、物流服务等配套服务体系的不断完善为跨境电商的发展奠定了基础。服务体系现状如下。

我国跨境电商发展现状

①进出口监管服务不断优化，监测通关的效率大幅提升。

②金融服务升级助力跨境电商企业快速成长。我国跨境支付机构的服务范围不断扩大，服务方式不断升级，新技术的应用不断推动跨境支付的便利化，跨境支付市场对外开放度不断提升。

③物流服务的不断提升增强了产品跨境配送的便利性，海外仓的建设与其他物流方式的结合使跨境物流网络不断完善，国际物流线路的蓬勃发展为"丝路电商"的发展提供了强大的物流支持。

（5）国家实施政策支持跨境电商发展。

（6）跨境电商综合试验区积极先行先试。

四、跨境电商发展趋势

跨境电商是未来国际贸易发展的必然趋势。在未来的发展过程中，它将向着有利于降低交易成本、促进全球贸易活动便利化、营造良好商务环境的方向发展。所以，跨境电商未来的发展趋势有以下五点。

（1）从代工生产转向培养自主品牌。

（2）从信息闭塞转向信息透明。

（3）从线上渠道开发转向本土化。

（4）从个人计算机（personal computer，PC）端转向移动端。

（5）从产品质量转向服务质量。

从实物走向感觉，从产品走向服务也是跨境电商可以预见的发展趋势。消费者的体验与产品质量同等重要，这些体验包括海外消费者对于产品的形象体验、对于客服的互动体验、对于购物的开箱体验、对于产品的使用体验、对于后续的售后体验等。

素养小课堂

从跨境电商的发展过程中，我们能看到行业发展与我国社会发展之间存在千丝万缕的联系，跨境电商的发展受益于我国长期坚持改革开放的基本国策。因此，有必要了解改革开放这段时期的历史，从历史中体会改革开放对国家经济贸易发展的重要作用。

1978年中国共产党十一届三中全会召开，实现了自中华人民共和国成立以来党的历史上具有深远意义的伟大转折，以邓小平为核心的党的第二代中央领导集体在改革开放中成功开创了中国特色社会主义。此后，改革开放不断深化，最终开创了全面改革开放的局面。

习近平总书记指出："改革开放是我们党在新的时代条件下带领人民进行的新的伟大革命，是当代中国最鲜明的特色，也是我们党最鲜明的旗帜。"

作为社会主义建设者和接班人，作为跨境电商行业从业者，深入学习改革开放时期的历史，能够激励我们在具体工作中勇于攻坚克难，在乘风破浪中接续奋斗，逐梦复兴之路。

任务四　牢记跨境电商的法律规范

2019年1月1日我国首部《中华人民共和国电子商务法》（以下简称《电子商务法》）施行。这是一部关乎中国互联网电商行业格局的法律。不同于其他由部委牵头的立法，《电子商务法》由全国人民代表大会财政经济委员会牵头立项，具有极高的立法效力层次，旨在为我国电商行业发展建立一个基本的法律框架。该法共设七章八十九条，以电商经营者、电商平台经营者为规范主体，围绕电商合同、争议解决、行业促进和法律责任四大部分设置规定。其中，既对电商经营者的义务、平台的责任、平台基本规则等作出原则性规定，也将实践中一些常见争议问题的现实解决经验总结成文。

一、跨境电商合同的法律规范

（一）数据电文

数据电文一词最早出现在 1986 年联合国欧洲经济委员会和国际标准化组织共同制定的《行政、商业和运输的电子数据交换规则》国际法律文件中。计算机、网络与电商的发展，一方面促进了数据电文的应用，另一方面为数据电文的产生创造了技术条件。数据电文主要有数据性、虚拟性、易消失及易改动性、证据局限性、存放及传输特殊性等特征。

跨境电商合同的法律规范

数据电文的法律效力问题是数据电文的核心内容。

《中华人民共和国电子签名法》第七条规定，数据电文不得仅因为其是以电子、光学、磁或者类似手段生成、发送、接收或者储存的而被拒绝作为证据使用。

《中华人民共和国电子签名法》第八条规定，审查数据电文作为证据的真实性，应当考虑以下因素：①生成、储存或者传递数据电文方法的可靠性；②保持内容完整性方法的可靠性；③用以鉴别发件人方法的可靠性；④其他相关因素。

（二）电子合同

电子合同又称电商合同。根据《联合国国际贸易法委员会电子商务示范法》及世界各国颁布的电子交易法，同时结合《中华人民共和国民法典》的有关规定，电子合同是指在网络环境下，平等主体的自然体、法人、其他组织之间利用现代信息技术手段，设立、变更、终止民事权利义务关系的协议。

电子合同的类别按在交易中电子合同适用的程度不同，可分为完全电子合同和不完全电子合同；按电子合同标的性质不同，可分为一般电子合同和计算机信息电子合同；按电子合同的订立形式不同，可分为格式电子合同和非格式电子合同；按电子合同的范围不同，可分为广义电子合同和狭义电子合同。

电子合同的当事人指依法订立电子合同的双方或多方，是按照合同约定履行义务和行使权利的自然人、法人及其他组织。通常情况下，合同当事人指订立合同的双方，但有些合同当事人可以是三方或多方。合同当事人是合同的重要内容，法律法规一般对当事人的资格进行限定。

电子代理人指不需要人的审查或操作，能用于独立发送、回应电子记录及履行全部或部分合同的计算程序、电子的或其他自动化手段。

承诺是指受要约人同意要约的意思表示。电子合同采用数据电文形式，其承诺受形式制约。

（三）电子签名

签名一般指一个人在一份文件上亲自写下姓名或留下印记、印章或其他特殊符号，以确定签名人的身份并确定签名人对文件内容予以认可。传统的签名必须依附于某种有形的介质，而在电子交易过程中，文件是通过数据电文的发送、交换、传输、存储形成的，没有有形介质，这就需要通过某种技术手段来识别交易当事人、保证交易安全，以达到与传统的手写签名相同的功能。这种能够达到与手写签名相同功能的技术手段，一般称为电子签名。

电子签名需要满足以下条件，才能成为可靠的电子签名。

（1）电子签名制作数据用于电子签名时，属于电子签名人专有。

（2）签署时电子签名制作数据仅由电子签名人控制。

（3）签署后对电子签名的任何改动能够被发现。

(4) 签署后对数据电文内容和形式的任何改动能够被发现。

二、跨境电商中的消费者权益保护

跨境电商中的消费者权益保护

（一）电商消费者权益保护概述

消费者是指为满足生活需要而购买、使用产品或者接受服务的，由国家专门法律确认其主体地位、保护其消费权益的个人。

电商消费者（又称网络消费者、互联网消费者）是指通过网络、现代信息技术手段，为生活需要而购买、使用产品或者接受服务，由国家法律法规确定消费权益的单位和个人。

电商拓宽了消费市场，增加了市场的透明度，传统的消费活动几乎都被搬到了网络空间。然而，电商在带来便利的同时也引发了不少的问题，加大了消费者遭受损害的隐患。电商中消费者权益保护存在诸多问题。

（二）电商消费者权益保护的法律法规

1. 电商消费者安全权及其保护

消费者安全权是指消费者在购买产品或接受服务时所涉及的生命安全权、健康安全权、财产安全权等权利。其中，前两项称为人身权，第三项称为财产权。

侵犯消费者安全权的行为主要有经营者出售过期的产品、出售变质的食品或食品中含有对身体有害的物质、出售伪劣产品等。

2. 电商消费者知情权及保护

消费者知情权是指消费者享有知悉其购买、使用的产品或者接受的服务真实情况的权利。凡是消费者在选购、使用产品或服务过程中与正确地判断、选择、使用等有直接联系的信息，消费者都有权了解。

生产者、经营者若违反法律法规的规定，没有向消费者公开或宣告产品、服务相关信息，则应该受到处罚。

3. 电商消费者选择权及其保护

消费者选择权是指消费者可以根据自己的消费需求，自主选择自己满意的产品或服务，决定是否购买或接受的权利。

任何经营者、组织，乃至政府及其部门，强行或违背购买者的意愿销售、搭售产品或附加其他不合理的条件等，都是对消费者选择权的侵害。

4. 电商消费者公平交易权及其保护

消费者享有公平交易的权利（简称公平交易权）。在消费法律关系中，消费者与经营者的法律地位平等，他们之间所产生的行为属于市场交易行为，因而应当遵循市场交易的基本原则，即《中华人民共和国消费者权益保护法》确立的自愿、平等、公平、诚信的原则，从而保证公平交易的实现。

5. 电商消费者退货权及其保护

消费者退货权是指消费者享有在法定的合理期限内使用产品并无条件提出退货要求，而经营者应当无条件予以退货的权利。消费者退货权是消费者知情权和选择权的延伸，是为处于弱势地位的消费者给予一定的保护而提供的一种特别途径和方法。

2020年10月，国家市场监督管理总局发布的《网络购买产品七日无理由退货暂行办法》的第三条规定，网络商品销售者应当依法履行七日无理由退货义务。网络交易平台提供者应当引导和督促平台上的网络产品销售者履行七日无理由退货义务，进行监督检查，并提供技术保障。

6. 电商消费者索赔权及其保护

消费者索赔权又称消费者求偿权，是指消费者因购买、使用产品或者接受服务受到人身、财产损害的，享有依法获得赔偿的权利。

《中华人民共和国消费者权益保护法》第四十四条、第四十八条、第五十五条都有保护消费者索赔权的严格规定。

7. 电商消费者个人信息权及其保护

消费者个人信息是指消费者在消费过程中产生的，能够单独或与其他信息对照后识别特定的消费者个人的信息。这些信息包括消费者姓名、家庭住址、手机号码、QQ及微信账户等。不同于一般信息，其特点在于它能够准确地识别出特定的消费者。

个人信息权是指个人享有的对本人信息的支配、控制和排除他人侵害的权利。根据《中华人民共和国民法典》，公民的个人信息权具体包括信息决定权、信息保密权、信息查询权、信息更正权、信息封锁权、信息删除权和信息报酬请求权。

《中华人民共和国电子商务法》第二十三条、第二十四条、第二十五条、第二十九条、第五十六条都有关于消费者个人信息权的保护规定。

8. 电商消费者其他权利及其保护

消费者的其他权利主要包括消费者的结社权、知识获取权、受尊重权、监督权和检举权等。

消费者结社权是指消费者享有依法成立维护自身合法权益的社会团体的权利。

知识获取权是指消费者享有获得有关消费和消费者权益保护方面的知识的权利。

消费者受尊重权是指消费者在购买、使用产品和接受服务时，享有其人格尊严、民族风俗习惯得到尊重的权利。经营者应尊重消费者的权利包括姓名权、名誉权、肖像权等。经营者不得对消费者进行辱骂、诽谤、名誉诋毁、非法搜查、拘禁等。

消费者监督权是指消费者享有对产品和服务以及保护消费者权利工作进行监督的权利。消费者检举权是指消费者有权检举、控告侵害消费者权益的行为，有权检举工作人员在保护消费者权益工作中的违法失职行为，同时有权对消费者权益工作提出批评和建议的权利。

三、跨境电商中的知识产权保护

（一）电商知识产权概述

1. 电商知识产权的定义和类别

知识产权是指公民或法人等主体依据法律的规定，对其从事智力创作或创新活动产生的知识产品所享有的专有权利，又称智力成果权、无形财产权，主要包括发明专利、商标以及工业品外观设计等方面组成的工业产权和自然科学、社会科学、文学、音乐、戏剧、绘画、雕塑和电影摄影等方面的作品组成的版权（著作权）两部分。

跨境电商中的知识产权保护

我国传统意义上将知识产权分为工业产权和著作权。国际上将知识产权分为八类（详见二维码）。

电商知识产权又称网络知识产权，是指电商活动中涉及的著作权和工业产权。

2. 电商对知识产权的挑战

电商对知识产权的挑战包括以下四个方面。

（1）电商对传统著作权保护的挑战。

（2）电商对传统专利权保护的挑战。

(3) 电商对传统商标权保护的挑战。
(4) 电商对传统的反不正当竞争的挑战。

（二）电商商标权的法律法规

商标权是指商标所有人对其商标所享有的独占、排他的权利。《中华人民共和国商标法》（简称《商标法》）将商标权表述为商标专用权。在我国，由于商标权的取得实行注册原则，因此商标权实际上是由商标所有人申请、经国家商标局确认的专有权利，即由商标注册而产生的专有权。商标是用以区别产品和服务不同来源的商业性标志，由文字、图形、字母、数字、三维标志、颜色组合、声音或者上述要素的组合构成。

（三）域名知识产权的法律法规

域名又称 IP 地址，是在国际互联网上为了区分主机，给每台主机分配的一个专门的"地址"，在数据传输时用来标识计算机的电子方位。

《互联网域名管理办法》第五十五条第一款规定，域名指互联网上识别和定位计算机的层次结构式的字符标识，与该计算机的 IP 地址相对应。

（四）网络版权的法律法规

网络版权又称网络著作权，是在网络环境下公民、法人或非法人单位按照法律享有的对自己文学、艺术、自然科学、工程技术等作品的专有权。网络著作权包括传统著作在网络上的著作权人所享有的专有权和网络著作在网络上的著作权人所享有的专有权。

（五）计算机软件著作权的法律法规

《计算机软件保护条例》第三条规定了本条例下列用语的含义：①计算机程序，是指为了得到某种结果而可以由计算机等具有信息处理能力的装置执行的代码化指令序列，或者可以被自动转换成代码化指令序列的符号化指令序列或者符号化语句序列。同一计算机程序的源程序和目标程序为同一作品。②文档，是指用来描述程序的内容、组成、设计、功能规格、开发情况、测试结果及使用方法的文字资料和图表等，如程序设计说明书、流程图、用户手册等。

素养小课堂

保护个人的创意和作品至关重要，因此请务必注意知识产权的重要性。确保理解如何合法注册和管理版权、专利、商标和商业秘密。同时，尊重他人的知识产权，避免侵权行为，以免面临承担法律责任和声誉损失的风险。简而言之，了解和遵守知识产权法律，对个人的职业生涯至关重要。

跨境电商中的
争议解决机制

四、跨境电商中的争议解决机制

电商争议在线解决机制是指运用计算机和网络技术，以替代性争议解决机制的形式来解决争议的方式，是一种当前应用比较广泛的替代解决机制，又称在线争议解决方式、网上争议解决机制。

《电子商务法》第六十三条规定，电商平台经营者可以建立在线争议解决机制，制定并公示争议解决规则，根据自愿原则，公平、公正地解决当事人的争议。

主要国际组织
和国际法有关
跨境电商的
法律法规

五、主要国际组织和国际法有关跨境电商的法律法规

世界贸易组织（World Trade Organization，WTO）有关电商的立法范围涉及跨境交易的税收和关税问题、电子支付、网上交易、知识产权保护、个人隐私、安

全保密、电信基础设施、技术标准、普遍服务、劳工问题。

国际法中有关电商的法律法规的立法范围涉及关于跨境交易的常设机构的认定、电商税收问题、在线纠纷的解决、跨境网络隐私保护权和数据安全及其他问题等。

任务五 认识跨境电商的参与主体和岗位

从事跨境电商行业，不仅要对跨境电商的具体流程及参与主体有清楚的认识，还要了解跨境电商领域各岗位的职责及对人才的要求。

一、跨境电商的流程

跨境电商兼具一般电商和传统国际贸易的双重特性，涉及国际运输、进出口通关、国际支付与结算等环节。以出口跨境电商为例，它的流程如下。

出口时，生产商将产品通过跨境电商平台网站进行线上展示，在产品被选购下单并完成支付后，将产品交付给境内物流企业进行投递，经过出口国和进口国的海关通关商检后，最终经由境外物流企业送达消费者个人或企业手中。

在实际操作中，有的跨境电商企业直接与第三方综合服务平台合作，让第三方综合服务平台代办物流、通关商检等环节的手续；也有的跨境电商企业通过设置海外仓等方法简化跨境电商部分环节的操作，但其流程仍不脱离以上框架。

跨境电商的进口流程与出口流程相反。

二、跨境电商的参与主体

初识跨境电商参与主体

跨境电商与境内电商相比，所涉及的参与主体更加多样化。

（一）供应产品的生产商、制造商或企业

通过跨境电商进行交易的产品主要是 3C 电子产品、保健品、汽车配件、家居园艺、户外用品、化妆品、鞋帽、母婴等适合通过电商渠道销售的产品。生产或制造这些产品的企业可通过两种方式进行跨境电子交易：一种是企业直接在跨境电商平台上销售产品；另一种是企业向跨境电商卖家供应产品，由跨境电商卖家向境外销售产品。

（二）跨境电商平台和卖家或买家

跨境电商平台分为第三方开放平台、自营型平台和导购网站等，见表 1-4。对于第三方开放平台，卖家只需在跨境电商平台上注册账户，采用身份证、邮箱或营业执照等作为注册核实依据，即可成为跨境电商卖家。对于境外买家而言，只需在跨境电商平台上选择产品、下单付款，即可等待收货。

表 1-4 跨境电商平台

	B2B		B2C
第三方开放平台	信息服务平台	在线交易平台	速卖通、敦煌网、亚马逊、eBay
	阿里巴巴国际站、中国制造网、环球资源	敦煌网、大龙网、易堂网	
自营型平台	进口中国、大龙网、黎明重工科技		米兰网
导购网站	海淘橙、海淘贝、什么值得买		

(三) 跨境电商外贸综合服务企业

跨境电商外贸综合服务企业提供的服务包括信息服务（如查询产品退税率、出口数据、海外买家信息等）、物流服务、金融支持（如贷款、担保）等，代表企业见表1-5。

表1-5 跨境电商外贸综合服务代表企业

信息服务	综合服务企业		营销、代运营等服务企业
	世贸通、一达通、易单网、快贸通		四海商舟、路销
物流服务	物流服务整合商		物流服务商
	出口易、递四方		中国邮政、UPS、DHL、TNT、顺丰速运
金融支持	支付企业	融资企业	保险企业
	Visa、MasterCard、PayPal、西联汇款	中国银行、平安银行	太平洋保险、中银保险

(四) 政府部门

跨境电商涉及的政府部门随着政策和环境的变化也会有所调整，目前跨境电商主要涉及的主要政府部门如图1-2所示。

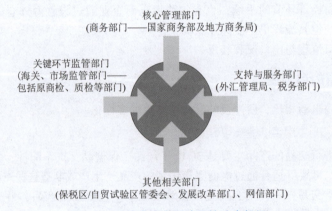

图1-2 跨境电商主要涉及的政府部门

(1) 核心管理部门。

商务部门（包括地方商务局及国家商务部）：商务部门是跨境电商业务的主要管理部门，负责制定和执行跨境电商相关的政策，促进跨境电商产业的健康发展。国家商务部负责全国范围内的跨境电商政策制定和协调，而地方商务局则负责具体落实和监管。

(2) 关键环节监管部门。

①海关：海关在跨境电商中仍然扮演着至关重要的角色，负责进出口货物的监管、征税、统计以及通关便利化等工作。跨境电商的货物需要通过海关的清关手续才能进入或离开国境，海关的高效运作对于跨境电商的流畅性至关重要。

②市场监督管理部门：市场监督管理部门负责对跨境电商产品进行质量监督、抽检、认证等工作，确保产品符合相关标准和规定。同时，市场监督管理部门还负责维护市场秩序，打击假冒伪劣产品和侵权行为，保护消费者权益。

(3) 支持与服务部门。

①外汇管理局：外汇管理局负责跨境电商外汇收支的监管和管理，确保跨境支付的合规性

和安全性。随着跨境电商的不断发展，外汇管理局也在不断优化外汇管理政策，为跨境电商提供更加便利的支付和结算服务。

②税务部门：税务部门负责跨境电商的税收征管工作，包括增值税、消费税、关税等税种的征收和管理。随着跨境电商税收政策的不断完善，税务部门也在加强跨境电商税收的监管和征收工作。

三、其他相关部门

①保税区/自贸试验区管委会：在设有保税区或自贸试验区的地区，管委会负责这些区域的规划、建设、管理和运营工作。跨境电商企业可以利用保税区或自贸试验区的政策优势进行货物的存储、分拣、配送等操作，提高物流效率并降低成本。

②发展改革部门：发展改革部门参与制定跨境电商相关的发展战略和政策规划工作，为跨境电商的发展提供政策支持和指导。同时，发展改革部门还负责协调各部门之间的工作，推动跨境电商产业的协同发展。

③网信部门：随着跨境电商的不断发展，网络安全和数据保护问题也日益凸显。网信部门负责跨境电商网络安全和数据保护的监管工作，确保跨境电商企业的信息安全和消费者权益。

跨境电商业务涉及的政府部门众多，这些部门在各自职责范围内协同工作，共同推动跨境电商的健康、有序发展。企业在开展跨境电商业务时，需要充分了解并遵守相关部门的规定和要求，确保业务的合规性和顺利进行。同时，企业也需要密切关注政策变化和市场动态，及时调整经营策略以适应不断变化的市场环境。

四、跨境电商岗位分析

（一）跨境 B2B 公司的核心岗位

一个跨境 B2B 公司的核心岗位包括建站与后台维护、询盘转换订单、订单与单证操作、生产安排与跟单管理四类，各类岗位的主要职责见表 1-6。

跨境电商岗位分析

表 1-6　跨境 B2B 公司的核心岗位与主要职责

岗位名称	主要职责
建站与后台维护	（1）搭建网站页面； （2）熟练上传产品并熟练使用数据管家； （3）熟悉客户的搜索习惯，能够提炼关键词，并在后台对关键词的热搜度进行验证； （4）能清晰、简洁地描述产品的特征、功能、技术、价格及竞争优势
询盘转换订单	（1）分析客户信息，了解询盘内容； （2）判断客户询盘的目的及对产品价格的态度； （3）策划合理的活动，积极促使询盘转换为订单； （4）对客户的回信做出积极回复，与客户建立信任关系
订单与单证操作	确认样品、物流方式、支付方式、交易时间、交货地点等，并做好后期客户的跟进与服务
生产安排与跟单管理	（1）在产品生产前核对原材料； （2）跟踪生产过程及每个时间段的进度； （3）确保产品的生产技术及质量符合要求； （4）保证包装好的产品正常出运

（二）跨境 B2C 公司主要岗位

根据对能力要求的深度不同，可以将跨境 B2C 公司的主要岗位分为初级、中级、高级三个层次。

1. 初级岗位

初级岗位的人员需要掌握跨境电商的基本职能，对跨境电商的流程有所了解，并能够处理一般性事务，属于基础型人才。具体来说，初级岗位主要包括客服、视觉设计、网络推广、跨境物流、报关员等岗位，各个岗位的主要职能见表1-7。

表1-7　初级岗位与主要职责

岗位名称	主要职责
客服	能够利用电话、邮件等方式熟练地以英语、德语、法语或其他语种与客户进行有效的沟通交流。其中，售后客服还要对不同国家的相关法律有所了解，能够灵活地处理知识产权纠纷
视觉设计	精通视觉美学和视觉营销，能够拍摄合适的产品图片，并能设计美观的产品页面
网络推广	能够熟练地运用计算机技术对产品进行编辑、上传和发布，掌握搜索引擎优化技术、网站检测技术及基本的数据分析方法，并能够运用这些技术进行产品推广
跨境物流	了解国际订单处理、电商通关、检验检疫的规则和流程，协助本部门处理好与税务、海关、商检等部门的关系
报关员	全面负责公司进出口产品报关方面的日常事务和管理工作，组织实施并监督报关业务的全过程，追踪并掌握货物在报关和查验环节的情况，出现问题能够及时解决

2. 中级岗位

中级岗位的人员需要熟悉跨境电商业务并对现代商务活动有一定了解，掌握跨境电商的基础知识，是懂得跨境电商能做什么的新型专业人才。中级岗位主要有市场运营管理、采购与供应链管理、国际结算管理等，各个岗位的主要职责见表1-8。

表1-8　中级岗位与主要职责

岗位名称	主要职责
市场运营管理	不但要精通互联网技术，更要精通营销推广，能够运用网络营销手段开展产品推广，如产品编辑、活动策划、商业大数据分析、买家体验分析等
采购与供应链管理	负责公司整个供应链的运作，保证采购、生产、仓储、配送等管理工作的正常进行，能够根据不同国家人民的文化心理、生活习俗、消费习惯等采购合适的产品，并且能够与供应商保持稳定、广泛的合作关系
国际结算管理	掌握并灵活地运用国际结算中的各项规则，能够有效地控制企业的国际结算风险，提高企业在贸易、出口、产品及金融等领域的综合管理能力和运用法律法规的水准

3. 高级岗位

高级岗位的人才要对电商前沿理论有清楚的认识，具有前瞻性思维，将跨境电商的经营上升至战略层次，能把握跨境电商的特点和发展规律，并能够引领跨境电商产业向前发展。

具体来说，高级人才需要具备以下能力。

（1）需求匹配能力。

跨境电商链条冗长、环境复杂，企业要具备识别国家或地区差异、需求差异、重塑供应链的能力，能够针对不同需求选择适宜的渠道，制定相关的销售运营策略，为不同行业、不同类型的买家提供与其需求相匹配的一系列产品及相关服务。

（2）高效整合能力。

跨境电商是新一次社会化大分工的开始，企业做好跨境电商需要基于自身的核心竞争力，通过生态圈进行高效的整合。特别是在营销的过程中，为了实现目标国（地区）本地化，往往需要对目标国（地区）流量引入、进行国际营销，对品牌知识有深入的了解，能够将这些知识整合到相关的各类本地化服务商中。跨境电商最终的竞争不仅是成本、价格的竞争，更是本地化服务的竞争。

(3) 团队管理能力。

各类人才稀缺是跨境电商企业持续面临的困境。高级人才要具备识人、用人的能力，一方面在内部甄选、培养跨境电商人才；另一方面从外部不断引进适合企业发展需求的新鲜血液。同时，高级人才还要具备团队管理能力，懂得如何留住优秀人才，营造适合人才发展的良好氛围。

(4) 政策规则应对能力。

从全球范围来看，跨境电商正处于发展初期，全球贸易规则将发生巨大的变化。跨境电商企业要能够及时了解国际贸易体系、政策、规则、关税等方面的变化，对各国（地区）进出口情况及趋势应有深入的理解和分析能力。

(5) 主人翁心态、创业精神。

作为新生事物，发展跨境电商缺乏成熟的、定性的、验之有效的具体方法，每个企业的跨境电商之路都充满坎坷，高级人才只有秉持主人翁心态，发扬创业精神，敢于尝试、积极学习、勇于承担才能做好跨境电商。

素养小课堂

创新驱动着发展的主要引擎，并构成了现代经济架构的核心柱石。同时，创业作为一个关键因素，它推动着经济的蓬勃发展和社会的持续进步。生活在一个鼓励每个人创业和创新的时代，作为大学生，你对于毕业之后是选择进入职场还是开始自己的创业项目是否深思熟虑了？

五、跨境电商人才应具备的职业能力

从事跨境电商行业的人员，需要同时具备国际贸易知识和电商知识，这样才能满足行业的需求。具体来说，跨境电商人才应具备的相关专业职业能力见表1-9。

表1-9 跨境电商人才应具备的相关专业职业能力

能力	具体要求
职业通用能力	(1) 基础的商务英语沟通能力； (2) 了解国际贸易知识和流程； (3) 基本的跨文化意识和较好的交际能力； (4) 能够使用基本办公软件（Word、Excel）和常用图片处理软件（Photoshop）
职业专门能力	(1) 熟悉各种跨境电商平台，了解各自的定位和经营模式； (2) 网店选品和定价能力； (3) 图片处理能力； (4) 产品上传和优化能力； (5) 了解跨境物流模式，具有跨境物流定价能力； (6) 熟练应用站内或站外推广工具的能力
职业综合能力	(1) 利用各种工具和平台进行有效的客户开发、维护和管理的能力； (2) 根据具体平台和店铺提出营销方案的能力； (3) 具有接待店铺询盘、处理订单、物流管理的能力
职业拓展能力	(1) 具有国际会展策划、组织、接待、协调的能力； (2) 跨境电商网站网页设计的能力； (3) 移动跨境电商运营的能力

走进职场

跨境电商典型职业活动见表 1-10。

表 1-10 跨境电商典型职业活动

典型职业活动		工作任务					
跨境营销专员	跨境营销产品与活动策划	目标设定	内容确定	成本核算	撰写方案	跟踪实施	反馈修订
	选品分析	海外市场分析	产品定价分析	产品销售周期分析			
跨境采购专员	采购管理	产品规划	供应商评估与选择	供应商管理与维护	采购成本管理	货品周转管理	
跨境网络编辑	文案策划	信息采集	市场分析	卖点提炼	形成各语种文案		
	图文编辑	视觉设计	图文编排	视频拍摄与编辑	视觉展示		
跨境运营专员	平台运营	产品上架	文案优化	站内推广	站外引流	支付结算	
国际市场推广	国际市场推广	综合平台选择	行业调研与分析	货品选择	推广方案选择	数据分析	运营优化
跨境客服专员	跨境客服	售前咨询	交易促成	订单跟踪	纠纷处理	客户维护	
B2B 销售专员	B2B 销售	客户需求分析	竞争对手分析	谈判策略制定	交易磋商	签订合同	
跨境物流专员	跨境电商物流供应链管理	物流方案设计	物流模板设置	国内直发	海外仓发货		

技能实训

实训一　搜集有关跨境电商企业的案例

实训目标：利用搜索引擎、各大信息类网站搜寻跨境电商企业案例，总结其发展历程并分析其成功或失败的原因。

实训任务：搜集并填写表1-11中跨境电商企业的案例，总结其发展历程并分析其成功或失败的原因。

表1-11　跨境电商企业案例分析

跨境电商企业	发展历程	成功/失败	成功（失败）原因
阿里巴巴国际站			
亚马逊			
敦煌网			
环球易购			

实训步骤：
（1）登录搜索引擎，搜索相关跨境电商企业案例。
（2）了解相关跨境电商企业发展历程与现状。
（3）分析其成功或失败的原因。

实训结果：填写电子表格并提交。

实训评价：内容完整度（60%）+描述语言流畅性（40%）。

实训二　书写职业说明书

实训目标：深度理解跨境电商岗位职责。

实训任务：上网搜索5个与跨境电商专业人员招聘相关的广告，归纳各个公司对跨境电商专业岗位的职业能力和素质的要求。

实训步骤：上网搜集资料，整理加工，融入自己的理解并动笔书写，修改成稿。

实训结果：写一份自己从事跨境电商的职业说明书并提交电子稿。

实训评价：对岗位的认知（60%）+语言表述（40%）。

同步训练

素养加油站

跨境电商出口相关税收政策解读（2023年）

一、跨境电商零售出口适用增值税、消费税退（免）税政策

（一）适用主体

符合条件的电商出口企业。

（二）政策内容

自2014年1月1日起，电商出口企业出口货物［财政部、国家税务总局明确不予出口退（免）税或免税的货物除外］，同时符合四项条件的，适用增值税、消费税退（免）税政策。

（三）适用条件

（1）电商出口企业，是指自建跨境电商销售平台的电商出口企业和利用第三方跨境电商平台开展电商出口的企业。

（2）适用增值税、消费税退（免）税政策，须同时符合下列条件。

①电商出口企业属于增值税一般纳税人并已向主管税务机关办理出口退（免）税资格认定。

②出口货物取得海关出口货物报关单（出口退税专用），且与海关出口货物报关单电子信息一致。

③出口货物在退（免）税申报期截止之日内收汇。

④电商出口企业属于外贸企业的，购进出口货物取得相应的增值税专用发票、消费税专用缴款书（分割单）或海关进口增值税，且上述凭证有关内容与出口货物报关单（出口退税专用）有关内容相匹配。

（四）政策依据

《财政部 国家税务总局关于跨境电子商务零售出口税收政策的通知》（财税〔2013〕96号）第一条，第三~第六条。

二、跨境电商零售出口免征增值税、消费税

（一）适用主体

符合条件的电商出口企业。

（二）政策内容

自2014年1月1日起，电商出口企业出口货物（财政部、国家税务总局明确不予出口退（免）税或免税的货物除外），如不符合增值税、消费税退（免）税政策条件，但同时符合相关条件的，适用增值税、消费税免税政策。

（三）适用条件

（1）电商出口企业，是指自建跨境电商销售平台的电商出口企业和利用第三方跨境电商平台开展电商出口的企业。

（2）适用增值税、消费税免税政策，须同时符合下列条件。

①电商出口企业已办理税务登记。

②出口货物取得海关签发的出口货物报关单。

③购进出口货物取得合法有效的进货凭证。

（四）政策依据

《财政部 国家税务总局关于跨境电子商务零售出口税收政策的通知》（财税〔2013〕96号）第二~第六条。

三、跨境电商综试区零售出口无票免税政策

（一）适用主体

符合条件的电商出口企业。

（二）政策内容

自2018年10月1日起，对跨境电商综合试验区（以下简称综试区）内电商出口企业出口未取得有效进货凭证的货物，同时符合相关条件的，试行增值税、消费税免税政策。

（三）适用条件

（1）综试区是指经国务院批准的跨境电商综合试验区。

（2）电商出口企业是指自建跨境电商销售平台或利用第三方跨境电商平台开展电商出口的单位和个体工商户。

（3）适用增值税、消费税免税政策，须同时符合下列条件。

①电商出口企业在综试区注册，并在注册地跨境电商线上综合服务平台登记出口日期、货物名称、计量单位、数量、单价、金额。

②出口货物通过综试区所在地海关办理电商出口申报手续。

③出口货物不属于财政部和税务总局根据国务院决定明确取消出口退（免）税的货物。

（四）政策依据

《财政部 税务总局 商务部 海关总署关于跨境电子商务综合试验区零售出口货物税收政策的通知》（财税〔2018〕103号）。

四、跨境电商综试区零售出口企业所得税核定征收政策

（一）适用主体

跨境电商综试区内的跨境电商零售出口企业。

（二）政策内容

自2020年1月1日起，对综试区内适用"无票免税"政策的跨境电商企业，符合相关条件的，采用应税所得率方式核定征收企业所得税，应税所得率统一按照4%确定。

（三）适用条件

（1）综试区是指经国务院批准的跨境电商综合试验区。

（2）跨境电商企业是指自建跨境电商销售平台或利用第三方跨境电商平台开展电商出口的企业。

（3）跨境电商企业适用核定征收企业所得税办法，须同时符合下列条件。

①在综试区注册，并在注册地跨境电商线上综合服务平台登记出口货物日期、名称、计量单位、数量、单价、金额的。

②出口货物通过综试区所在地海关办理电商出口申报手续的。

③出口货物未取得有效进货凭证，其增值税、消费税享受免税政策的。

(4) 其他优惠政策。

综试区内实行核定征收的跨境电商企业符合小型微利企业优惠政策条件的,可享受小型微利企业所得税优惠政策;其取得的收入属于《中华人民共和国企业所得税法》第二十六条规定的免税收入的,可享受免税收入优惠政策。

(四) 政策依据

《国家税务总局关于跨境电子商务综合试验区零售出口企业所得税核定征收有关问题的公告》(国家税务总局公告 2019 年第 36 号)。

五、市场采购贸易方式出口货物免征增值税政策

(一) 适用主体

经国家批准的专业市场集聚区内的市场经营户(以下简称市场经营户)自营或委托从事市场采购贸易经营的单位(以下简称市场采购贸易经营者)。

(二) 政策内容

市场经营户自营或委托市场采购贸易经营者在经国家商务主管等部门认定的市场集聚区内采购的、单票报关单产品货值 15 万(含 15 万)美元以下,并在采购地办理出口产品通关手续的货物免征增值税。

(三) 适用条件

(1) 市场采购贸易方式出口货物是指市场经营户自营或委托市场采购贸易经营者,按照海关总署规定的市场采购贸易监管办法办理通关手续,并纳入涵盖市场采购贸易各方经营主体和贸易全流程的市场采购贸易综合管理系统管理的货物(国家规定不适用市场采购贸易方式出口的产品除外)。

(2) 相关协议证明。

委托出口的市场经营户应与市场采购贸易经营者签订《委托代理出口货物协议》。受托出口的市场采购贸易经营者在货物报关出口后,应在规定的期限内向主管税务机关申请开具《代理出口货物证明》。

(3) 要求时限。

市场经营户或市场采购贸易经营者应按以下要求时限,在市场采购贸易综合管理系统中准确、及时录入产品名称、规格型号、计量单位、数量、单价和金额等相关内容形成交易清单。

①自营出口,市场经营户应当于同外商签订采购合同时自行录入。

②委托出口,市场经营户将货物交付市场采购贸易经营者时自行录入,或由市场采购贸易经营者录入。

(4) 税务申报。

市场经营户应在货物报关出口次月的增值税纳税申报期内按规定向主管税务机关办理市场采购贸易出口货物免税申报;委托出口的,市场采购贸易经营者可以代为办理免税申报手续。

(5) 试点范围。

浙江义乌国际小商品城、江苏海门叠石桥国际家纺城、浙江海宁皮革城、江苏常熟服装城、广东广州花都皮革皮具市场、山东临沂商城工程物资市场、武汉汉口北国际商品交易中心、河北白沟箱包市场、浙江温州(鹿城)轻工产品交易中心、福建泉州石狮服装城、湖南长沙高桥大市场、广东佛山亚洲国际家具材料交易中心、广东中山利和灯博中心、四川成都国际商贸城、辽宁鞍山西柳服装城、浙江绍兴柯桥中国轻纺城、浙江台州路桥日用品及塑料制品交易中心、浙江

湖州（织里）童装及日用消费品交易管理中心、安徽蚌埠中恒商贸城、福建晋江国际鞋纺城、青岛即墨国际商贸城、山东烟台三站批发交易市场、河南中国（许昌）国际发制品交易市场、湖北宜昌三峡物流园、广东汕头市宝奥国际玩具城、广东东莞市大朗毛织贸易中心、云南昆明俊发·新螺蛳湾国际商贸城、深圳华南国际工业原料城、内蒙古满洲里满购中心（边贸商品市场）、广西凭祥出口产品采购中心（边贸商品市场）、云南瑞丽国际产品交易市场（边贸商品市场）。

（四）政策依据

(1)《国家税务总局关于发布〈市场采购贸易方式出口货物免税管理办法（试行）〉的公告》(国家税务总局公告 2015 年第 89 号发布，国家税务总局公告 2018 年第 31 号修改)。

(2)《关于加快推进市场采购贸易方式试点工作的函》（商贸函〔2020〕425 号）。

六、外贸综合服务企业代办退税政策

（一）适用主体

外贸综合服务企业及办理委托代办退税的生产企业。

（二）政策内容

外贸综合服务企业（以下简称综服企业）代国内生产企业办理出口退（免）税事项同时符合相关条件的，可由综服企业向综服企业所在地主管税务机关集中代为办理出口退（免）税事项（以下称代办退税）。

（三）适用条件

(1) 综服企业代国内生产企业办理出口退（免）税事项同时符合下列条件的，可由综服企业向综服企业所在地主管税务机关集中代办退税。

①符合商务部等部门规定的综服企业定义并向主管税务机关备案。

②企业内部已建立较为完善的代办退税内部风险管控制度。

(2) 生产企业出口货物，同时符合以下条件的，可由综服企业代办退税。

①出口货物为生产企业的自产货物或视同自产货物。

②生产企业为增值税一般纳税人并已按规定办理出口退（免）税备案。

③生产企业已与境外单位或个人签订出口合同。

④生产企业已与综服企业签订外贸综合服务合同（协议），约定由综服企业提供包括报关报检、物流、代办退税、结算等在内的综合服务，并明确相关法律责任。

⑤生产企业向主管税务机关提供代办退税的开户银行和账户。

(3) 生产企业代办退税的出口货物，应先按出口货物离岸价和增值税适用税率计算销项税额并按规定申报缴纳增值税，同时向综服企业开具备注栏内注明"代办退税专用"的增值税专用发票（以下简称代办退税专用发票），作为综服企业代办退税的凭证。

出口货物离岸价以人民币以外的货币结算的，其人民币折合率可以选择销售额发生的当天或者当月 1 日的人民币汇率中间价。

代办退税专用发票上的"金额"栏次须按照换算成人民币金额的出口货物离岸价填写。

(4) 综服企业向其主管税务机关申报代办退税，应退税额按代办退税专用发票上注明的"金额"和出口货物适用的出口退税率计算。

应退税额=代办退税专用发票上注明的"金额"×出口货物适用的出口退税率。

代办退税专用发票不得作为综服企业的增值税扣税凭证。

(四)政策依据

(1)《国家税务总局关于调整完善外贸综合服务企业办理出口货物退(免)税有关事项的公告》(2017年第35号)。

(2)《国家税务总局关于进一步便利出口退税办理促进外贸平稳发展有关事项的公告》(2022年第9号)第六条第(一)项。

项目评价

学习评价见表1-12。

表1-12　学习评价

	评价指标	评价得分	未掌握情况记录
知识	跨境电商的概念、分类和流程		
	跨境电商在外贸中的优势及影响		
	我国跨境电商的发展历程与发展趋势		
	跨境电商企业的岗位划分及岗位职能		
技能	能够指出跨境电商与传统国际贸易的区别和联系		
	能够分析跨境电商的发展趋势		
	能够根据跨境电商企业的岗位设置及岗位职责,构建跨境电商企业架构		
素养	具备社会责任感和社会参与意识、法律意识		
	具备集体意识和团队合作精神		
总分			
自评人:		教师:	

注:评价得分区间为0~10分,0分为完全未掌握,10分为完全掌握,数字越大代表掌握程度越深,评价者依据自身实际情况进行评分。未满10分的评价指标在最右一列陈述未掌握的具体情况,并据此向老师或同学提问

项目二

细数平台——教你认识跨境电商平台

知识目标
1. 了解跨境电商平台的含义。
2. 了解跨境电商平台的分类。
3. 熟悉主流跨境电商平台的特点。

能力目标
1. 能够甄别跨境电商平台的类型。
2. 能够针对行业及产品的具体情况选择合适的跨境电商平台。

素养目标
1. 能够遵守平台规则,具备规范意识。
2. 具备创新精神和创业精神。
3. 具备看待问题的辩证思维能力。

知识导图

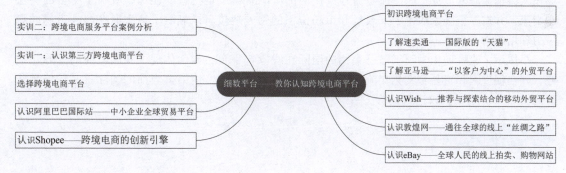

前言

对于大多数跨境卖家而言,选择合适的海外目标市场进行深耕细作是一种非常重要的经营战略。跨境电商行业的各大平台都有自己的特点、行业优势及客户群,因此,卖家选择适合自己行业、产品及销售计划的跨境电商平台就显得尤为重要了。本项目将对 Amazon(亚马逊)、速卖通(AliExpress)、阿里巴巴国际站、Wish、敦煌网(DHgate)、eBay、Shopee 等主流跨境电商平台进行简单介绍,以供卖家在选择平台时进行分析和参考。

跨境电子商务

运营故事

速卖通加大海外投入交出成绩单

随着国内流量天花板见顶，疫情打开了全球在线电商的渗透率，各大电商巨头都看到了海外市场的潜力。已连续4年盈利的SHEIN计划最快将于2023年首次公开募股（initial public offering，IPO）；拼多多海外业务Temu接连开新站点，在全球攻城略地；字节跳动旗下TikTok Shop近期也在开拓东南亚市场；阿里巴巴旗下速卖通拿下韩国购物App下载量第一，"出海四小龙"竞争加剧，场面似乎进入白热化阶段。

从历史来看，阿里巴巴海外电商是既重又难的业务。阿里巴巴在1999年创立了国际站，主营B2B外贸批发业务，随后在2010年成立跨境电商B2C平台"速卖通"，用中国极具性价比的供应链在全球多国扩张。2022年，蒋凡接手阿里巴巴海外电商后，整合跨境业务，速卖通扛起跨境大旗，Lazada专注东南亚本地业务。速卖通推出了全新电商平台Miravia，并确定"全托管"的主要业务方向。

速卖通通过选择优质的产品供给出海，同时采取"全托管"的增长战略，即平台负责店铺运营、仓储、配送、售后服务等复杂的环节，卖家只需专注产品和研发。他们加大招商的力度，并在几个重点市场进行大规模广告投放引流，包括马德里、首尔、纽约、圣保罗等地的地标、线下快闪店等。这些努力使用户量和下载量的大幅增长。

在韩国，速卖通成为购物App下载榜第一名，超过本地电商平台Coupang（酷澎）；在西班牙，速卖通与阿里巴巴旗下另一电商平台Miravia一起霸榜下载榜TOP3；在法国，速卖通也获得下载量第一的位置；2023年4月在拉丁美洲地区，速卖通成为智利共和国第一大跨境电商平台，远超亚马逊。

案例分析： 阿里巴巴旗下的速卖通在海外市场取得了积极的发展态势，通过战略调整和市场投入，加速海外业务扩张。速卖通通过提供优质产品和"全托管"服务，吸引了更多的买家和卖家，并在多个国家取得了下载量和市场份额的领先地位。这显示了速卖通在海外市场的竞争力和增长潜力。

小提示： 速卖通作为阿里巴巴集团的国际在线零售平台，如何体现了我国电商的全球化战略，并在促进国际贸易和文化交流方面发挥了哪些积极作用？请结合当前的国际贸易环境和我国的"一带一路"倡议进行分析。

知识准备

任务一 初识跨境电商平台

一、跨境电商平台的含义

初识跨境电商平台

跨境电商平台是指面向企业或个人的网上跨境交易平台，它是一个供不同国家或地区买卖双方进行商务活动的虚拟网络空间，也是一种保障跨境电商顺利运营的管理环境，是协调整合信息流、物流和资金流有序、关联、高效流动的重要场所。卖家可充分利用跨境电商平台提供的网络基础设施、支付平台、安全平台、管理平台等共享资源，有效且低成本地开展外贸商业活动。

二、跨境电商平台的分类

（一）按服务类型分类

跨境电商平台按服务类型的不同，主要分为信息服务平台和在线交易平台。

1. 信息服务平台

信息服务平台主要是为境内外会员卖家传递供应商或采购商等卖家的产品或服务信息，促成双方完成交易的网络营销平台。其代表平台有阿里巴巴国际站、环境资源网、中国制造网等。

2. 在线交易平台

在线交易平台不仅提供企业、产品、服务等多方面的信息展示，并且可以通过平台完成线上搜索、咨询、对比、下单、支付、物流、评价等全购物链环节。在线交易平台模式正在逐渐成为跨境电商中的主流模式。其代表平台有速卖通、亚马逊、敦煌网、大龙网等。

（二）按运营模式分类

跨境电商平台按运营模式的不同，主要分为第三方开放平台、自营平台、第三方+自营平台三类。

1. 第三方开放平台

第三方开放平台通过线上搭建商城，并整合物流、支付、运营等服务资源，吸引卖家入驻，并为其提供跨境电商交易服务。同时，平台以收取卖家佣金或增值服务费作为主要盈利模式。其代表平台有速卖通、敦煌网、亚马逊、eBay 等。

2. 自营平台

自营平台以自身品牌为整体，吸引、整合供应商资源，利用规模效应以较低的价格向供应商采购产品，然后对外以商城的名义向海外买家加价出售产品。自营平台本身就是一家巨型网店，主要以产品差价作为利润来源。其代表平台有进口中国、米兰网、大龙网、网易考拉等。

3. 第三方+自营平台

第三方+自营平台是第三方开放平台和自营平台的综合体。其代表平台有亚马逊海外购、沃尔玛全球 e 购、网易考拉海购、京东全球购。

（三）按产业终端卖家和买家类型分类

1. B2B 平台

B2B 类跨境电商平台是指平台上的卖家和买家均为企业或集团客户。目前，B2B 类跨境电商交易规模占我国跨境电商市场总交易规模的 90% 以上。在跨境电商市场中，企业级市场始终处于主导地位。B2B 平台的代表有敦煌网、阿里巴巴国际站。

2. B2C 平台

B2C 类跨境电商平台是指平台上的卖家身份为企业或生产商，以网上零售的方式将产品售卖给个人买家。B2C 类跨境电商平台中又以经营产品品类的不同而有综合型与垂直型之分。例如，速卖通所展示的产品种类繁多，涉及多种行业，是一种大而全的综合型 B2C 平台；而兰亭集势则在婚纱礼服这一垂直品类上深耕细作，占有绝对优势。

任务二　了解速卖通——国际版的"天猫"

一、速卖通概况

速卖通

速卖通是阿里巴巴集团旗下面向全球市场打造的在线交易平台，主要帮助中小企业接触海外终端消费者，又被广大卖家称为国际版的"天猫"。其业务有B2B模式和B2C模式，其中B2C模式占据主流。速卖通网站首页如图2-1所示。

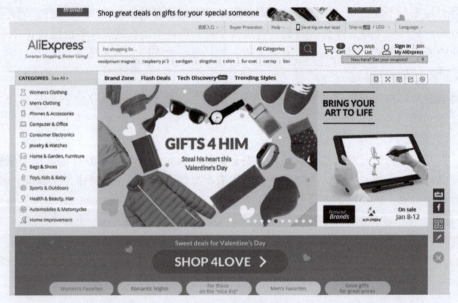

图2-1　速卖通网站首页

速卖通于2010年4月上线，经过十多年的高速发展，现已成为我国最大的跨境电商平台，平台年交易额增速超过100%，活跃买家遍布全球240多个国家和地区。其中，速卖通上交易额最高的国家分别是美国、俄罗斯、西班牙、法国和英国。

2016年速卖通转型升级，将"货通天下"升级为"好货通，天下乐"，将平台上的跨境C2C业务全面转向为跨境B2C业务，所有卖家必须以企业身份入驻速卖通，而且产品必须有品牌。

二、速卖通的特点

天猫卖家若到速卖通平台开店，平台会给予一定的流量倾斜，并且天猫金牌或银牌卖家在速卖通开店时，审核通过后会获得速卖通金牌或银牌卖家待遇。

需要特别注意的是，对于天猫上相对成熟的品牌商而言，大型的家具家电、需要本地服务的产品、韩版服饰、带有浓厚中国审美特点的小众产品（如中国结挂饰）等暂时都还不适合在速卖通平台销售。

为了解决国际物流问题，速卖通还建立了跨境物流骨干网——无忧物流。未来速卖通还会建立跨境物流调度中心，为卖家提供更为完善的跨境物流服务。

此外，阿里巴巴还利用大数据赋能卖家。大数据的应用充分提升了跨境电商的效率，例如，3 月份的俄罗斯是冬天，巴西则是夏天，针对不同国家的买家，搜索"服装"时就会有不同的推荐结果排序。

拓展阅读

　　拓展阅读　　　　　亚马逊

任务三　了解亚马逊——"以客户为中心"的外贸平台

一、亚马逊的概况

亚马逊成立于 1995 年，是全球最大的 B2C 跨境电商平台。亚马逊最初只是一个销售书籍和音像制品的"网上书店"，2000 年开始品类扩张和国际扩张，到 2017 年亚马逊已经发展成为全球市值排名第四的上市公司。

据《华盛顿邮报》统计，亚马逊平台上的第三方卖家销售比例已经远远超过亚马逊自营比例，且这个比例还在逐年升高。亚马逊欧洲平台所提供的数据显示，中国卖家在亚马逊平台上的份额约占 25%。

亚马逊网站首页如图 2-2 所示。

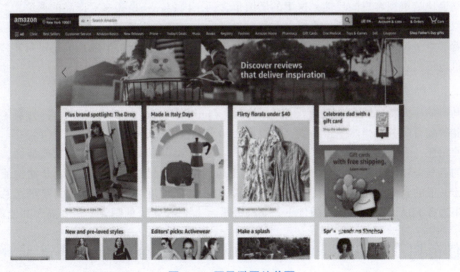

图 2-2　亚马逊网站首页

小知识：在百度上搜索亚马逊，可以搜索到两个网址，一个是亚马逊美国区官网，另一个是亚马逊中国官网（亚马逊旗下的网站除美国区和中国区官网外，还有澳大利亚、新西兰、巴西、加拿大、法国、德国、印度、墨西哥、意大利、日本、英国、西班牙和挪威区官网）。亚马逊中国的前身为卓越网，2004 年被亚马逊收购后，成为其子公司，目前网站经销图书、计算机、数码家电、母婴百货、服饰箱包等上千万种产品。

二、亚马逊的特点

亚马逊坚持"以客户为中心"的理念，秉承"天天低价，正品行货"的原则为客户服务。作为世界范围内最成功的电商平台，亚马逊具有一些较为鲜明的特点。

（一）宽进严管

亚马逊采取宽进严管的管理方式，个人和企业都可以在其平台上开店，除了个别类目需要卖家提供某些资料给亚马逊审核之外，其他类目完全向卖家开放。

相对于其较低的进入门槛，亚马逊对入驻卖家的管理却较为严格，无论是个人卖家还是企业卖家，都必须遵守亚马逊的全方位保障条款，使买家权益得到亚马逊的全面重视，它不仅要求卖家的产品质量拥有优势，而且还要求产品必须具有品牌。

（二）重产品详情、轻客户咨询

亚马逊没有设置在线客服，鼓励买家自助购物。在没有客服帮助的情况下，产品详情页就显得更加重要了，因此卖家必须提供非常详细、准确的产品详情和图片。在亚马逊平台上，产品详情页的样式都是统一的，这种做法极大地节省了卖家的工作量，引导卖家将精力和时间放在定价、配送、售后等环节。

（三）重推荐、轻广告

亚马逊不太重视收费推广，买家在平台中看到的一般都是关联推荐和排行推荐，这些推荐的依据来自该买家的购买记录及产品的买家好评和推荐度，所以卖家可以通过增加选品种类，优化后台数据，引导买家留下好评等来增加平台的推荐机会。

（四）重视客户反馈

亚马逊比较重视客户的反馈，这里的反馈包含两个内容：一是买家对产品的评论，二是买家对于卖家提供的服务质量的评价等级。在亚马逊平台上，客户反馈和产品评价等级是很重要的，它代表着买家是否对产品满意，如果反馈和评价过低，则会影响店铺形象；但是没有客户反馈和产品评价也不代表"万事大吉"，相反，还会有被关闭账户的风险。

（五）平台自建物流

亚马逊的一大特色服务就是亚马逊仓储物流（fulfillment by Amazon，FBA），为卖家提供物流和仓储等配套服务，当然平台提供这些服务会向卖家收取一定的费用。

要使用亚马逊物流服务，卖家需要自行将产品进口到目标市场所在的国家或地区，并储存在当地的亚马逊物流服务中心，由亚马逊来完成当地的订单配送。虽然亚马逊仓储物流的收费标准高于一般的仓储公司，但由于 FBA 得到买家较高的认可度，因此，不少买家都愿意支付更多的钱来选择 FBA。而且在同等条件下，亚马逊平台上 FBA 卖家的曝光率也要高于其他卖家。

任务四　认识 Wish——推荐与探索结合的移动外贸平台

一、Wish 的概况

Wish 于 2011 年 12 月创立于美国旧金山硅谷，当时的 Wish 只是一个类似于国内蘑菇街和美丽说的导购平台。目前，Wish 是北美最大的移动跨境电商平台，注册用户突破 4.2 亿，每天新增用户达 50 万，日活跃买家达 1 000 万，平台买家的周重复购买率达到 80%。据统计，Wish 卖家有90%来自中国，且该比例仍在增长，大部分产品都直接从中国发货。Wish买家的年龄主要分布在18~30岁，其中70%为女性。

二、Wish 的特点

Wish上的主要销售类目是服装服饰，尤其是时尚类服饰，其他销售类目还包括母婴用品、3C配件、美妆、配饰等。

Wish

Wish在App的页面设计和产品搜索方面更趋于智能化和趣味化，其主要围绕买家的兴趣和习惯，利用后台的数据分析能力，呈现给买家的产品大多是他们所关注的、喜欢的，因此每个买家看到的产品信息都不一样，同一买家在不同时间看到的产品也不一样。Wish利用买家闲余的碎片化时间，给他们带来更多的娱乐感，形成了更强的用户黏性。

考虑到移动端的浏览随意性比较强，平台无法通过关键词搜索预判买家的需求，因此Wish不会涉及关键词的引流，只是一个简单化的电商平台。

同时，Wish尽量给每个产品匹配公平的导流机会，坚持"机会面前，人人平等"，因此Wish较为适合中小卖家的起步和发展阶段。Wish在平台运营上也与其他平台有明显的不同，它不对卖家和买家作过多的商业引导，对平台入驻与流量导入采取免费方式，只有在交易成功后卖家才需向平台支付一定比例的佣金。Wish没有其他平台盛行的比价功能（搜索时按照价格高低排序形式显示产品），因此在Wish平台上价格是不敏感的，卖家竞争主要依靠的是产品的优化和客服的质量。

小知识：Wish在向买家推荐产品时是如何做到投其所好的呢？这是基于一种特别的推荐算法：买家信息只作为一个前期的参考，更多的是对该买家后期行为的跟踪分析，比如，对于推荐的信息买家是否浏览过及在App上的使用习惯。

这种算法不仅基于买家购买的产品，也基于他们查看而最终拒绝购买的产品，所以对喜好的命中率相当高。

任务五　认识敦煌网——通往全球的线上"丝绸之路"

一、敦煌网的概况

敦煌网于2005年正式上线，是我国第一家B2B跨境电商平台，致力于帮助中小企业通过电商平台走向全球市场，同时也搭建了一条"网上丝绸之路"，让越来越多的"一带一路"倡议沿线国家和地区搭上中国的数字贸易快车。

敦煌网

敦煌网对入驻卖家实行免费注册制，其盈利模式主要为交易佣金模式和服务费模式（提供增值服务，如跨境支付、跨境营销、跨境贷款等收费服务）。敦煌网网站首页如图2-3所示。

二、敦煌网的特点

作为跨境电商领域B2B出口贸易的开创者，敦煌网是中国最早实现信息流、资金流、物流"三流合一"的出口电商平台，其最大特点是具备完善的在线交易环境和配套供应链服务。敦煌网的供应链服务构成如图2-4所示。

敦煌网整合跨境交易涉及的各个环节，并将其纳入自身的服务体系，除了为企业卖家提供基本交易服务外，也在不断优化包括支付、物流、信贷等方面的一体化服务，还为其提供培训、营销推广和代运营等其他增值服务。这种基于专业化分工的整合，将买卖双方从繁杂的交易过程中解放出来，使跨境贸易操作变得相对简单。更为重要的是，这种集合效应可大幅降低买卖双方的交易成本。

图 2-3　敦煌网网站首页

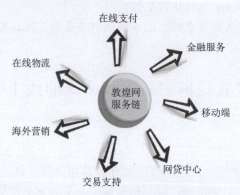

图 2-4　敦煌网的供应链服务构成

拓展阅读

拓展阅读

任务六　认识 eBay——全球人民的线上拍卖、购物网站

一、eBay 的概况

eBay 是一家 B2C 跨境电商平台，可以说是全球电商的鼻祖。eBay 于 1995 年 9 月成立于美国加州硅谷，1999 年开启全球扩张进程，其首个海外站点设在德国，2002 年 eBay 与 PayPal（贝宝）合并，又于 2015 年将 PayPal 拆分出去成为独立企业。

eBay

eBay 是最为典型的第三方跨境电商交易平台，不提供任何自营产品。eBay 借助强大的平台优势、安全快捷的支付解决方案及完善的增值服务，有力地推动了中国跨境电商网上零售出口企业的发展，为中国卖家提供了更多直接面向海外市场的销售渠道，受到中国卖家的追捧。2017 年 eBay 前 1 000 名优秀卖家的数据显示，33% 的卖家来自中国，居榜单首位。eBay 网站首页如图 2-5 所示。

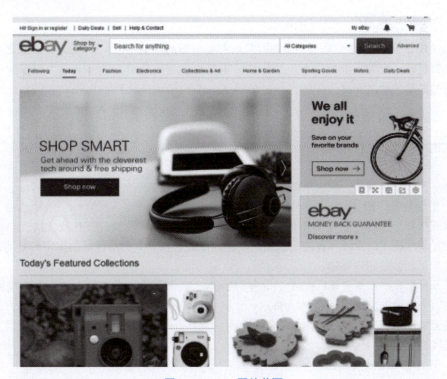

图 2-5　eBay 网站首页

eBay 拥有 3.8 亿海外买家，覆盖欧美发达国家消费市场和新兴经济体市场。借助 eBay 全球交易平台，中国卖家可以自由打造自有品牌，直接面对最终买家，有效地缩减了中间环节，从而创造出价格优势。

除了为卖家和最终买家提供交易平台等基础服务外，eBay 还积极布局出口电商产业链服务，为入驻卖家提供售前准备、刊登物品、售出并发货全套服务指导。在推广、物流、仓储和融资等各个环节，eBay 还与合作伙伴共同为卖家提供方便快捷的出口贸易服务。例如，2014 年 6 月 eBay 推出的 Teck 机器翻译技术，极大地提高了 eBay 的翻译和跨境交易服务水平，帮助全球

消费者克服语言障碍,同时也为中国卖家开展跨境贸易提供了更多便利。

在 eBay,除了有和其他平台类似的常规产品出售,二手货的交易也是 eBay 的重要组成部分。

拓展阅读

eBay 上的卖家在发布某件二手产品的时候,总是需要罗列相关的信息、上传视频和图片,选择拍卖或一口价信息。这对于新手来说并不友好,尤其是第一次尝试在网上拍卖或出售二手产品的卖家。eBay 决定简化拍卖发布流程,如果拍卖物件包含条形码,那么卖家只需要拿手机使用 eBay 的 App 进行扫描(如果扫描失败可根据名字进行搜索),然后输入拍卖物件的成色等相关信息就可以完成产品信息的录入。卖家可以在 eBay 的 App 中输入必要的产品描述、图片,eBay 会综合相关的数据进行预测分析,然后筛选出合适的价格。如果卖家对于 eBay 的定价不满意,可以在正式发布之前进行编辑。eBay 表示,这项功能是针对那些不知道如何开展拍卖的新手卖家的。

任务七 认识 Shopee——跨境电商的创新引擎

一、Shopee 的概况

Shopee 成立于 2015 年,是一个主要面向东南亚市场的电商平台。自 Shopee 成立之日起,加入的卖家数量就一直处于增长状态,平台总订单数也呈增长趋势。Shopee 成为很多卖家开拓东南亚市场的必选平台之一。

二、Shopee 的特点

与其他跨境电商平台相比,Shopee 具有以下特点。

(1)专注于移动端。

Shopee 专注于移动端,顺应东南亚地区电商移动化的发展趋势。

(2)市场前景广阔。

东南亚市场是 Shopee 的主要市场之一,东南亚市场人口基数大,具有较大的人口红利。同时,随着互联网技术的发展和智能手机在东南亚地区的普及,人们对网购的需求日益增加,这为 Shopee 带来了庞大的用户基础。

此外,虽然有些东南亚地区尚处于发展中状态,但并不代表当地的人们没有跨境购物的需求,正是因为当地的发展水平有限,Shopee 会在一定程度上刺激人们购买进口产品的需求。同时,东南亚地区距离中国较近,东南亚的人们对中国产品有较强的认可度,这也为中国卖家创造了更多的发展机会。

(3)具有较强的社交属性。

Shopee 拥有较强的社交基因——即时聊天功能,能够让买卖双方进行即时沟通,为买家带来更好的购物体验,有效地帮助卖家提高转化率,降低退单率和纠纷率,提高重复购买率。

此外,Shopee 还具有社交分享功能,卖家和买家可以将产品分享在各种社交媒体平台上,以扩大产品的传播范围。Shopee 设有"关注"功能,买家可以在 Shopee 上关注自己喜欢的卖家,及时了解卖家产品更新和最新优惠活动。

三、Shopee 的入驻流程

Shopee 是一个免费入驻的平台,不收取任何入驻费用。卖家入驻 Shopee 的流程如图 2-6 所示。

项目二 细数平台——教你认识跨境电商平台

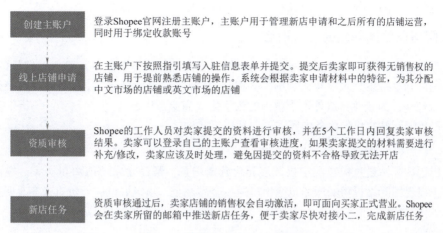

图 2-6 卖家入驻 Shopee 的流程

任务八 认识阿里巴巴国际站——中小企业全球贸易平台

一、阿里巴巴国际站概述

阿里巴巴国际站成立于 1999 年，是阿里巴巴集团的第一个业务模块，现已成为全球领先的 B2B 跨境电商平台之一。阿里巴巴国际站以数字化格局，重构跨境电商全链路，帮助跨境电商买卖双方精准匹配需求，为其提供数字化营销、交易、金融及供应链服务。

二、阿里巴巴国际站的特点

阿里巴巴国际站是出口企业拓展国际贸易的重要平台之一。与其他 B2B 跨境电商平台相比，阿里巴巴国际站具有以下特点。

（一）访问流量大，在境外颇具知名度

阿里巴巴国际站成立于国际电商发展早期，目前已经成长为极具实力的跨境电商平台之一。阿里巴巴国际站平台上的产品类别超过 5 900 种，销售范围覆盖全球 200 多个国家和地区。阿里巴巴国际站平台上的注册会员数超过 1.5 亿，拥有 2 000 多万活跃的境外采购商，每天能产生近 30 万笔询盘订单。

近年来，阿里巴巴国际站在境外的知名度进一步提升，经过 20 多年的发展，其已成为阿里巴巴集团的支柱业务之一。

（二）功能完善，服务系统化

阿里巴巴国际站不仅能为卖家提供一站式的店铺装修、产品展示、营销推广、生意洽谈等服务和工具，还能为卖家提供较新的行业发展和交易数据信息，帮助卖家寻找更多商机。此外，阿里巴巴国际站还能为卖家提供专业、系统的培训，帮助卖家全方位提高营销能力。

（三）大数据优势明显，形成数字化格局

借助阿里云、达摩院等一系列阿里数字分析工具，阿里巴巴国际站能够为卖家提供客观、详细的行业动态数据分析，帮助卖家实现更加精准的营销。

2019 年 6 月，阿里巴巴国际站正式启动"数字化出海 2.0"计划，该计划覆盖了跨境贸易全链路，对阿里巴巴国际站的既有产品和服务矩阵进行全面的数字化升级，旨在为卖家提供数字

化交易、营销、金融服务及供应链服务等一系列数字化外贸解决方案。

三、阿里巴巴国际站的服务内容

阿里巴巴国际站是中小企业的网上贸易市场、平台,其服务对象是从事全球贸易的小企业。阿里巴巴国际站坚持以"数字化人货场"为内环、"数字化履约服务"为外环、"数字化信用体系"为链接纽带,为企业打造外贸领域内的数字化"商业操作系统"。

阿里巴巴国际站提供的服务内容主要包括以下几种。

(一)商机获取服务

阿里巴巴国际站通过构建数字化及多元化营销场景,帮助卖家获取海量买家。在商机获取方面,阿里巴巴国际站提供的服务包括出口通、金品诚企、顶级展位、外贸直通车、明星展播和橱窗等。

1. 出口通

出口通是阿里巴巴国际站推出的基础会员产品。卖家在阿里巴巴国际站办理出口通后即成为阿里巴巴国际站的付费会员,可以在国际站上开店、发布产品信息,并联系境外买家进行交易。出口通会员可以获得10个橱窗展示位,还可以享受数据管家、视频上传和企业邮箱等服务。

2. 金品诚企

金品诚企旨在帮助卖家快速赢得买家信任,促进交易。卖家加入金品诚企需要支付一定的费用。

卖家成为金品诚企的会员后,可以获得40个橱窗展示位,除了可以享受出口通服务外,还可以获得由第三方国际权威认证机构提供的企业认证服务,其发布的产品在展示时带有Verfied标志。专业的第三方认证公司可以为卖家提供专业的认证报告,进一步彰显卖家的实力,提升买家对卖家的信任度。

此外,金品诚企会员还享有专属营销权益和专属营销场景,其产品在阿里巴巴国际站产品搜索结果页面有独立的筛选框,能够帮助卖家大幅增加产品的曝光机会。

3. 顶级展示位

顶级展示位是阿里巴巴国际站为卖家提供的品牌营销服务,卖家通过购买关键词获得展示位,其展示位位于搜索结果第一页的第一名,并带有专属页标志和 Top Sponsored Listing 字样。通过顶级展示位,卖家可以自定义产品视频、图片、广告语等创意,全方位展现自身产品的优势。

4. 外贸直通车

外贸直通车(pay for performance,P4P)是阿里巴巴国际站为卖家提供的一种按照效果付费的精准网络营销服务。卖家开通此服务后,其产品信息会在搜索结果的最优位置进行免费展示,只有当买家点击展示广告时卖家才需付费。

5. 明星展播

明星展播是阿里巴巴国际站为卖家提供的专属展示机会。阿里巴巴国际站后台每月会在特定时间段内开放80个展示位,卖家可以在营销中心页面自助竞价搜索结果首页的焦点展示位,竞价成功后可以在次月获得品牌展示机会。明星展播的展示位包括阿里巴巴国际站 PC 端、App 端、WAP 端三端英文站点首页焦点图。

6. 橱窗

橱窗是阿里巴巴国际站为卖家提供的用于展示主推产品的展示位,类似于实体店铺的展台,卖家可以将自己的热销或主营产品放在橱窗中进行展示。在同等条件下,橱窗产品与其他产品相比在搜索中更占优势。橱窗产品可以随时更换,橱窗可以按组购买,因需而定。

(二)交易履约服务

在交易履约方面,阿里巴巴国际站为卖家提供跨境供应链解决方案,保障交易能够安全、可靠地进行。

1. 信用保障服务

信用保障服务是指阿里巴巴国际站能够为卖家免费提供信用背书,提升买家对卖家的信任度。卖家开通信用保障服务后,其产品在搜索结果页面的展示会带有特殊标志,并能获得流量加权。此外,阿里巴巴国际站的信用保障服务能够为卖家量身定制跨境收款解决方案,为卖家提供安全、低成本和高时效的收款渠道,提高资金周转效率。

2. 外贸综合服务

阿里巴巴国际站通过运用互联网技术为卖家提供快捷、低成本的通关服务及收汇、退税和配套的外贸融资、国际物流服务,通过电商的手段解决卖家在流通环节遇到的服务难题。

3. 国际物流服务

阿里巴巴国际站联合菜鸟网络打造了货物运输平台,能够为买卖双方提供海运拼箱、海运整柜、国际快递、国际空运、中欧铁路和海外仓等跨境货物运输及中转服务。

4. 金融服务

阿里巴巴国际站能为卖家提供包括超级信用证、网商流水贷、备货融资等在内的跨境交易一站式金融解决方案,帮助卖家缓解资金压力,提升接单能力。阿里巴巴国际站为卖家提供的金融解决方案如下。

(1)超级信用证:帮助卖家解决在信用证交易中面临的风险和资金问题,为中小企业提供一站式的包括审证、制单、审单、交单等在内的信用证基础服务及融资服务。

(2)网商流水贷:阿里巴巴国际站联合网商银行打造的中小企业信用融资,具有申请流程简单、额度高、利率低的特点,最快3分钟即可到账。

(3)备货融资:阿里巴巴国际站联合网商银行推出的一款基于信用保障订单的低息短期贷款服务,帮助卖家解决在备货期间的生产、采购资金需求,提升卖家接单能力。

5. 支付结算服务

阿里巴巴国际站除了为卖家提供信用证(letter of credit,L/C)、承兑交单(documents against acceptance,D/A)、付款交单(documents against payment,D/P)、电汇(telegraphic transfer,T/T)、西联汇款、速汇金等支付方式外,还为买家提供了一种全新的支付方式——Pay Later。

目前,Pay Later 已对美国地区的买家开放。买家使用 Pay Later 支付时,第三方金融机构直接代替买家将资金垫付给卖家,买家可以获得最长6个月的贷款期,这样既能缓解买家的资金压力,又能让卖家安全、快速地收到货款。

(三)业务管理服务

在业务管理服务方面,阿里巴巴国际站为卖家提供了客户通和数据管家两个工具,帮助卖家以数据为驱动提升管理绩效,全面洞察商业先机。

1. 客户通

客户通是阿里巴巴国际站为卖家打造的专业客户关系管理(customer relationship management,CRM)工具。通过精准匹配,客户通赋能卖家实现更加有效的客户管理,构建端到端的买卖数据闭环。

2. 数据管家

数据管家是阿里巴巴国际站为卖家提供的数据化管理工具,通过数据沉淀与分析,为卖家提供关键词分析、产品采购与供应指数变化、买家行为分析等信息,帮助卖家实现数据化运营。

四、阿里巴巴国际站的入驻流程

当前,阿里巴巴国际站只接受合法注册的生产或销售实体产品的企业加入(对企业进出口权没有要求),暂不接受服务型企业,如物流、检测认证、管理服务等企业。此外,离岸公司和个人也无法加入阿里巴巴国际站。

目前,阿里巴巴国际站按年收费,费用由基础服务费和增值服务费组成,基础服务费(出口通)为人民币 29 800 元/年。

卖家入驻阿里巴巴国际站的流程如下。

(1) 填写信息:在线填写企业信息,成为阿里巴巴国际站会员。
(2) 签订合同并支付服务费:根据自身情况选择适合自己的合作方案,签订合同并支付服务费。
(3) 实地认证:第三方机构对企业进行实地认证(一般需要 30 天左右)。
(4) 店铺上线:开通店铺,上架产品。

素养小课堂

学习了这么多跨境电商平台,请总结一下哪些平台是在中国注册的,哪些是中国人开发的?

任务九 选择跨境电商平台

跨境电商平台有很多,卖家在决定做跨境电商之前面临的一个重要问题就是选择平台。每个跨境电商平台都有自己的特点和运营规则,卖家要根据自身特点选择适合自己的跨境电商平台。一般来说,卖家在选择跨境电商平台时,需要考虑以下因素。

1. 自身的销售模式

卖家要明确自己是做零售还是做批发,如果做零售,则应当选择 B2C 运营模式的跨境电商平台,如速卖通、亚马逊、eBay、Shopee 等;如果做批发,则应当选择 B2B 运营模式的跨境电商平台,如阿里巴巴国际站、敦煌网等。

2. 目标市场

卖家还要考虑自己的目标市场在哪里,考虑目标市场中的买家习惯在哪些电商平台上购物。如果卖家的目标市场是美国,则以亚马逊、eBay 等电商平台为主;如果卖家的目标市场在东南亚,则 Shopee 是较好的选择;如果卖家的目标市场是俄罗斯,则速卖通就是必选的平台之一。

3. 不同跨境电商平台的特性

卖家除了要考虑自身方面的因素,还要了解不同跨境电商平台的特性,包括平台的特点、运营规则、服务系统、产品品类、竞争强度等。不同跨境电商平台的准入门槛高低不同,平台规则也各有不同,卖家要先深入了解各个跨境电商平台的相关政策,才能最终决定哪些平台是适合自己的。

拓展阅读

兰亭集势:整合供应链
服务的电商平台

技能实训

实训一　认识第三方跨境电商平台

实训目标：了解不同跨境电商平台的运营模式及特点，选择适合自己的跨境电商平台，为更好地开展跨境电商运营奠定基础。

实训情境：某个主营女士服装的商贸公司打算通过入驻第三方跨境电商平台开启跨境电商之路。在入驻第三方跨境电商平台之前，该公司管理者需要了解各个跨境电商平台的运营模式和特点。

实训任务：选取几个具有代表性的跨境电商平台，并浏览这些平台网站，分析不同平台的运营模式、特点，并总结其优势和劣势。

实训步骤：在搜索引擎中输入想要浏览的跨境电商平台的名称，如亚马逊、速卖通，在搜索结果页面中单击其网址，浏览其页面，总结其优势和劣势；并在首页关键词搜索框搜索 desk lamp（台灯），进一步总结平台的特点。

实训结果：完成表 2-1 跨境电商平台优劣分析表并展示。

表 2-1　跨境电商平台优劣分析表

跨境电商平台名称	运营模式	优势	劣势

实训评价：内容完整性（60%）+展示表现（40%）。

实训二　跨境电商服务平台案例分析

实训目标：分析了解阿里巴巴一达通（以下简称一达通）平台。

实训任务：通过阅读以下关于一达通企业服务公司的案例，了解跨境电商服务平台的重要性。

实训情景：一达通是阿里巴巴旗下外贸综合服务平台，也是专注于中小企业的外贸综合服务行业的开拓者和领军者。通过线上操作及建立有效的信用数据系统，一达通持续地推动传统外贸模式的革新。通过整合各项外贸服务资源和银行资源，一达通目前已成为中国国内进出口额排名第一的外贸综合服务平台，为中小企业提供专业、低成本的通关、外汇、退税及配套的物流和金融服务。一达通秉承"客户第一、拥抱变化、团队合作、诚信、激情、敬业"的企业文化价值观，立足中国，放眼世界。

一达通的主要服务有以下几个方面。

（1）外贸综合服务：打造外贸领域开放式生态圈，引入社会上中小出口代理企业、物流服务商和财税公司等作为合作伙伴（即一拍档），为平台上的客户提供专业化、个性化、本地化服务。

（2）出口基础服务：包括基础通关服务，如协助完成全国各口岸海关、商检的申报。

（3）退税服务：为企业与个人快速、正规地办理退税，加快资金周转，同时提供个性化的退税融资服务，满足不同类型企业退税融资需求。

（4）外汇服务：联合中国银行在一达通公司内设置的外汇结算网点，为客户提供更方便快捷的外汇结算服务。客户直享外管 A 级资质待遇，可灵活选择结汇时间。也可为客户提供外汇保值服务，提前锁定未来结汇或者购汇的汇率，防范汇率波动风险。

（5）金融服务：覆盖外贸各环节的融资过程。

（6）超级信用证：针对出口企业在信用证交易中面临的风险和资金问题推出的综合服务。服务覆盖信用证基础服务、打包贷款（出货前）、交单后贷款（包含出货后的买断和融资），可按需灵活选择。

（7）一达通流水贷：面向使用一达通出口基础服务的客户，以出口额度积累授信额度的无抵押、免担保的纯信用贷款服务。

（8）结算宝：由阿里巴巴和银行合作，提供安全、省心的高收益企业活期理财服务。

（9）保单贷：通过备货融资、尾款融资等一揽子金融服务，解决国际贸易结算中的融资问题，最大化利用产能，赢得订单，并在激烈的市场竞争中占据一席之地。

实训任务：请结合一达通的服务项目，谈谈跨境电商服务平台存在的必要性。

实训步骤：

（1）完成分组，4~6人为一组，并选出组长。

（2）每位同学独立完成案例阅读。

（3）小组成员围绕案例问题展开讨论。

（4）小组选出代表进行陈述。

实训评价：对服务平台的见解（是否深刻）（40%）+小组内讨论气氛（是否积极）（30%）+发言表现（主旨是否明确，条理是否清晰）（30%）。

同步训练 　　　　　　　素养加油站

项目评价

学习评价见表2-2。

表2-2　学习评价

评价指标		评价得分	未掌握情况记录
知识	跨境电商平台的含义		
	跨境电商平台的分类		
	主流跨境电商平台的特点		
技能	能够甄别跨境电商平台的类型		
	能够针对行业及产品的具体情况选择合适的跨境电商平台		
素养	能够遵守平台规则，具备规范意识		
	具备创新精神和创业精神		
	具备看待问题的辩证思维能力		
总分			
自评人：		教师：	
注：评价得分区间为0~10分，0分为完全未掌握，10分为完全掌握，数字越大代表掌握程度越深，评价者依据自身实际情况进行评分。未满10分的评价指标在最右一列陈述未掌握的具体情况，并据此向老师或同学提问			

模块二
运营篇

项目三

踏上征途——学会入驻跨境电商平台

知识目标
1. 了解主要跨境电商平台的入驻规则。
2. 掌握速卖通平台卖家入驻的具体流程。
3. 掌握 Wish 平台卖家入驻的具体流程。
4. 了解其他平台卖家入驻的具体流程。

能力目标
1. 能够在速卖通上进行店铺注册。
2. 能够在 Wish 平台上进行店铺注册。

素养目标
1. 遵守平台规则，提升规范意识。
2. 具备创新精神和创业精神。
3. 具备看待问题的辩证思维能力。

知识导图

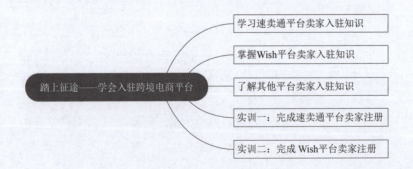

前言

在基本了解跨境电商领域各主流平台的特点及客户群之后，就可以根据自身需要选择相应的平台进行注册、开店。本项目将简单介绍速卖通、Wish、eBay 等主流跨境电商平台的相关入驻知识，并通过实操的形式讲解具体的入驻流程。

项目三　踏上征途——学会入驻跨境电商平台

运营故事

英国贵族开网店首选速卖通

最近，英国威廉王子的小舅子、凯特王妃的亲弟弟詹姆斯·米德尔顿表示要把自己的品牌 Boomf 的第一家网店开到阿里巴巴速卖通——全球最火的跨境电商平台之一。

说到开网店，英国拥有全欧洲最成熟的电商网络，从亚马逊、eBay 到各类垂直电商，平台数量不下百家。那么，拥有贵族象征的 Boomf 为何唯独钟情速卖通这个生于中国的平台呢？

首先，速卖通广阔的市场覆盖面无疑对该品牌有着巨大的吸引力。观察 Twitter 上 Boomf 的买家留言可以发现，目前其核心买家几乎全部来自英国和美国。通过速卖通打入亚洲、拉丁美洲等潜在买家数量庞大的市场，是 Boomf "把盘子做大"的第一要务。

其次，速卖通在俄罗斯、西班牙等市场陆续推出本地化服务，通过搭建仓储、配送、售后等全链路服务，缩短物流时间，提升买家购物体验。例如，在莫斯科、马德里等一线城市，买家将享受到当日达服务。对于像 Boomf 这样对时效要求极高的礼品商来说，物流效率更是其"生命线"。

不久前，Boomf 趁着速卖通 8 周年庆典，在 Facebook、Twitter 等国外社交平台做足了借势营销，当天就吸引了包括法国、巴西等在内的欧洲、拉丁美洲消费者超过 50 万人，线上转化率立竿见影。

小提示：如果选择在速卖通上开店，需要准备哪些材料？办理入驻又有哪些流程？

知识准备

任务一　学习速卖通平台卖家入驻知识

一、速卖通平台卖家入驻要求

（一）入驻须知

（1）速卖通平台卖家身份必须为企业。从 2016 年 4 月 1 日开始，新卖家在入驻时需要有企业身份，速卖通不再允许个人卖家（包括个体工商户）入驻。

（2）除了要拥有企业身份，卖家发布的产品还必须有自己的品牌。自 2016 年 4 月 12 日起，速卖通平台开始全面实施产品商标化，卖家需要根据当前拥有的商标情况，逐步完成商标注册申请、商标添加及审核、商标资质申请及审核这一系列申请流程。另外，自 2016 年 5 月 16 日起，根据速卖通平台商标化进程，速卖通上线了品牌属性必填功能。

速卖通平台入驻

（3）入驻速卖通的卖家需缴纳技术服务年费。各经营大类技术服务年费不同。经营到自然年年底、拥有良好服务质量及经营规模不断壮大的优质店铺，将有机会获得年费返还奖励，见表 3-1（具体费用可在速卖通官网查询：进入官网首页后选择"卖家入口"→"入驻须知"→"资费标准"选项进行查看）。

43

表 3-1 速卖通服务年费

单店经营范围	服务年费/元	返 100%年费对应年销售额/美元	单店经营范围	服务年费/元	返 100%年费对应年销售额/美元
服装服饰	10 000	40 000	化纤发	30 000	150 000
箱包鞋类	10 000	30 000	母婴&玩具	10 000	30 000
婚纱礼服	10 000	50 000	汽摩配	10 000	72 000
美发沙龙	50 000	150 000	3C 数码	10 000	40 000

(二) 需要准备的资料

(1) 注册账户时所需的资料。这些资料包括一个未注册过阿里巴巴旗下相关产品的邮箱、为自己取一个英文名、一个正常使用的手机号码、一个有效的联系地址。

(2) 企业认证时所需的资料。卖家须拥有一个企业支付宝账户，通过企业支付宝账户在速卖通完成企业认证。

(3) 提交入驻资料时所需的资料。平台会要求卖家提供产品清单、类目资质和商标资质进行审核。具体资料详解如下。

①产品清单：不同类目的产品清单需要填写的内容不尽相同。以箱包鞋类的产品清单为例，其中需要填写商标名称、商标来源、产地、销售对应类目（必选项，根据经营大类对应的类目填写）、材质（如是真皮材质需标明头层皮、二层皮、牛皮或羊皮等）、包邮预销售价格（美元）、实物图片。

②类目资质：需要卖家确认店铺经营类目和店铺类型，并准备相关的类目资料。

③商标资质：需要卖家具备品牌商标或相关品牌授权资质资料。在提交商标资质申请时，还需要额外提供品牌方在第三方权威机构出具的产品检测报告。

二、速卖通入驻流程

速卖通招商入驻流程如图 3-1 所示。

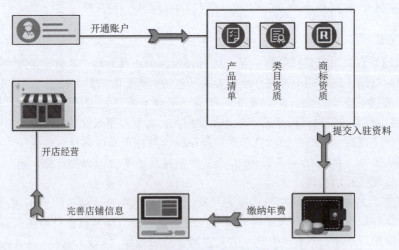

图 3-1 速卖通招商入驻流程

(1) 开通账户。使用企业身份进行卖家账户注册。

(2) 提交入驻资料。卖家入驻速卖通需要提交产品清单、类目资质和商标资质等基本资料。

以上资料都需要在"招商准入系统"中提交,然后等待平台审核。

(3)缴纳年费。在招商系统内根据所选的经营类目缴纳相应的年费。

(4)完善店铺信息。年费缴纳完成后,需要申请人通过选择"卖家后台"→"店铺"→"店铺资产管理"选项,设置店铺名称和二级域名(参见《速卖通店铺二级域名申请及使用规范》)。若申请人申请的是官方店,则需要同步设置品牌官方直达及品牌故事等内容。

(5)开店经营。此时入驻基本完成,可以发布产品详情页,对店铺进行装修,店铺正式开张。

小知识:具体开店须知可登录速卖通平台首页(图3-2),将光标移至"卖家入口"按钮上方。在打开的下拉列表中选择"入驻须知"选项,在跳转的页面中就可以了解平台最新的入驻流程。

图3-2 速卖通平台首页

二、速卖通平台的禁售产品

登录速卖通首页,选择"入驻须知"→"速卖通规则"→"禁限售"选项就可以查看速卖通的禁售产品了。速卖通平台的禁售产品可扫描二维码查看。

速卖通平台的禁售产品

素养小课堂

作为一名有志于创业的在校生,如果你计划在电商平台上开展业务并进行账户注册,遵循相应的规定是必不可少的。无论是速卖通还是其他电商平台,每个平台都有自己的注册条款和操作规范。遵守这些规则不仅是合规的表现,也有助于保护你的商业利益,并确保你的企业能够在一个公平和有序的市场环境中成长。因此,理解并遵循各个平台的注册规则对于创业成功来说至关重要。

任务二 掌握 Wish 平台卖家入驻知识

一、Wish 平台卖家入驻要求

(一)入驻须知

(1)只能售卖版权归自己所有或被授权经销的产品。入驻 Wish 平台的卖家可以是生产商、品牌授权商、零售商,也可以是手工业者、研发者和艺术家。但

Wish 平台入驻

是卖家必须拥有可以创造或生产产品的能力，或者拥有某种产品的分销权或零售权。只有具备以上条件的卖家才能通过 Wish 销售产品。

（2）售卖的产品必须是有形产品。一般情况下，服务项目不允许在 Wish 上出售。卖家需要准备符合 Wish 要求的产品资料，如图片、价格、文案等。产品展示必须清楚、详细，描述和图片必须要准确地展现产品特点。

（3）卖家必须能够提供物流服务。如果在 Wish 上获得订单，卖家必须在 1~5 天内发货，并且使用可信任的物流公司进行配送，还需要提供有效的物流单号。如果采用代发货模式，那么卖家必须有能力进行大规模代发货。

（4）卖家必须为买家提供自助服务。卖家需要自己履行订单并及时回复买家问题。

（二）需要准备的资料

Wish 虽然是移动端跨境电商平台，但其拥有全中文的注册网站，因而在注册方面不存在语言障碍，只是在注册的时候卖家需要提供一些相关资质证明。

在进行账户注册时，Wish 买家需要提供一个未使用过的注册邮箱、一个手机号码、一个有效的联系地址。

在进行账户认证时，对于个人卖家，需要提供一张店主的个人身份证、一个可使用的银行账户，认证时需要上传按平台要求所拍摄的图片，所以还需要一部具有拍照功能的手机、一支签字笔和一张空白纸；对于企业或公司，需要提供营业执照、税务登记证和法人身份证。

按要求逐步填写信息，平台审核完成后，卖家就可以在 Wish 平台开店了。

二、Wish 平台卖家入驻流程

Wish 把注册卖家分为两类——公司和个人，卖家入驻审核采用系统加人工的方式。如果想成为 Wish 的卖家，可以按照以下流程进行入驻。

（1）访问 Wish 官方网站。打开 Wish 的官方网站。

（2）注册账户。单击网站右上角的"登录/注册"按钮，选择"卖家注册"选项。填写所需的信息，包括姓名、电子邮件地址和密码等。

（3）创建卖家资料。成功注册后，需要创建卖家资料。提供公司名称、所在国家或地区、联系信息等。

（4）验证身份。Wish 可能会要求验证身份。根据要求提供所需的文件，如身份证明、营业执照等。

（5）设置产品。完成身份验证后，可以开始设置产品，上传产品图片、描述、价格等详细信息。

（6）运输和物流。确定运输和物流方式。Wish 提供了多种运输选项，包括自己安排物流还是使用 Wish 全球物流服务。

（7）审核和批准。完成产品设置后，Wish 会对卖家资料和产品进行审核。审核通过将获得 Wish 卖家资格。

（8）开始销售。一旦卖家资格获得批准，就可以在 Wish 平台上销售产品了。通过 Wish 平台可以管理库存、处理订单并与买家沟通。

三、Wish 平台的禁售产品

某些产品在 Wish 平台上是不允许售卖的，假如卖家违反了规定，有关产品会被移除，而且卖家的出售权将被暂停或停止。Wish 平台的禁售产品见表 3-2。

表 3-2　Wish 平台的禁售产品

禁售品类	说明
虚拟数字产品	无形的或必须以电子方式交付的产品
礼品卡	实物或虚拟礼品卡
未授权的产品	品牌权归属他人
打火机、烟草、酒精类产品	包括其他烟类产品和电子烟
药品	包括声称专治某病的药物及医药用品
活体动物	非法的动物产品
人体残骸或者身体部位	包括牙齿和头发
色情或成人用品	具有明显的色情暗示或淫秽内容
枪支或武器	包括手持型武器，如警棍和电枪
带有歧视性的产品	包含或宣扬对民族、种族、宗教、性别、残疾或者性取向等仇恨或歧视性内容的任何产品
不适合儿童浏览或购买的产品	请注意，Wish 平台买家可能包括 13 岁以下的儿童，因此任何不适合儿童浏览或购买的产品均不适合在 Wish 平台销售

任务三　了解其他平台卖家入驻知识

一、阿里巴巴国际站卖家入驻的方法

想要成为阿里巴巴国际站卖家，首先要成为中国供应商会员，即出口通会员，办理结束以后就可以在阿里巴巴国际站拥有自己的店铺了。出口通平台注册页面如图 3-3 所示。

图 3-3　出口通平台注册页面

（1）阿里巴巴国际站入驻条件。在国家市场监督管理总局注册的做实体产品的企业（生产型和贸易型均可）可以付费办理，平台对进出口权没有要求。服务型企业如物流、检测认证、管理服务等企业暂不能加入。另外，离岸公司和个人也无法办理。

（2）阿里巴巴国际站卖家入驻需要提供的资料包括营业执照、办公场地证明、法人身份证件等。有字号的个体工商户（有个体名称）也可以签署中国供应商服务合同，合同必须盖有与签约名称一致的有效公章（或合同专用章），办理流程同普通企业法人。

（3）阿里巴巴国际站卖家入驻办理流程如图 3-4 所示。

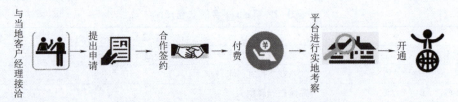

图 3-4　阿里巴巴国际站卖家入驻办理流程

（4）阿里巴巴国际站卖家的基础服务内容包括在国际站上建立企业店铺、发布产品信息、向海外买家报价，另外还有数据管家、视频上传和企业邮箱等服务内容。

二、亚马逊平台卖家入驻的方法

成为亚马逊平台卖家有两种注册方式：第一种是在"亚马逊全球开店"通道注册，需要通过亚马逊招商经理发过来的注册链接开立账户；第二种是在亚马逊网站自行注册，企业或个人都可以注册。

拓展阅读

亚马逊开店

三、eBay 平台卖家入驻的方法

根据注册地不同，eBay 卖家账户分为海外账户和中国账户。eBay 对中国卖家的限制比较多，因此海外账户相对于中国账户来说竞争优势比较明显。

此外，按照注册主体的不同，卖家账户又可分为普通账户和企业账户。其中，普通账户又分为个人账户和商业账户。图 3-5 为 eBay 平台个人账户和商业账户注册页面。

图 3-5　eBay 平台个人账户和商业账户注册页面
（a）个人账户注册页面；（b）商业账户注册页面

个人账户和商业账户的区别在于如果要在 eBay 欧洲站销售产品,则卖家账户必须为商业账户(这与欧洲法律法规的相关规定有关)。

(一)个人账户注册

eBay 个人和企业卖家入驻均不需要付费,只需要注册一个 eBay 个人账户即可。注册账户之前,最好准备一个国际通用的邮箱(确保能顺利接收来自 eBay 及海外买家的邮件)、一张双币信用卡(已开通网上银行功能)、一个正常使用的手机号码和一个有效的地址。

扫描二维码查看 eBay 平台卖家个人账户注册流程。

小知识:在进行 PayPal 账户类型选择时,可以选择个人账户、高级账户或商业账户。个人账户用于个人购物付款;高级账户可用于以个人名义接受来自买家的付款,建议个人卖家选择此选项;商业账户则可下设多个子账户并设有高级权限管理功能,适合企业的应用环境。高级账户可以升级成为商业账户。

eBay 个人账户注册流程

(二)企业账户(绿色通道)注册

企业账户注册需要准备的资料包括营业执照、法人身份证明(中国居民二代身份证、护照、港澳通行证、驾照等)、地址证明(信用卡账单、电话账单、房地产所有证等)、Value-Added Tax 号(VAT,欧盟国家增值税,使用海外仓时会用到)、商标注册证(如有需要)等。

1. 在线注册

登录"企业全球直销"页面,如图 3-6 所示,单击"立刻提交企业资料"按钮,在跳转的页面中提交企业资料。eBay 会对资料的真实性、完整性进行审核。在卖家递交材料之后 5 个工作日内,eBay 将通过电话致电卖家通知审核结果。

图 3-6 eBay 平台登录"企业全球直销"页面

小知识:本服务仅面对首次入驻的企业客户。若已经注册了 eBay 普通账户,则无法通过审核。

2. 联系客服

卖家可以在 eBay 官方网站上直接与 eBay 的客服联系,然后表明自己想申请企业账户的意图,这时客服人员会把入驻须知和操作流程发送给卖家。

实训一 完成速卖通平台卖家注册

一、设置用户名

步骤1：登录速卖通平台首页，单击"卖家入口"下拉列表，选择"卖家频道"选项，然后在跳转的页面中单击"立即入驻"按钮，如图3-7所示。

图3-7 登录速卖通平台首页

步骤2：设置用户名。在跳转的页面中输入准备好的电子邮箱地址充当用户名，验证后单击"下一步"按钮，如图3-8所示。

图3-8 设置用户名页面

步骤3：在跳转的页面中单击"请查收邮件"按钮或直接登录邮箱，在速卖通发送的确认邮件中激活链接，完成用户名注册，如图3-9所示。

小知识：如果在邮箱的收件箱中没有找到验证邮件，请查看垃圾邮件。验证邮件可能会由于邮箱设置等因素被放到垃圾邮件分类中。

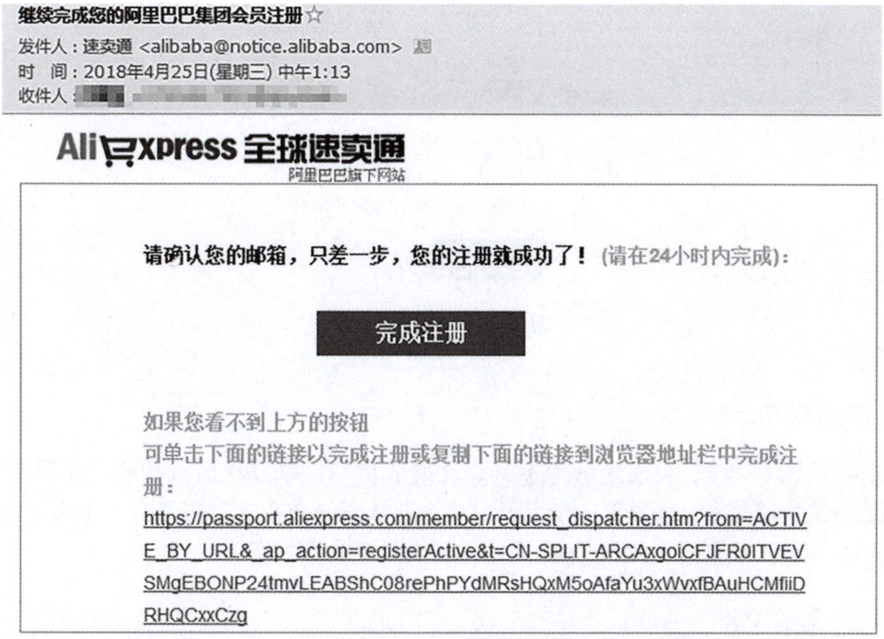

项目三　踏上征途——学会入驻跨境电商平台

图 3-9　速卖通发送的邮件

二、填写账户信息

步骤 1：邮箱验证成功后，就可以填写账户信息了。按照页面上的要求填写完个人资料后单击"确认"按钮，如图 3-10 所示。

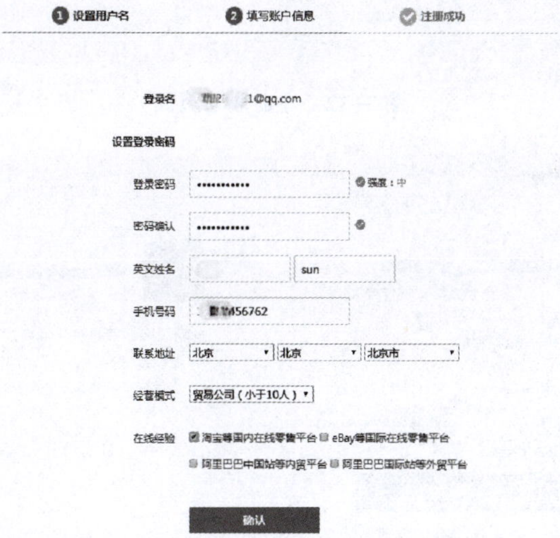

图 3-10　填写账户信息

步骤 2：此时速卖通会向个人资料中输入的手机号码发送验证码，在跳转的页面中输入该验证码，并单击"确认"按钮。如果没有收到验证码，等待 1 分钟后，可单击"重发验证码"按钮重新获取，如图 3-11 所示。

51

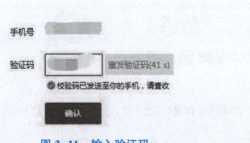

图 3-11　输入验证码

三、注册成功

至此，注册流程完毕，页面显示"恭喜您注册成功！"。账户注册成功后，还需要完成速卖通实名认证。速卖通实名认证需要一个已经完成企业认证的企业支付宝账户。单击"企业认证"区域将跳转至实名认证页面，如图 3-12 所示。实名认证页面如图 3-13 所示。

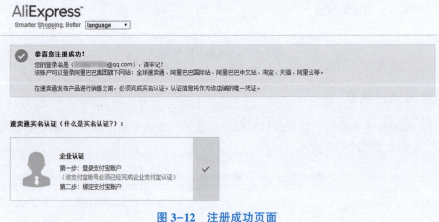

图 3-12　注册成功页面

图 3-13　实名认证页面

小知识：在认证完成之后，为了尽快熟悉速卖通，新卖家还需要参加一场开店考试。考试的内容主要包括"对速卖通及操作平台的基本了解""如何发布一个完整产品""对国际物流的了解与操作""在速卖通平台如何做营销""如何通过数据了解提升店铺""速卖通平台规则"6个模块。

考试过程中,单击题目右侧的"相关知识点"按钮,可以观看相关课程视频。卖家可以分多次完成考试,只需在退出前单击页面下方的"保存"按钮即可,下次登录后可继续考试,直至全部完成。

实训二　完成 Wish 平台卖家注册

一、登录平台网站

首先登录 Wish 平台网站,然后单击左上角的"免费使用"按钮,如图 3-14 所示。

图 3-14　登录 Wish 平台网站

二、创建店铺

步骤 1:在 Wish 平台店铺创建页面中选择习惯使用的语言。语言栏位于页面右上角,单击"中国国旗"按钮,选择中文显示;单击"美国国旗"按钮,选择英文显示。

步骤 2:设置用户名。在 Wish 店铺创建页面中,按要求输入准备好的注册邮箱作为用户名,接着设置密码、输入手机号码和图像验证码。然后单击"发送验证码"按钮,将手机收到的验证码填入输入框,如图 3-15 所示。完成所有信息的输入以后单击"创建店铺"按钮。

小知识:输入店铺名称时,确认店铺名称不能含有 Wish 字样,而且店铺名称一旦确定将无法更改。

输入登录密码时,为确保账户安全,密码必须不少于 7 个字符,并且包含字母、数字和符号,如 password100@ store。输入验证码时,注意切换到大写状态,不然会提示验证码有误。

步骤 3:阅读平台条款。在跳转的平台条款确认页面中阅读平台相关条款,阅读完毕后勾选"我已阅读并理解以上所有条款"复选框,单击"同意已选条款"按钮。

步骤 4:邮箱验证。在跳转至验证邮件页面后,Wish 将会向注册资料中填写的邮箱发送一封验证邮件，单击"立即查收邮件"按钮到邮箱中进行验证。

步骤5：邮箱验证完成后，页面跳转至Wish帐户登录页面。输入刚才设置的帐户密码，然后单击"登录"按钮。

步骤6：填写帐户信息。在跳转的页面中按要求填写帐户信息，完成后单击"下一页"按钮。

小知识：输入店铺名称时，必须使用英文，建议设置与卖家产品相关的店铺名称。不适当的店铺名称可能会导致店铺关闭。

输入注册者的姓名时，必须保证其真实性，一旦提交将无法修改。

步骤7：此时页面会弹出一个对话框，询问是否需要店铺基础操作的官方电话指导。此处单击"我需要"按钮。

步骤8：至此，店铺注册成功。

三、帐户实名认证

（一）个人帐户的实名认证

步骤1：如果选择以个人帐户进行实名认证，则单击图3-16中"个人账户实名认证"区域的任意位置，进入认证流程。在跳转的页面中输入店主身份证号，然后单击"开始认证"按钮。

步骤2：此时在跳转页面中会弹出对话框，告知卖家进行认证所要做的准备及相关认证提示。准备完成后，单击"开始认证"按钮，页面将跳转至个人账户实名验证页面。

步骤3：进行身份证认证。将页面上的验证码用签字笔写在A4白纸上，然后按要求以正确的方式将身份证和A4纸置于胸前，请他人帮助拍摄。拍摄完成后将照片传输到计算机上，然后在个人账户实名验证页面中单击上传图片区域的"+"按钮上传图片。等待片刻，图片上传完成后，单击"下一步"按钮。

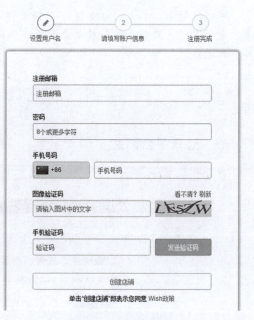

图3-15　设置用户名

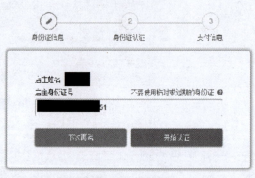

图3-16　个人帐户实名认证

小知识：一般来说，普通手机即可满足拍照需要。在单击"开始认证"按钮之后最好抓紧时间进行照片的拍摄，以免因为稍后上传照片网速过慢或其他原因导致验证过程超过15分钟的限制。一旦超时，验证码会自动刷新，需要重新开始验证。

步骤4：填写支付信息。页面跳转至支付信息设置页面，在支付提供商一栏，可以选择AllPay、PayPal China、PingPong金融、联动优势（UMPAY）-直达中国对公账户、联动优势（UMPAY）-直达中国个人账户、派安盈（Payoneer）、易联支付（PayEco）。填写完毕后，单击"下一页"按钮。

（二）企业账户实名认证

步骤 1：如选择以企业账户进行实名认证，则单击图 3-17 中的"企业账户实名认证"区域的任意位置，进入认证流程。

步骤 2：输入公司信息。在页面中输入公司名称、统一社会信用代码并上传营业执照的照片，然后单击"下一页"按钮。

步骤 3：输入法人代表信息。输入正确的法人代表姓名和身份证号码，然后单击"下一页"按钮。

小知识：在输入企业的公司名称时，要注意个体工商户不可作为企业账户。在上传营业执照时，尽量选择清晰的彩色照片。

步骤 4：企业账户认证流程的身份证认证和输入支付信息与个人账户认证的过程一致，不再赘述。在确认信息无误，提交审核后，可以看到如图 3-17 所示的页面，审核过程需要 1~3 个工作日。

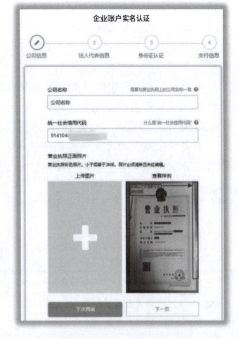

图 3-17 企业账户实名认证

同步训练

素养加油站

没有规矩，不成方圆。为了更好地保障广大买家的合法权益，也为了文明交易、维护经营秩序，遵守跨境电商平台制定规则势在必行。要通过学习规则、了解规则，做到不违反规则，遵守平台规则、合法经营，清楚了解平台注册规则。

速卖通注册规则

规则 1：在注册速卖通账户时，所使用的邮箱、速卖通店铺名都必须符合国家法律法规，不能涉嫌侵犯他人权利或干扰速卖通运营秩序等。

规则 2：不得利用虚假信息在速卖通注册海外买家账户，否则速卖通有权关闭买家会员账户；对于卖家，速卖通亦有权根据违规行为进行处罚。

规则 3：未通过身份认证或者连续一年未登录速卖通的账户，速卖通有权终止和收回。

规则 4：当账户因严重违规被关闭后，不得再重新注册账户；如被发现重新注册了账户，速卖通将关闭该会员账户。

规则 5：注册速卖通账户时所使用的注册邮箱必须是注册人本人的邮箱。

规则 6：若卖家已通过认证（支付宝实名认证、身份证认证），不论其速卖通账户开通与否，不得以个人的身份信息来取消绑定。

规则 7：一个通过个人实名认证的会员仅能拥有一个可出售产品的速卖通账户，一个通过企业认证的会员仅能拥有 6 个可出售产品的速卖通账户（速卖通账户指主账户）。

规则 8：当速卖通账户通过了"个人实名认证"或"企业认证"后，不得以任何方式转让出租或出借会员账户，由此产生的一切后果均由会员自行承担，并且速卖通有权关闭该速卖通账户。

规则 9：中国供应商付费会员如果在阿里巴巴平台中因严重违规被关闭账户，则其在速卖通平台的相关服务或产品也将同时被停止使用。

规则 10：速卖通的会员 ID 是系统自动分配的，不能修改。

小提示：以上为速卖通的注册规则，其他平台也都有其注册规则，如果你是一名在校生，想要创业计划选择一个平台进行账户注册，你会遵守这些规则吗，为什么？

项目评价

学习评价见表 3-3。

表 3-3 学习评价

评价指标		评价得分	未掌握情况记录
知识	主要跨境电商平台的入驻要求		
	速卖通平台卖家入驻的具体流程		
	Wish 平台卖家入驻的具体流程		
	其他平台卖家入驻的具体流程		
技能	能够在速卖通平台上进行店铺注册		
	能够在 Wish 平台上进行店铺注册		
素养	能够遵守平台规则，具备规范意识		
	具备创新精神和创业精神		
	具备看待问题的辩证思维能力		
总分			
自评人：		教师：	
注：评价得分区间为 0~10 分，0 分为完全未掌握，10 分为完全掌握，数字越大代表掌握程度越深，评价者依据自身实际情况进行评分。未满 10 分的评价指标在最右一列陈述未掌握的具体情况，并据此向老师或同学提问			

项目四

以品撬销——精通跨境电商选品

知识目标

1. 了解品类与品类结构的概念。
2. 了解速卖通平台站内选品的相关知识。
3. 了解辅助速卖通平台选品的站外工具。
4. 了解亚马逊平台选品的相关知识。
5. 了解亚马逊平台站内及站外选品的数据分析工具。

能力目标

1. 能够按照目标客户群体的需求构建店铺的品类。
2. 能够在速卖通平台上进行选品。
3. 能够在亚马逊平台上进行选品。
4. 能够使用相关站外选品辅助工具。

素养目标

1. 在选品中遵守法律法规和平台规则。
2. 在选品时避免发生侵犯知识产权的行为。
3. 增强合作意识和风险意识。
4. 辩证看待中外差异,了解国际社交礼仪。

知识导图

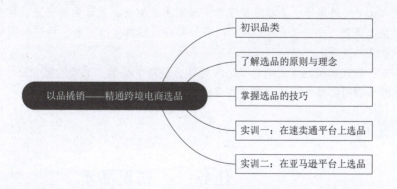

前言

选品主要解决跨境电商卖家卖什么这一问题。如果能够选择一款合适的产品,不仅能为卖家的店铺带来可观的销量,还能塑造良好的店铺形象。因此,选品能力是一个店铺的核心竞争力。

做好店铺选品工作必须有的放矢，要有一定依据，遵循一定的市场原则，形成正确的选品思路，不能凭借主观臆断进行决策。同时，还必须掌握一些选品技巧。

运营故事

神奇选品，条条大路通罗马

在亚马逊平台上，Anker（移动电源品牌名）一直是一个神话一样的存在。Anker 以移动电源起家，以黑白色调为主打。在 Anker 自己的调研中，他们得出的结论是欧美人更爱好黑色，所以，打开 Anker 的店铺，黑色调格外明显。同时，Anker 的产品以方正款式为主，以商务人士为首选客户群体，甚至包括亚马逊全球副总裁在做招商推介的时候也说过，他来中国出差，用的就是 Anker 的移动电源。

很多想从 Anker 身上学习选品的卖家，都采取了同样的黑色调和方正款，但成功的店铺并不多。偏偏有两家公司，同样以移动电源为主打，在选品上剑走偏锋，选择了和 Anker 不一样的路线，却做得非常好。

Jackery（品牌名）同样以移动电源为主打，同样主推方正款式，却选择了橙色。在 Anker 给人的冰冷沉稳的黑色印象之外，橙色一下子就以鲜活亮眼的色彩吸引了买家的眼球。抛开品质方面的对比不谈，就单纯从色彩层面来看，如果说 Anker 是以成年稳重商务人士为核心客户群，那么 Jackery 则明显地可以获得女性群体及更年轻买家的青睐。

在亚马逊平台上，在移动电源这个类目下，Anker 占据着霸主地位，而 Jackery 的另辟蹊径也让它活得非常好，从产品评论数量可知，Jackery 的销售金额也是以亿为单位计算的，远远甩开普通卖家几条街。

Lepow（品牌名）以更加鲜活的形象切入移动电源市场，在品牌打造的过程中，Lepow 选取绿色和黄色为主推色调。同时，在款式的选择上，Lepow 选取了圆润款式甚至带有卡通形象的款式为主打，一下子就俘获了年轻群体的心。在亚马逊平台上，Lepow 起步晚，但从当前的发展势头来看，也一直发展得很好。

总结这三家的选品思路，Anker 凭首发优势，主要面向商务人士群体，占得移动电源类目的龙头；Jackery 在选品过程中，既从 Anker 的发展中看到了商机，同时，又避免了与 Anker 正面肉搏，选择从侧翼进入，以亮色调获得了稍微年轻的群体青睐；当 Lepow 想进入移动电源这个市场时，想去撼动 Anker 的销售地位是非常困难的，既然无法撼动，就迂回前行吧：你们都针对商务成熟人士，我就选择新人类。于是，Lepow 以更加年轻化的群体为目标，做出针对性的颜色和款式优化，也一举获得成功。

小提示：方正款式和圆润款式的移动电源为什么是两个品类？品类的概念是什么？在跨境电商平台上选品的步骤有哪些？完成选品工作又需要哪些技巧和工具？

知识准备

认识跨境
电商品类

任务一　初识品类

无论卖家在哪个跨境电商平台上开店，为店铺选择主营产品的品类都是第一步。因此，在选品之前，了解品类相关的概念非常重要。

一、品类的含义

按照国际知名的 AC 尼尔森调查公司的定义，品类（category）即"确定什么产品组成小组和类别，其与消费者的感知有关，应基于对消费者需求驱动和购买行为的理解"。通俗来讲，品类即产品种类，一个品类是指在消费者眼中一组相关联的且可相互替代的产品或服务。

小知识：在入驻速卖通平台的过程中，卖家需要提交相关资料，其中第一步就是到招商系统中选择店铺的主营产品品类，然后下载该品类的产品清单进行填写。速卖通平台上可供选择的最高一级的产品品类一共有 16 种，分别为服装服饰、鞋类/箱包、精品珠宝、珠宝饰品及配件、手表、婚纱礼服、美容美发、母婴&玩具、健康用品、家居&家具、家装&灯具&工具、家用电器、运动&娱乐、3C 数码、汽摩配、特殊类。其中部分类别还进行了更为细致的划分，如婚纱礼服品类还细分为四大主营类目：特殊场合服装（special occasion dresses）、婚庆配饰（wedding accessories）、婚纱（wedding dresses）、婚宴礼服（wedding party dress）。

二、品类结构

简单来说，品类结构就是指符合店铺定位及买家需要的"产品组合"。品类结构是由供货商与卖家协商的，但仍是以买家需求为出发点。一般来说，品类结构内含主品类、次品类、大分类、中分类、小分类等，例如，家用电器是一个主品类；电视、空调、洗衣机、冰箱等就是次品类；在电视之下还有曲面电视、人工智能电视、4K 超清电视等大分类；在大分类之下，根据尺寸或品牌等不同标准还可以划分出中分类和小分类等。

案例链接

陈先生是某跨境电商平台上的一家玩具店的经营者，开店伊始，他的第一个任务就是构建自己店铺的品类结构。首先，玩具作为他的主营方向，其下的次品类包括男童玩具、女童玩具和婴童玩具等。陈先生经过分析选择了重点经营男童玩具，因为男童玩具的销售规模是跨境电商玩具市场里面最大的一块"蛋糕"，这样店铺销量就会有基本的保证。

接下来，陈先生经过研究，发现"男童玩具"下面还有玩偶类、模型类、积木类、智力类、户外类、情景类、运动类、电子类等大分类。根据对国外消费者偏好的观察，陈先生较为看好模型类男童玩具市场的潜力，于是又将模型类男童玩具作为自己最主要的经营品类。

最后，陈先生还要继续拓展模型类男童玩具品类的宽度和深度，将其继续细分为动力模型和非动力模型。在动力模型的下面，又细分为遥控车和机器人等不同的类别。陈先生认为机器人价格一般都很高，需要和知名厂家合作，以保证产品质量；而对于遥控车，国内许多小厂家就能做得很好，可以提供多种价位供买家选择。

案例分析：总结上述过程，可以说陈先生所有对产品品类进行的筛选决策都建立在他对宏观因素（品类规模、分类趋势、行业动态）及微观因素（消费者需求、消费者购买偏好）的理解上。这种选择过程的实质，就是为了最大限度地满足消费者需求。

任务二　了解选品的原则与理念

选品即卖家从供应市场中选择适合目标市场需求的产品，同时也是跨境电商卖家构建店铺产品结构的主要途径。在进行跨境电商选品工作时，很多卖家没有基本思路：他们或者是因为对某类产品比较熟悉而直接进行销售；或者是从某个卖家的成功案例中列举的产品入手；或者是自我感觉某种产品似乎很好卖，于是就开始销售这种产品。

若以上种种选品方式既没有明确的目标，也没有深入地思考，最终的结果就很难预料。因此，要进行跨境电商选品工作，必须掌握正确的选品原则与理念。

一、选品的原则

（一）从兴趣出发

选品要从感兴趣的产品入手，这样自己才会主动花费更多的时间去了解产品的品质、特点和用途，才有动力投入更多的精力去研究产品的优势、价值和目标消费群体。只有在对产品有充足的认识之后，才能切实解答买家对产品的疑问，提升买家对产品的信任。

（二）从市场需求出发

选品要从市场需求出发，市场需求量大的产品才能带来可观的销量。

（三）从平台特性出发

卖家需要对不同的跨境电商平台进行细致的了解，掌握不同平台的特点和商业理念，知道哪些品类在该平台上是热销品，哪些品类是该平台大力扶持的，哪些品类更容易获得该平台的推荐等，这样才能打造出店铺的特色。

二、选品的理念

在遵循前面几项基本选品原则的基础上，选品工作在不同阶段还应具备不同的理念，主要有以下几点。

（一）广泛——切勿坐井观天

对于跨境电商卖家来说，选品的第一步是要有一个大范围、多类目的选品视野，而不是将目光局限在某一个品类上。这就要求卖家在选品的初期，必须拓展自己的思路，广泛涉猎多个类目的产品，这样才能选到最合适的产品来作为经营的方向。

（二）专业——知识就是力量

通过对多个类目进行对比分析，卖家找到感兴趣、有货源且销量和利润都较好的类目，此时卖家需要向专业的方向努力。作为卖家，如果对自己销售的产品没有专业的认识，要想有所作为是非常困难的。因此，在当前几近透明的市场状态下，要想胜过竞争对手，就应该先让自己在对产品的专业认知度上超越对手。

（三）精选——吃透"二八法则"

随着专业知识的积累，卖家对所经营类目的理解也越来越深刻，在此基础上卖家要做的就是精挑细选、反复筛选，选出精品。在市场上，永远是20%的产品带来80%的利润。作为卖家，需要尽力去挖掘那20%能够带来高利润的产品。

（四）坚持——努力永无止境

选品是一个长期的过程，贯穿店铺运营的始终。因此，在选品过程中，卖家不应抱有一劳永逸的想法，今天选品的成功不意味着明天这款产品也能带来高销量。卖家应该长期坚持做一些选品活动，让自己在拥有热卖爆款的同时，也能不间断地开发有潜力的趋势款。

（五）重复——切勿丧失激情

坚持的过程就是一个重复的过程。选品是一个无趣的过程，很多人会逐渐厌烦，失去激情和斗志，这也是为什么经常会出现一些卖家凭借某款产品引爆市场成为销售明星后，却又很快沉寂，最终在市场上消失的原因。为了保证运营的长期稳定，卖家要始终保持对选品工作的热情。

（六）分析数据——巧用辅助工具

当店铺规模发展到一定阶段，卖家对行业有了足够的认知，具备了足够高的专业度，也积累了一定的经营经验，此时在产品的选取上，卖家就会受到自己认知和偏见的影响，为了避免因认知偏见导致错失良品的情况发生，卖家在选品的过程中可借助数据分析工具，多维度搜集相应的销售数据。与个人认知相比，数据更能够反映出客观事实。

素养小课堂

若定制产品的源头是工厂，那么在全球电商供应链体系中，模式通常为中国制造商—国际电商经营者—全球消费者。在这个链条中，中国制造商不仅是国际电商经营者的货源提供者，而且产品的品质直接影响整个供应链的稳定性和生存。因此，制造商与电商经营者紧密相连，共同面对风险与机遇，彼此间的成功与挫折是相互关联的。电商经营者在选择产品时，必须深入了解并严格评估制造商的质量控制能力，清醒认识到错误选择的严重后果。考察供应商时，跨境电商选品人员应该遵循以下原则：确保产品质量、评估供应商信誉、考察生产能力、监测质量保证流程，并进行全面的风险评估。

任务三　掌握选品的技巧

在具备一定的选品思路后，还需要掌握一些基本的选品技巧。跨境电商选品的技巧非常多，下面对主要的几种选品技巧进行简单介绍。

一、评价数据分析法

评价数据分析法就是通过收集跨境电商平台上热卖产品的差评数据，从中找出买家对产品普遍不满意的地方，从而开发出能够解决买家痛点的产品。同时，也要兼顾分析产品的好评数据，从中寻求买家对产品真正的需求点和期望值。唯有双管齐下，才能够找出真正符合买家需求的产品。

跨境电商选品技巧

二、产品组合分析法

产品组合分析法就是指用组合产品的思维来选品，即在构建产品结构时，规划20%的核心产品，用以获取高利润；10%的爆款产品，用以获取流量；70%的常态产品，用以互相配合。选品应该兼顾不同的目标买家，不能把所有的产品都置于同一个价格段或保持在同一品质等级，因为一定的价格和品质梯度才可能产生更多的订单。核心产品应该选择小众化、利润高的产品。爆款产品应该选择热门产品或紧跟当前热点的产品。常态产品倾向于选择性价比较高的产品。无论是核心产品、爆款产品还是常态产品，选品的时候都必须对产品的毛利进行评估，计算毛利的简单公式如下：

单品毛利=销售单价-采购单价-单品运费成本-平台费用-引流成本-运营成本

小知识：利基产品（niche product）是指那些市场不大、客户需求尚未被满足而大企业又无暇顾及的"冷门"产品，其特点是产品利润较高且竞争较小。

来自速卖通的数据显示，平台中小卖家占比达到70%。当他们选择经营热销产品时，往往面临着非常激烈的价格战，产品的利润会被压得很低。这时，选择一两款利基产品就显得非常重要。例如，世界上的左撇子仅占10%，因此，大多数产品主要是为使用右手的人而设计的。在这种情况下，如果卖家开发出左手剪刀、左手吹风机等产品，相信即使将产品价格提高一些，很多左撇子也会毫不犹豫地下单。

三、行业动态分析法

每个产品品类都拥有行业背景，因此从行业的角度研究品类更具有全面性和前瞻性。目前，了解某个品类的出口贸易情况主要有四种途径，具体见表4-1。

表4-1 了解某个品类的出口贸易情况的途径

途径	说明	途径名称
登录电商研究平台的官方网站	中国电商大数据网——中国电商研究中心网站是一个致力于电商研究的开放性网络研究平台，免费提供各种跨境电商数据、电商报告、热点专题、行业动态等信息。卖家可以在网站上了解当前跨境电商的具体发展状况	电商研究中心网站
查阅第三方研究机构或贸易平台发布的市场调查报告	第三方研究机构或贸易平台具备独立的行业研究团队，这些机构具备全球化的研究视角和资源，因此，他们发布的研究报告往往可以给卖家带来较系统的行业信息	艾媒咨询 艾瑞咨询
参加行业展会	行业展会是行业中的供应商为了展示新产品和新技术、拓展渠道、促进销售、传播品牌而进行的一种宣传活动。参加展会可以获得行业最新动态和企业动向	深圳会展中心官网 中国行业会展网官网
直接与出口贸易公司或工厂沟通	资质较老的供应商对所在行业的出口情况和市场分布都很清楚，卖家可以通过与他们加强沟通获得较多有价值的市场信息	—

四、谷歌趋势分析法

谷歌趋势分析法是指充分利用谷歌搜索引擎上的各种数据分析工具，对企业外部的行业信息和内部的经营信息进行分析，然后挖掘出有价值的内容，以此作为选品参考。具体来讲，就是通过Google Trends（谷歌趋势）工具分析品类的周期性特点，通过Keyword Spy（竞争对手广告分析）工具发现品类搜索热度和品类关键词，从而获取必要的外部行业信息。通过Google Analytics（Google为网站提供的数据统计服务工具）分析自己店铺中已上架产品的销售信息，分析哪些产品销售好，整体动销率如何等店铺内部信息。

小知识：卖家使用第三方工具时需要注意，第三方数据往往不具备权威性，仅供参考。

（一）外部数据分析

分析思路是灵活综合运用各个分析工具，全面掌握品类选择的数据依据。分析过程是通过Google Trends工具分析品类的周期性特点，把握产品开发先机；借助Keyword Spy工具，发现品类搜索热度和品类关键词；同时借助Alexa工具，选出至少三家经营同品类产品的企业，并以自己看好的市场作为主要目标市场的竞争对手网站，作为对目标市场产品分析和选择的参考。

1. 使用Google Trends工具进行数据分析

国内用户需跨境联网登录Google Trends网站。查询条件可以设置为关键词、国家、时间。

例如，登录Google Trends工具网站，以关键词swimwear（泳装）为例，选择国家分别为美国和澳大利亚，设置搜索时间范围为"过去12个月"。搜索结果如图4-1、图4-2所示。

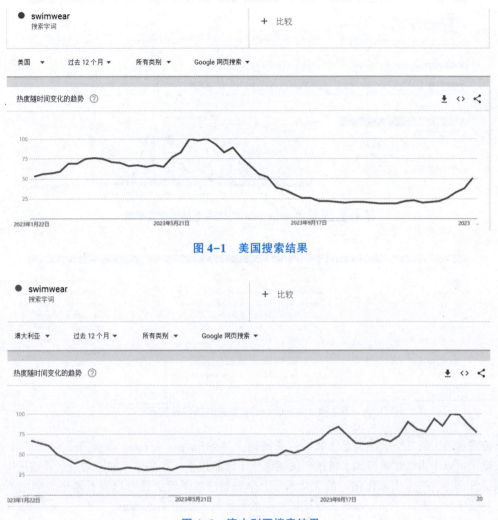

图 4-1　美国搜索结果

图 4-2　澳大利亚搜索结果

由图 4-1 和图 4-2 可以看出，在北半球的美国，5—7 月为泳装搜索的高峰期；而在南半球的澳大利亚，9 月—次年 1 月为泳装搜索的高峰期。因此，对于美国市场的选品要在 3—4 月完成；而对于澳大利亚市场的选品，则需要在 8—9 月内完成。如果不知道目标市场品类热度的周期规律，那么就会错过市场需求旺季。

2. 使用 Keyword Spy 工具进行数据分析

在了解选品的时间规律后，就可以通过数据分析工具寻找可供参考的竞争对手网站。查询条件可以设置为关键词、站点、国家。

例如，登录 Keyword Spy 工具网站，仍以关键词"swimwear"为例，选择"United States"为分析市场，查询条件选择"Keywords"（关键词），单击"Search"按钮，如图 4-3 所示。

在美国市场，swimwear 的月搜索量达到约 500 万次，市场热度较高。与 swimwear 相关的热门关键词如图 4-4 所示。

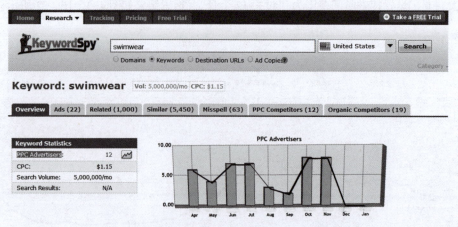

图 4-3　关键词 swimwear 在美国市场的搜索热度

Related (1,000)	Search Volume	CPC	Related	Search Volume	CPC
swimsuits	5,000,000/mo	$1.12	tankini top	27,100/mo	$1.38
swim suits	3,350,000/mo	$1.19	ladies swimwear	33,100/mo	$1.53
swimsuit	11,100,000/mo	$1.12	one piece bathing suits	110,000/mo	$1.27
swim wear	1,220,000/mo	$1.13	man swimwear	18,100/mo	$1.07
womens swimwear	90,500/mo	$1.64	sexy swimware	480/mo	$0.93
large cup size swimwear	390/mo	$1.30	string bikinis	135,000/mo	$0.64
large bust swimwear	22,200/mo	$1.09	bathing suit	4,090,000/mo	$1.11
brazilian swimwear	18,100/mo	$0.64	designer swimwear	49,500/mo	$1.15
bathing suits	4,090,000/mo	$1.09	bandeau swimsuit	60,500/mo	$1.22
women's swimwear	110,000/mo	$1.52	swimwear for women	301,000/mo	$1.51

图 4-4　与 swimwear 相关的热门关键词

搜索量最大的几个关键词是泳装的主关键词，如 swimsuit、bathing suits、swimwear 等，而其他关键词可以作为长尾关键词。将这些关键词用于产品搜索、产品信息加工的命名及描述中，会大幅提升 SEO（搜索引擎优化）的优化水平。单击相应的关键词还可以查看这个关键词所对应的主要竞争对手网站。Swimwear 关键词所对应的网站列表如图 4-5 所示。

PPC Competitors (12)	Keywords	Organic Competitors (19)	Keywords
ae.com	5,362	macys.com	47,521
shop.nordstrom.com	7,345	nordstromrack.com	4,157
doll.com	226	us.asos.com	2,389
BareNecessities.com	2,548	hm.com	1,556
lululemon.com	328	swimoutlet.com	4,981
us.asos.com	2,389	shopbop.com	1,281
WomanWithin.com	2,031	venus.com	4,527
curvyswimwear.com.au	3	adoreme.com	1,590
foreveryoungswimwear.com	1	loft.com	754
SwimsuitsForAll.com	1,435	everythingbutwater.com	58

图 4-5　swimwear 关键词所对应的网站列表

3. 使用 Alexa 工具进行数据分析

例如，登录 Alexa 工具网站，以图中通过 Keyword Spy 发现的 www.macys.com 为例。在搜索框内输入该网址，在查询结果页面，重点关注此网站的日均 IP 流量和日均访问次数（page view，PV）流量（代表网站的整体知名度）。该网站在各个地区的排名与访问比例（代表网站在各个地区的知名度），如图 4-6 所示。

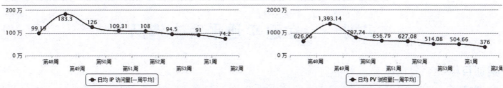

图 4-6 日均 IP 流量和日均 PV 流量

通过图 4-6 可以得出如下结论：www.macy.com 网站以美国为主要目标市场，且在美国有较高知名度。再结合 Keyword Spy 工具的分析，可以将 www.macy.com 确定为在美国乃至北美市场泳装类别的参考网站，以研究适合美国市场的泳装产品的样式及价格。

（二）内部数据分析

工具名称：Google Analytics（GA 工具）。

工具网址：http：//www.google.com/analytics（国内买家需跨境联网登录）。

获取数据：已上架产品的销售信息，如流量、转化率、跳出率、客单价等。

小提示：谷歌趋势分析法强调从选品过程中积累经验，循序渐进地成为选品高手。

素养小课堂

在我们的日常生活中，"刷单"一词指代的是卖家通过不正当手段虚增产品销量和人气的违法行为。假如你是负责监督电商市场的官员，应考虑用什么策略来抑制和消除卖家进行"刷单"的现象？

技能实训

实训一　在速卖通平台上选品

实训目标：学会在速卖通平台上选品。

实训情景：速卖通平台选品可以通过站内选品和站外选品两种方式进行。其中，站内选品是指通过运用速卖通平台内部的一些数据分析工具来辅助卖家选品；站外选品是指通过参考同类其他平台或借助第三方数据分析工具帮助卖家选品。

实训任务与步骤：具体信息如下。

一、速卖通站内选品

速卖通平台站内选品具体分为行业选品、类目选品、属性选品，以及参考同行业卖家款式选品。

（一）行业选品

行业选品指卖家根据平台目前的市场现状决定要经营的行业。卖家可以使用"数据纵横——行业情报分析"工具对某行业的现状进行分析。

步骤：登录速卖通卖家后台，单击导航栏中的"数据纵横"按钮，在跳转的"数据纵横"页面左侧选择"行业情报"选项，在打开的"行业情报"页面中有"行业概况"和"蓝海行业"两个选项卡。其中，默认显示的"行业概况"选项卡中有行业数据、行业趋势和行业国家三个区域。

1. 查看行业数据

可以选择某种行业，查看该行业最近7天、30天、90天的流量，成交转化和市场规模数据，从中了解市场行情变化情况。

步骤1：以"洗衣机"为例，查看"洗衣机"最近90天的数据。打开"你现在选择的行业是"右侧下拉列表，选择"洗衣机"选项，然后打开"请选择时间"右侧下拉列表，选择"最近90天"选项，结果如图4-7所示。

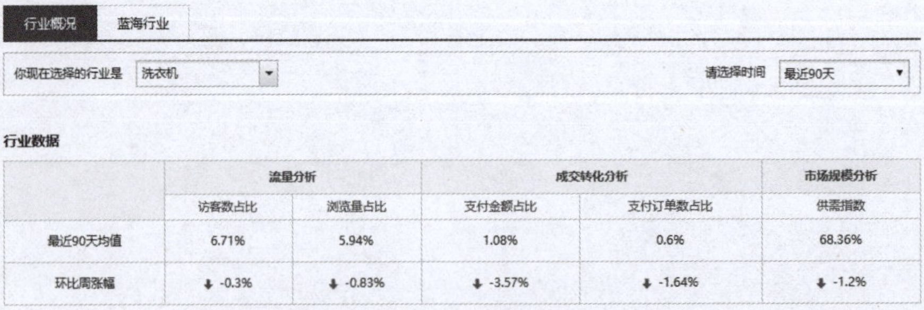

行业概况	蓝海行业				
你现在选择的行业是	洗衣机			请选择时间	最近90天
行业数据					
	流量分析		成交转化分析		市场规模分析
	访客数占比	浏览量占比	支付金额占比	支付订单数占比	供需指数
最近90天均值	6.71%	5.94%	1.08%	0.6%	68.36%
环比周涨幅	↓ -0.3%	↓ -0.83%	↓ -3.57%	↓ -1.64%	↓ -1.2%

图4-7　最近90天洗衣机行业数据分析

步骤2：选品分析，从图4-7中可以看出，访客数占比、支付金额占比、浏览量占比、支付订单数占比和上一时间段相比都有所下降，说明洗衣机行业最近90天内行情较差。此外，供需指数越大，表明竞争越激烈；供需指数下降，说明本时段比上一时段的行业竞争强度减弱。

2. 查看行业趋势

步骤1：向下拖动页面右侧的垂直滚动条，可定位到"行业趋势"选项区域，此时可以看到"趋势图"和"趋势数据明细"两个选项卡。

（1）在"趋势图"选项卡中，可以选择相关行业进行数据趋势对比分析，对比项目包括访客数占比、浏览量占比、支付金额占比、支付订单数占比和供需指数。比较时最好选择同级类目，不要跨级比较。

步骤2：在"趋势图"选项卡底部打开数字"2"右侧的下拉列表，从中依次选择"家用电器"→"大家电"→"家用空调"选项，然后打开数字"3"右侧的下拉列表，从中依次选择"家用电器"→"大家电"→"燃气热水器"选项，如图4-8所示。

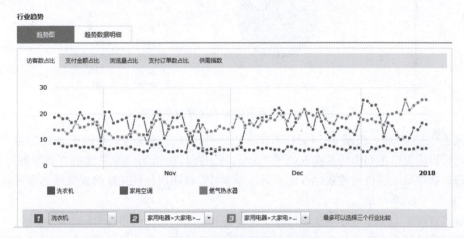

图 4-8　行业趋势对比图

（2）在"趋势数据明细"选项卡中，可以查看指定行业在选定时间段内的数据明细情况。

步骤3：切换到"趋势数据明细"选项卡，可以看到"洗衣机"最近90天内的流量分析、成交转化分析以及市场规模分析等数据，如图4-9所示。可以看出，1月上旬的浏览量占比在5%左右，但支付金额占比（成交额占比）基本为零，说明市场空间不大。

	流量分析		成交转化分析		市场规模分析
	访客数占比	浏览量占比	支付金额占比	支付订单占比	供需指数
2024-1-08	6%	5.04%	0.57%	1.02%	77.77%
2024-1-09	6.4%	5.67%	0%	0%	72.56%
2024-1-10	6.87%	5.68%	0%	0%	66.54%
2024-1-11	6.26%	5.57%	0%	0%	74.21%
2024-1-12	6.31%	5.53%	0.69%	1.22%	72.84%
2024-1-13	6.45%	5.3%	0%	0%	74.87%
2024-1-14	7.01%	5.85%	2.72%	1.9%	68.41%
2024-1-15	6.57%	5.41%	0.21%	0.48%	76.18%
2024-1-16	6.72%	5.83%	0%	0%	73.49%

图 4-9　洗衣机行业的趋势数据明细

3. 查看行业国家

步骤 1：向下拖动页面右侧的垂直滚动条，定位到“行业国家分布”区域。在行业的国家分布里，可以通过“支付金额”和“访客数”两个维度找到主要的销售市场。洗衣机行业的国家分布数据如图 4-10 所示。

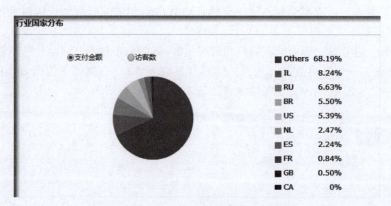

图 4-10 洗衣机行业的国家分布数据

步骤 2：选品分析，由图 4-10 可以看出，以色列（IL）的支付金额占比为 8.24%，位列第一，因此可以认为以色列市场是洗衣机这类产品的主要目标市场。如果选中“访客数”左侧的单选按钮，数据显示以色列的数据占比不高，那么可以说明以色列买家的成交转化率很高。

4. 查看“蓝海行业”

一般将行业分为红海行业和蓝海行业。红海行业是我们已知的市场空间，是现有的、竞争已经进入白热化的行业；蓝海是未知的、有待开拓的空白市场空间，但充满着新的商机。

步骤 1：返回“行业情报”页面中，切换到“蓝海行业”选项卡。此时可以看到“蓝海行业”选项卡中有两个选项区域：“一级行业蓝海程度”（见图 4-11）和“蓝海行业细分”（见图 4-12）。

图 4-11 “一级行业蓝海程度”选项区域

蓝海行业细分

接发与发套 您可以通过筛选，查找特定行业下的蓝海行业

叶子行业名称	供需指数	操作
化纤发 > 化纤接发 > 挂胶发束	27.2%	查看行业详情
白人假发类 > 真人发接发 > 整头卡子发	101.81%	查看行业详情
白人假发类 > 真人发接发 > 皮条发	121.66%	查看行业详情
化纤发 > 化纤接发 > 化纤单片卡子发	53.09%	查看行业详情
化纤发 > 化纤接发 > 化纤卡子发	45.26%	查看行业详情
白人假发类 > 真人发接发 > 钢丝/微环接发	108.56%	查看行业详情

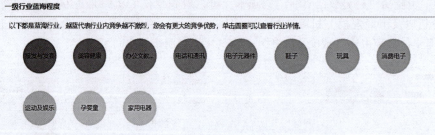

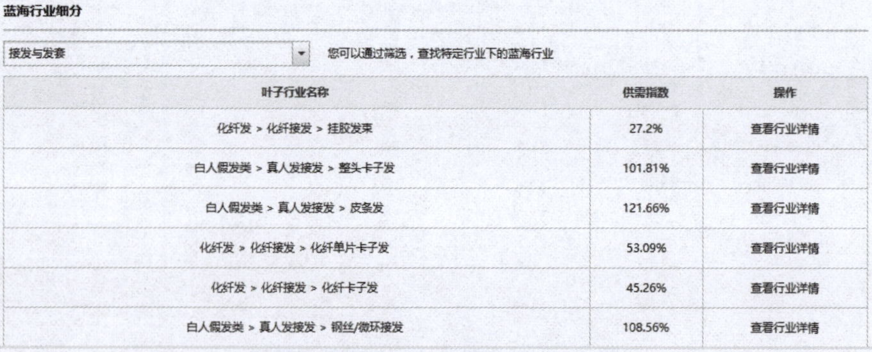

图 4-12 “蓝海行业细分”选项区域

步骤2：选品分析，在"一级行业蓝海程度"选项区域中，圆圈的蓝色程度越深，说明该行业竞争力越小。蓝色最深的行业往往是最冷门的行业，开拓该类行业市场花费的时间会比较长，投入资本也较多，需酌情考虑。

步骤3：选品分析，在"蓝海行业细分"选项区域中，卖家可以结合自身优势选择蓝海行业，发布相应产品，获得更多商机。对应行业的供需指数越低，说明竞争度越小，出单机会就越大。

（二）类目选品

卖家找准行业后，就要确定销售这个行业内的哪些产品，也就是进行类目选品。

1. 了解行业下的类目

步骤：了解速卖通中已选定行业下有哪些类目产品。登录速卖通网站，使用谷歌翻译插件将页面翻译成中文。此时可以看到页面左侧丰富的产品导航区，进入任意产品品类即可查看速卖通在售的产品。

2. 了解"热销"与"热搜"产品

在对行业下的大致类目有所了解后，还要了解平台上的现有卖家都在销售哪些产品，以及平台上的买家需要何种产品。此时，可以使用"数据纵横"→"选品专家"工具。

小知识："数据纵横"→"选品专家"工具以行业为维度，提供了"热销"和"热搜"两个选项区域，分别从卖家和买家的角度出发。卖家可以通过这两个区域的数据查看海量热卖产品资讯，并从多角度分析买家搜索的关键词，从而调整产品类别，优化关键词设置。

步骤1：登录速卖通卖家后台，单击导航栏中的"数据纵横"按钮，在跳转的"数据纵横"页面中进入"选品专家"页面。

步骤2：在"选品专家"页面中可以看到"热销"和"热搜"两个选项区域。在默认显示的"热销"选项区域中，打开"行业"右侧的下拉列表，依次选择"美容健康""彩妆"选项；打开"国家"右侧的下拉列表，选择"全球"选项；打开"时间"右侧的下拉列表，选择"最近30天"选项。

步骤3：单击页面右上方的"下载数据"超链接按钮，即可下载"热销产品一览表"。将表格下载到计算机后，卖家还可以对表格数据进行降序或升序排列，以便选择热销产品，见表4-2。

表4-2 彩妆行业热销产品一览表

序号	行业	国家	产品关键词	成交指数	浏览—支付转化率排名	竞争指数
1	彩妆	全球	bag	187	43	0.29
2	彩妆	全球	bb	2 517	29	0.32
3	彩妆	全球	blush	1 970	23	0.52
4	彩妆	全球	body glitter	722	34	0.31
5	彩妆	全球	body paint	1 842	36	0.23
6	彩妆	全球	box	51	48	0.29
7	彩妆	全球	bronzers	9 932	14	0.45
8	彩妆	全球	brush	110	46	0.16
9	彩妆	全球	case	102	45	0.2

小知识：成交指数是指所选行业所选时间范围内，累计成交订单数经过数据处理后得到的对应指数。成交指数越大，表明成交量越大，但成交指数不等于成交量。

浏览—支付转化率是指在所选行业所选时间范围内，支付买家数除以访客数的百分比，即访客转化为支付买家的比例。

竞争指数是指在所选行业所选时间范围内,关键词对应的竞争指数。该指数越大,竞争越激烈。

步骤4:返回"选品专家"页面,切换到"热搜"选项区域。"热搜"选项卡中的内容包括卖家所选行业下的TOP 100关键词及对应的搜索量、行业匹配度和产品热度。"彩妆"产品类目的热搜选项区域如图4-13所示。

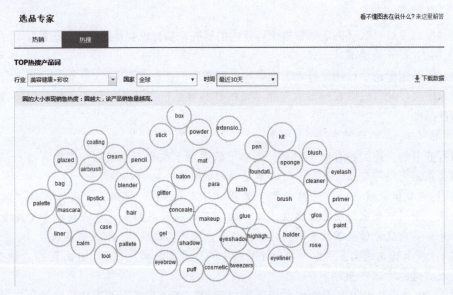

图4-13 "彩妆"产品类目的热搜选项区域

步骤5:在图4-13中,单击页面右上方的"下载数据"超链接,即可下载"热搜产品一览表"。表格中包含了搜索指数、搜索人气、浏览—支付转化率排名、竞争指数4个指标,见表4-3。

表4-3 热搜产品一览表

序号	行业	国家	产品关键词	搜索指数	搜索人气	浏览—支付转化率排名	竞争指数
1	彩妆	全球	airbrush	1 260	714	50	75.14
2	彩妆	全球	bag	1 204	953	48	1 270.96
3	彩妆	全球	balm	1 812	1 088	22	66.37
4	彩妆	全球	baton	886	577	35	463.49
5	彩妆	全球	blender	1 805	1 058	42	49.64
6	彩妆	全球	blush	1 418	811	14	258.09
7	彩妆	全球	box	1 332	1 039	45	170.23
8	彩妆	全球	brush	23 171	10 150	25	317.55
9	彩妆	全球	case	1 066	778	49	583.55

小知识:搜索指数是指在所选行业所选时间范围内,搜索该关键词的次数经过数据处理后得到的对应指数。指数越大,表明搜索量越大,但搜索指数不等于搜索次数。

搜索人气是指在所选行业所选时间范围内,搜索该关键词的人数经过数据处理后得到的对应指数。指数越大,表明搜索人数越多,但搜索人气不等于搜索人数。

步骤6:选品分析,同时从卖家和买家两个角度分析,如果一个行业下某个类目占据卖家的热销榜单前列,也位居买家热搜榜单前列,则说明该类目产品市场前景较好。

(三)属性选品

属性选品仍旧利用"数据纵横"→"选品专家"工具。以"热销"选项区域为例,该选项区域从行业、TOP、国家来分析近期主要市场热销的品类、该品类的热销属性,以及该品类热销的特征和关联销售状况,从而帮助卖家快速看清市场,顺利选品。

步骤1:进入"选品专家"页面,在"热销"选项区域中打开"行业"右侧的下拉列表,依次选择"运动及娱乐"→"乐器"选项;打开"国家"右侧的下拉列表,选择"全球"选项;打开"时间"右侧的下拉列表,选择"最近1天"选项。

步骤2:以关键词 guitar part(吉他)为例,将鼠标移动到 guitar part 圆形板块上,此时将自动弹出关键词的信息面板。信息面板上列出了"成交指数""竞争指数"和"竞争力"等数据。

步骤3:单击此圆形板块,跳转至"guitar part 销量详细分析"页面。在此页面中可以查看 guitar part 的关联产品、热销属性和热销属性组合信息。

1. 关联产品分析

步骤:进入"guitar part 销量详细分析"页面后,首先可以看到"TOP 关联产品"选项区域,如图 4-14 所示。

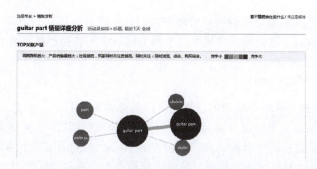

图 4-14 "TOP 关联产品"选项区域

小知识:"关联产品"是指买家在购买某选定产品时同时浏览、点击购买的产品。

2. 热销属性分析

步骤:向下拖动页面右侧的垂直滚动条定位到"TOP 热销属性"选项区域。在 guitar part 热销的属性上单击"+"号可以展开属性值,包括款式、品牌、型号及大小等具体信息,如图 4-14 所示。卖家可以据此了解到目前热销的属性,以便指导选品。同时,可以结合自家产品特点,优化产品属性,从而提高买家找到自家产品的机会。

小知识:热销属性是指某个品类下热销品的属性,属性值的圆圈越大表示销量越高。

3. 热销属性组合分析

步骤:向下拖动页面右侧的垂直滚动条,定位到 guitar part 的"热销属性组合"选项区域。单击最大的橙色圆圈 Strings,将弹出属性组合详情框。Strings 的产品特征包括 is_customized(是否定制)、Type(款式)和 Color(颜色)。分别勾选这三项属性值下相应的 Yes、Strings 和 Multi 左侧的单选按钮,还可以选择在平台上进行属性组合搜索。

(四)参考同行业卖家款式选品

最后,卖家还可以将平台上同行业其他卖家的款式作为自己选品的参考。登录速卖通网站,在首页输入想要了解的产品,如 lip gloss(唇彩),然后通过条件筛选(如销量最高)来查看目前平台上该品类下卖得最好的款式,如图 4-15 所示。

跨境电子商务

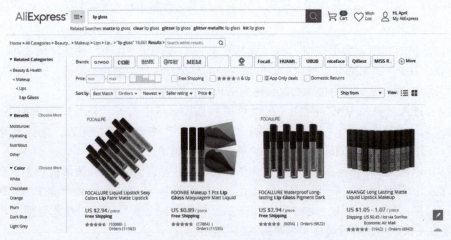

图 4-15　lip gloss 卖得最好的款式

二、速卖通站外选品

卖家除了可以参考速卖通站内的一些资源来进行选品之外，还可以利用站外资源辅助选品。例如，借鉴亚马逊、eBay、敦煌网等跨境电商平台上同行业的热销产品，或者参考一些小语种网站上的产品来辅助选品。

（一）参考 eBay 平台的产品

卖家查看 eBay 平台上某类产品的销量情况可以借助两个工具：一个是 WatchCount 工具；另一个是 Watched Item 工具。下面以 WatchCount 为例进行简单介绍。

步骤 1：登录 WatchCount 工具的官网，然后在 Keywords 右侧的输入框中输入"Lipstick"（口红），然后在下方选择"AU"（澳大利亚）站点，最后单击"Show Me！"按钮，如图 4-16 所示。

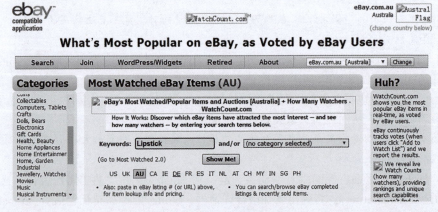

图 4-16　步骤 1

步骤 2：此时页面跳转至搜索结果页。系统按照浏览量降序形式显示搜索结果，其中包括产品的浏览量、销量、标题、价格等，如图 4-17 所示。此外，单击"similar"（同款）按钮还可以进一步查看类似款的相关信息。

项目四　以品撬销——精通跨境电商选品

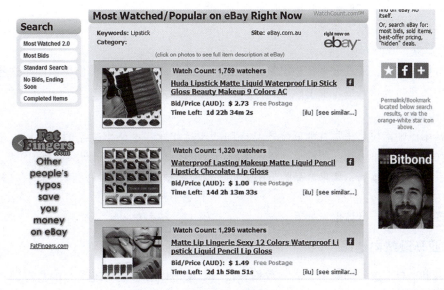

图4-17　步骤2

（二）参考小语种网站

卖家还可以把一些小语种国家的网站作为自己选品的参考。例如，选择巴西本土电商平台Mercadolivre，搜索"batom"（葡萄牙语：口红），然后可根据搜索结果分析产品销售情况，如图4-18所示。

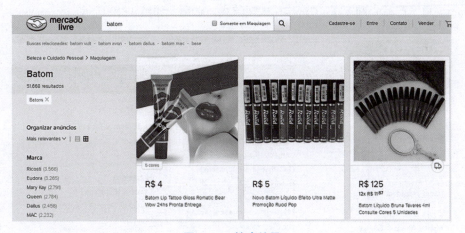

图4-18　搜索结果

实训结果：熟练实操选品步骤，得出选品结论。
实训评价：实操熟练度（60%）+结论阐述（40%）。

实训二　在亚马逊平台上选品

实训目标：学会在亚马逊平台上选品。
实训背景：亚马逊平台具有重推荐、轻广告，重产品详情、轻客户咨询，重客户对产品的评

73

论等特点。因此,在亚马逊上选品要以产品为中心。

亚马逊选品原则有以下两点。

(一)注重产品品质

据国外媒体统计,亚马逊平台买家整体水平普遍高于 eBay 平台,他们更倾向于选择高品质的产品。因此亚马逊较其他跨境电商平台更注重产品品质。

(二)价格适中

价格适中原则不仅是指与其他同类产品或同款产品相比,更是指选品的价格档次不能太高或太低。如果产品价格太高,能够承受该价格的消费群体有限,产品难以形成量的优势,不容易打造爆款,且备货成本高;如果产品的价格太低,即使销量可观,但没有利润空间,这样的选品也是失败的。

实训任务与步骤:具体信息如下。

一、亚马逊站内选品

在亚马逊平台上进行选品主要依靠数据分析。卖家可以参考亚马逊平台的自有销售排行榜来分析平台产品销售数据。卖家的目标市场在哪个国家,就分析亚马逊该国分站的销售排行榜。以亚马逊美国站为例,其自有排行榜有 5 个,分别是销量排行榜(Best Sellers)、热销新品榜(New Releases)、销量飙升榜(Movers & Shakers)、收藏排行榜(Most Wished For)和礼品推荐榜(Gift Ideas)。下面简单介绍各排行榜的查看方法。

(一)Best Sellers

步骤 1:登录亚马逊美国站,在首页打开 Departments(类目)下拉列表,依次选择 Electronics(电子产品)和 Video Games(视频游戏)选项,如图 4-19 所示。

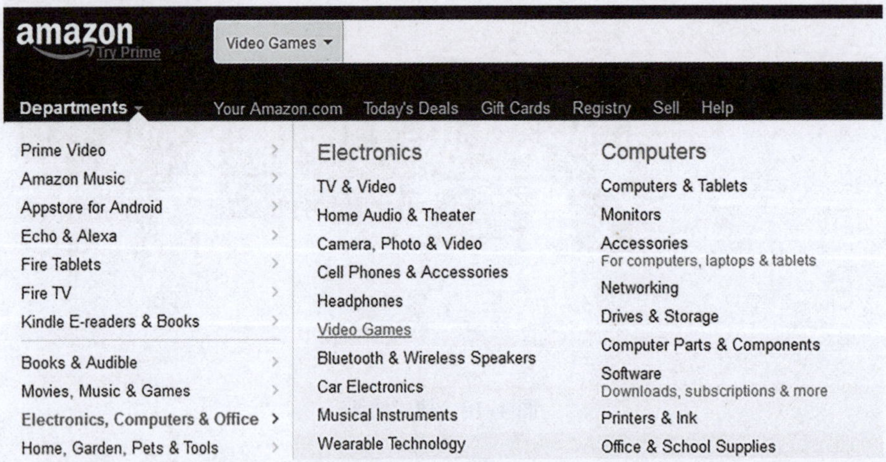

图 4-19 步骤 1

步骤 2:在跳转的 Video Games 搜索结果页面中,单击搜索框下方的 Best Sellers(畅销榜)按钮,页面将会显示 Video Games 类目下销量前 100 名的产品,如图 4-20 所示。

图 4-20　步骤 2

步骤 3：查看其他类目下销量排行前 100 名的产品。在左侧的 Any Department（任意类目）的下方，卖家可以查看更多品类下销量排行前 100 名的产品，此处选择 Camera & Photo（照相机和照片）选项。操作完成后的页面显示如图 4-21 所示。

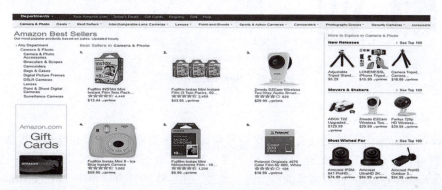

图 4-21　步骤 3

（二）New Releases

New Releases（热销新品榜）是亚马逊平台基于产品销量得出的热门新品榜单，数据每小时更新一次。在这个榜单中可以查看目前亚马逊平台最热销的产品，同时也可以用来发掘潜在的爆款产品。

New Releases 通常出现在某一个类目 Best Sellers 搜索结果页面的右上方。以 Cell Phone & Accessories（手机及配件）为例，New Releases 的位置如图 4-22 所示。

图 4-22　New Releases 的位置

步骤：单击图 4-21 右上角的 "New Releases" 超链接，进入搜索结果页面。在搜索结果页面的左侧还可以通过单击 "Any Department" 按钮查看更多品类的 New Releases 数据，如图 4-23 所示。

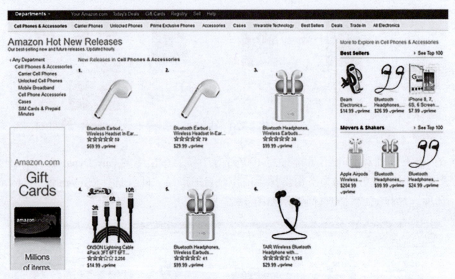

图 4-23 New Releases 数据

（三）Movers & Shakers

Movers & Shakers 显示的是过去 24 小时内某类目下销量变化最大的产品榜单。根据箭头旁边的百分比数据，卖家可以选出潜力较大的产品。Movers & Shakers 通常出现在某一类目 Best Sellers（或 New Releases）搜索结果的右上方。此外，还可以通过直接单击 Any Department 按钮，在打开的新页面中查询 Movers & Shakers。单击该页面左侧的各个类目，可以查询具体类目下的 Movers & Shakers 信息。

（四）Most Wished For

亚马逊平台买家一般会将自己喜欢的产品或想要的产品先放入购物车，然后再决定是否购买。Most Wished For 搜集的就是过去一段时间内买家收藏的产品的排名。

通过直接单击 "Any Department" 按钮还可以查询到 Most Wished For，它位于 Movers & Shakers 的右侧，如图 4-24 所示。单击该页面左侧的各个类目，可以查询具体类目下的 Most Wished For 信息。

（五）Gift Ideas

Gift Ideas 是经常被买家作为礼品的产品榜单，买家们可以通过这个榜单来选择最心仪的礼物。而对于卖家来说，这个榜单也可以作为在节假日来临之前选品的参考。

通过直接单击 "Any Department" 按钮可以查询 Gift Ideas 榜单，其位于 Most Wished For 右侧，如图 4-24 所示。进入 Gift Ideas 页面后，单击左侧的各个类目，可以查询相应类目下的 Gift Ideas 信息。

卖家在选定了某种产品之后，要对该产品的其他经营者近半年、近三个月及近一个月内的真实浏览数量进行手工统计。通过分析浏览量的变化，可评估该产品的销售情况。再通过分析该产品的 Best Sellers，对该产品的整体市场容量进行评估。为了尽可能获取精准的销售数据，卖家还要花费一定的时间分析该产品每天被加入购物车的次数，以此预测该产品近期的准确销量，最后再和浏览评估中的销量作对比，从而在整体上把握该产品的销售数据，进而掌握市场的真实情况。

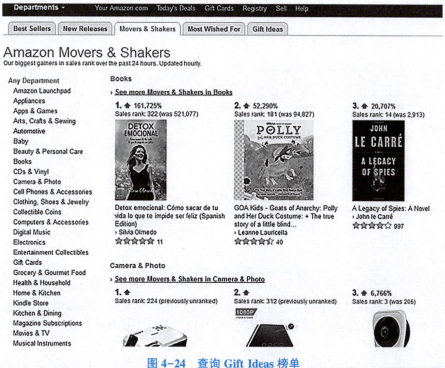

图 4-24　查询 Gift Ideas 榜单

三、亚马逊站外选品

卖家除了可以参考亚马逊官方提供的产品销售数据之外，还可以借助一些第三方数据分析工具辅助选品。

（一）Keepa

Keepa 是一款追踪亚马逊产品销售情况的工具，卖家可通过它查看亚马逊平台上各类产品的历史价格、产品销售排名等，被关注者的亚马逊 Listing 中的价格一旦发生变化，Keepa 会自动向用户发送邮件提醒。图 4-25 所示为亚马逊美国站点所有类目下以降序形式显示的产品销售排名情况。

图 4-25　降序形式显示的产品销售排名

卖家可以单击某个产品，进一步查看该产品详细的历史价格变化情况、销售排名等。下面以图 4-24 中最右侧的一款女士高跟鞋为例进行查看。

步骤 1：单击图 4-25 中最右侧的女士高跟鞋图片，可跳转至该款产品的详细数据页面，系统以折线图的形式显示该款高跟鞋的历史价格变动情况。将鼠标置于折线图上，可以查看该产品某一时间点的价格，如图 4-26 所示。

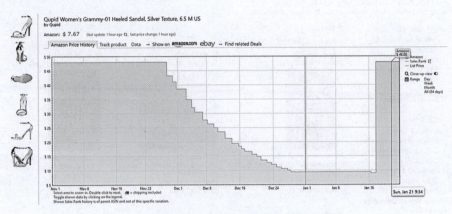

图 4-26　产品某一时间点的价格

步骤 2：卖家也可以对产品进行追踪，在图 4-26 中单击"Track Product"（跟踪产品）按钮，然后设置自己的目标价格，填写联系方式。一旦该产品的价格发生变化，Keepa 就会自动发送邮件提醒买家。

小知识：亚马逊 Listing，简单理解就是一个产品页面，一件产品一个页面，每个页面中会包含产品的价格、详细描述、图片，以及与其他同类产品的比较等。要想在亚马逊平台有所作为，制作优质的产品 Listing 是重中之重。

（二）Trendsamazon

Trendsamazon 利用数据统计技术收集并整理产品信息。这些产品信息包括产品历史价格信息、买家评论数、好评百分比、卖家数量、各项产品信息得分、综合得分评比等。数据报告将所有信息放在同一面板中，便于买家查看。Trendsamazon 工具提供的数据每 5 天更新一次，是亚马逊最及时、最准确的市场调研数据。

同步训练

拓展阅读

素养加油站

这里是阿里巴巴网站上几个侵权案例，希望引起注意。

1. 相同商标侵权

案例 1：买家 A 向海关申报出口一批产品，申报为无牌，但按照国外买家的要求标有"OPPO"标志。经海关查验，该批产品"OPPO"商标权利人认为该批产品侵犯其商标权，向海关申请查扣。被查扣的侵权产品数量多达20万件,价值高达110多万元。

案例2:买家B向海关申报出口一批电源线,申报为无牌。经海关查验,该批产品中有"UL及图形"商标的电源线30箱2 000根,价值3.5万元人民币。海关向UL公司发送确认函后,UL公司认为买家B出口的电源线上使用的商标,与其注册的"UL及图形"商标相同,构成侵权。

风险点提示:已在中国注册备案了的商标,并广泛覆盖了众多产品类别,只要进出口产品或包装印有同样的标识,都应取得权利人在知识产权保护系统的合法授权。

2. 近似商标侵权

买家C向海关申报出口一批休闲鞋,申报为无牌。经海关查验,该批产品中有"四条纹"标识的休闲鞋3 000双,价值近10万元。海关向阿迪达斯有限公司发送确认函后,阿迪达斯有限公司认为上述产品属于侵犯其"ADIDAS三斜杠"商标专用权的产品,并向海关提出采取知识产权保护措施的申请。海关调查后认为,该"四条纹"标识与商标权利人注册的"ADIDAS三斜杠"构成近似,并做出认定侵权的处罚决定。

风险点提示:近似商标是指两商标在"音形义(意)"上有所相同或近似,或者其商标各要素组合后的整体结构相似,足以使消费者产生误认、混淆。近似商标被认定为侵权的风险极大。

项目评价

学习评价见表4-4。

表4-4 学习评价

	评价指标	评价得分	未掌握情况记录
知识	品类与品类结构的概念		
	速卖通平台站内选品的相关知识		
	辅助速卖通平台选品的站外工具		
	亚马逊平台选品的相关知识		
	亚马逊平台站内及站外选品的数据分析工具		
技能	能够按照目标客户群体的需求构建店铺的品类		
	能够在速卖通平台上进行选品		
	能够在亚马逊平台上进行选品		
	能够使用相关站外选品辅助工具		
素养	能够在选品时遵守法律法规和平台规则		
	能够在选品时避免发生侵犯知识产权的行为		
	具备合作意识和风险意识		
	总分		
自评人:		教师:	

注:评价得分区间为0~10分,0分为完全未掌握,10分为完全掌握,数字越大代表掌握程度越深,评价者依据自身实际情况进行评分。未满10分的评价指标在最右一列陈述未掌握的具体情况,并据此向老师或同学提问

项目五

精算成本——合理确定产品价格

知识目标
1. 了解跨境电商计算成本的相关知识。
2. 熟悉跨境电商产品常用的定价策略。
3. 了解跨境电商产品定价心理学的相关知识。

能力目标
1. 能够根据产品的不同来源进行成本核算,然后对外报价。
2. 能够根据实际情况,综合运用不同的跨境电商产品定价策略。
3. 能够在为跨境电商产品定价时运用定价心理学的相关技巧。

素养目标
1. 落实政治安全观,守牢爱国底线。
2. 落实文化安全观,懂文化顺风俗。
3. 强化规范经营意识,守正而后创新。

知识导图

前言

境外买家能够忍受漫长的物流时长、售后服务的不完善等缺点而最终选择到跨境电商平台购物,最大的理由就是看中了低廉的产品价格。而且境外买家通常喜欢货比三家,各种比价工具俯拾皆是,可能同一样产品,点击率一样,只是价格存在轻微的差异,销量就差了好几倍。因此,产品定价是一项需要跨境卖家认真对待的工作,既要让自己获取一些利润,还要让产品价格对买家保持足够的吸引力。

本项目将介绍出口跨境电商成本核算、跨境产品的定价策略及产品定价心理学的相关知识。

运营故事

如何解决 Jolin 的定价难题

最近,朋友 Jolin 决定在亚马逊平台上推出一款新产品——厨房清洁剂,她已经开始订购产品并将其运送到亚马逊 FBA 仓库了,但在此之前,她还面临着一个非常关键的问题:确定产品的售价。此前，她参考了很多定价的经典案例：一些卖家因为其产品的售价低而获得了更高的销量；而另外一些卖家表示他们的成功秘诀是产品售价高，一个订单的利润顶别人好几个。但她不确定自己是否应该借鉴他们的办法，因为这两个说法是矛盾的。所以她咨询我：如何在亚马逊平台上合理定价？作为运营专家我向 Jolin 表示，这个问题足够写一本书了，但是作为朋友，我给了她更简单的答案，一切只要按照以下三步来做即可。

第一步：研究竞争对手

卖家准备确定其产品售价时，必须得看看竞争对手的定价，这样有助于确定其产品价格的合理范围。按我的方法 Jolin 去研究了亚马逊平台上排名前五的竞争对手，并且记下了他们的产品定价：7.25 美元、6.25 美元、8.19 美元、8.75 美元、8.50 美元。此时，就可以确定价格范围应在 7.25~8.75 美元。

第二步：研究成本费用

Jolin 在了解自己的价格范围之后，就应该看看成本费用了。如果 Jolin 决定以最低估计价格（4.46 美元）购进产品，并以 7.3 美元的价格售出，那么她每瓶的预计盈利约为 2.84 美元。她感觉太棒了！但这个数据准确吗？答案是否定的。在产品购进价格之外，卖家还需要考虑物流成本、亚马逊平台收取的服务费及其他相关的成本，一旦将这些费用考虑在内，Jolin 就需要好好想想，以 7.3 美元的价格出售产品她还有多少赚头。

第三步：研究客户

亚马逊平台卖家经常忽视的一个重要方面就是他们的典型客户群体。当然，刚开始的时候，还不知道自己的客户群体是什么，但可以想象购买你产品的是哪些人，然后问自己一个问题："客户会为我的产品支付这么多钱吗？" Jolin 认识到，购买厨房清洁剂的都是一些家庭主妇，或许她可以在两周或三周之内，将价格定为 8 美元，然后在另外三周，将价格改为 7.99 美元。她可能会发现一分钱的差异能使客户更乐意购买其产品，从而增加销量。

小提示：在跨境电商平台上，有哪些常用的定价策略？往往定价只相差几分钱但销量却差距明显，那么，卖家如何获得更强的价格竞争优势？

知识准备

任务一　核算出口跨境电商产品的成本

从产品的来源分析，目前主流的出口跨境电商类型一般分为两种：一种是生产企业在出口跨境电商平台上直接进行销售；另一种是代理商从生产企业拿货后再到跨境电商平台进行销售。

出口成本核算

一、生产企业直接进行跨境电商出口

生产企业直接在跨境电商交易平台上进行跨境出口时，一般以批发业务为主，其产品流通环节少、销量大、成本低，在跨境电商平台上对产品的报价以离岸价（free on board，FOB）价格为主，有最低起订量的规定。

小知识：交易的买方负责派船接运货物，卖方应在合同规定的装运港和期限内将货物装上买方指定的船只，然后及时通知买方。货物在装运港被装上指定船时，风险即由卖方转移至买方。因此，FOB 价格不包括出关后的运输费用，只包括从厂家运送到出口码头装船的费用及产品的本身价值。

FOB 报价的构成和传统外贸的报价类似，计算公式为

$$\text{FOB 价格} = \frac{\text{生产成本} + \text{费用} + \text{利润} - \text{出口退税}}{\text{银行外汇买入价}}$$

式中　生产成本——制造商生产某一产品所需的投入；

费用——一是和传统外贸一致的费用项目，主要有加工整理费、包装费、报关费、国内运输费、证件费、装船费、银行费用（贴现利息、手续费等）、预计损耗等；二是特有的跨境电商运营费用，包括自建网站费用或交易平台服务费、网络推广费等；

利润——根据产品的实际情况、竞争者的价格，以及市场变化情况确定合理的利润；

银行外汇买入价——可通过查看各大银行的外汇牌价获得。

如果买家询问或要求使用 CFR（cost and freight，意指成本加运费）价格或 CIF（cost insurance and freight，意指成本加保险费加运费）价格成交，则需进行价格换算，关键是先确定国际运费和国际保险费的高低，再确定采用哪种报价方式。

国外运费的计算情况相对复杂，应视具体情况具体分析。如果订单数量大，则出口运输与传统外贸相同；如果订单数量小，则可以采用邮政小包或其他跨境物流；如果在海外建有海外仓，则可以先进行一般贸易出口，再进行海外本地配送。

小知识：FOB 价格、CFR 价格和 CIF 价格三者的不同点在于，FOB 价格是买方负责租船订舱、预付运费、办理保险、支付保险；CIF 价格是卖方负责租船订舱、预付运费、办理保险、支付保险；CFR 价格是卖方负责租船订舱、预付运费，买方负责办理保险、支付保险。

二、采购产品后通过电商平台出口

在国家鼓励大众创业的背景下，很多卖家以个人名义或成立贸易公司的方式购进产品，然后通过跨境电商平台出口。此时跨境电商产品的成本价格构成为

$$\text{跨境电商产品成本价格} = \frac{\text{采购价} + \text{费用} + \text{利润}}{\text{银行外汇买入价}}$$

式中　采购价——从网络供货平台（如 1688 网、拿货网）或从工厂批发、零购的成本价，若取得增值税发票，则可享受出口退税；

费用——主要包括跨境物流运费、交易平台费用（技术服务费或推广费或佣金）、关税及其他费用；

利润——根据产品的实际情况、竞争者的价格，以及市场变化情况确定合理的利润；

银行外汇买入价——可通过查看各大银行的外汇牌价获得。

任务二　实施跨境电商产品的定价策略

跨境电商产品的定价策略

跨境电商产品的定价要考虑的因素很多，如产品成本、产品类型（爆款、引流款）、产品的特质（同质性、异质性、可替代程度）、同行竞争产品价格水平、店铺本身的市场竞争策略、知识产权壁垒等。综合来看，考虑不同因素的影响，最常用的定价策略主要有以下四种。

一、以成本为基准的定价策略

以成本为基准的定价策略是零售行业中最受欢迎的定价模式，其最大的优点就是操作简单。卖家无须进行大量的客户调研和市场调研，就能保证产品具有一定的利润空间。

在实际操作过程中，卖家只需知道产品的购进价格或者生产成本，然后根据产品的重量[①]和快递报价算出产品的运费，再加上跨境电商平台的服务费等即可得出产品成本。另外，使用海外仓的卖家可能还需要计算头程、仓储、尾程费用等。最后，用总成本结合汇率，加上期望的利润额，得到的便是产品的销售价格。

小知识：在跨境电商中，头程是指转运运输中的第一程，从起运地开始计算到转运点截止。例如，在亚马逊平台上，头程物流负责将产品从起运地派送到亚马逊 FBA 的仓库；从亚马逊 FBA 的仓库派送到买家手上被称为二程派送，也称尾程。

以速卖通为例，其主要的价格术语与计算公式如下。

(1) 上架价格（list price，LP）：产品在上传时所填的价格。

$$上架价格 = \frac{生产成本或采购价格 + 国内物流费用 + 跨境物流费用}{(1-平台佣金率-其他费用) \times (1-利润率) \times 银行外汇买入价格}$$

(2) 销售价格/折后价格（discount price，DP）：产品在店铺折扣下显示的价格。

$$销售价格 = 上架价格 \times (1-折扣率)$$

(3) 成交价格（order price，OP）：买家最终下单后所支付的单位价格。如果卖家有优惠活动，买家达到标准时，付款就可以享受一定金额的减免。

$$成交价格 = 销售价格 - 营销优惠（满立减、优惠券等）$$

下面，以采购产品后通过速卖通平台销售为例，简单介绍以成本为基准的定价策略的实施过程。

例如，某卖家李先生从 1688 网采购某产品，成本是 20 元/件，共采购 100 件。包装完成后重量为 3 千克（每件包装的重量为 30 克），运输费用为 23 元（首重 1 千克以内 12 元，续重 8 元/千克，发货频繁则优惠 5 元）。当时银行美元买入价为 1 美元 = 6.3 元人民币。假设该产品目前的平均毛利率为 15%，成交后跨境电商平台收取的佣金率为 7%，营销费用为 5%，则该产品应定价多少合适呢？

(1) 计算跨境物流费用。

查询中国邮政小包价格表，卖家选择的物流运费为价格 180 元/千克，挂号费 10 元，8 折。据此可计算：

单位跨境物流费用 = 单位运费 × 计费重量 × 折扣率 + 挂号费 = 180 元/千克 × 0.03 千克 × 0.8 + 10 元 = 14.32（元）

(2) 计算上架价格（加入可预知风险，如可能发生的丢包及纠纷损失，假设风险率为 3%）。

根据上架价格计算公式可得

包含可预知风险的单位上架价格 = (20 元/件 + 23 元/100 件 + 14.32 元/件)/[(1-7%-5%-3%) × (1-15%) × 6.3] = 7.59（美元/件）

(3) 得到单位上架价格后，还需要根据店铺的整体情况确定产品的定价策略——是低价促销还是稳健销售，可通过调整折扣率来确定销售价格。

如采用打造爆款，给予买家 15% 的折扣，根据销售价格计算公式可得

销售价格 = 7.59 美元/件 × (1-15%) = 6.45（美元/件）

促销策略简单直接而且有效，但风险大、利润率低，不适合长期采用。稳健销售的定价策略与上述过程基本一致，只需取消折扣率即可。

---

① 本教材中重量为质量。

二、以竞争为导向的定价策略

以竞争为导向的定价策略也是广受欢迎的定价策略之一,卖家需要实时"监控"同行同类产品的价格,把握好产品在竞争中所处的位置,而并不过多考虑产品成本及市场需求。

不过,只有当卖家与竞争对手销售的产品在材质、用途、品牌知名度等方面的差别非常细微时,这种定价策略才合理。而且如果卖家使用了这种策略,就是假设竞争对手已经对产品做了相关研究或至少有一定的定价经验,他们的价格必须是匹配市场期望的。值得注意的是,尽管以竞争为导向的定价策略不过多考虑成本,但也不能突破成本底线,不要盲目参考竞争对手的定价,因为竞争对手可能拥有自己并不具备的其他成本优势。

如果想要了解某产品同行的平均售价,具体做法是进入目标跨境电商平台,搜索产品关键词,按照拟销售产品相关质量属性和销售条件,依照销售量进行排序,可以获得销量前十的产品价格。然后对数据进行加权平均,再根据平均售价推算自己产品的上架价格。

下面,以生产企业直接进行跨境电商出口为例,简单介绍以竞争为导向的定价策略。

例如,某卖家赵先生在亚马逊平台搜索 earring(耳饰),按照自己产品相关属性及销售条件,以销售量降序形式显示搜索结果。将销量前十的卖家价格做加权平均,计算出加权平均价格后,结合店铺实际情况及平台活动的折扣率倒推上架价格。该耳饰的加权平均价格是多少?

(1)计算权重。

权重=店铺销量/总销量。例如,计算店铺1的权重为

$$权重1=店铺1销量/总销量=2\,396\,件/15\,270\,件=0.156\,9$$

然后依次计算其他店铺的权重,见表5-1第四列所示。

(2)计算加权平均价格。

加权平均价格=权重1×价格1+权重2×价格2+…+权重10×价格10。因此,此款耳饰的加权平均价格为

$$加权平均价格=0.156\,9×6.1\,美元+0.135\,8×3.1\,美元+…+0.068\,8×2.8\,美元$$

计算结果见表5-1,最后可得耳饰的加权平均价格是6.82美元。

表5-1 计算耳饰的加权平均价格

店铺	月销量/件	价格/美元	权重	加权平均价格
1	2 396	6.1	0.156 908 972	0.957 144 728
2	2 074	3.1	0.135 821 873	0.421 047 806
3	1 848	4.1	0.121 021 611	0.496 188 605
4	1 520	5.0	0.099 541 585	0.497 707 924
5	1 514	9.0	0.099 148 657	0.892 337 917
6	1 307	5.2	0.085 592 665	0.445 081 860
7	1 262	19.5	0.082 645 711	1.611 591 356
8	1 232	4.9	0.080 681 074	0.395 337 263
9	1 065	13.0	0.069 744 597	0.906 679 764
10	1 052	2.8	0.068 893 255	0.192 901 113
合计	15 270	加权平均价格		6.816 018 337

三、基于产品价值的定价策略

在一段特定时期内，潜在买家会为一个特定产品支付什么价格？卖家会根据对这个问题的感知来设定价格，专注于产品可以为买家带去的价值，那么这就是基于产品价值的定价策略。

基于产品价值的定价策略比前述两个策略更复杂，因为跨境卖家需要根据买家对产品价值的定义来定价，而不是根据实际成本。采用这种定价策略，卖家不仅要针对这种产品进行大量的市场调研，还要进行客户分析。

卖家必须了解产品的最佳受众群体的关键特征，研究他们的购买原因，分析价格在他们的购买行为中的决定性作用有多大。而且，采用这种定价策略，定价的过程可能会相对漫长，因为随着卖家对市场和产品的了解加深，就需要不断地对价格进行细微的改动。

不过，虽然基于产品价值的定价过程非常复杂，耗费的时间也非常多，但优势也非常明显，那就是能帮卖家获得更高的产品利润，提高整体盈利能力。

例如，某公司在跨境电商平台上销售一种高端护肤品。该护肤品采用了独特的配方和高品质的原材料，经过科学的研发和严格的生产工艺。为了制定一个合理的定价策略，该公司考虑了以下因素。

（1）产品差异化。该公司的护肤品与市场上其他同类产品相比，具有明显的优势和差异化特点。它能够提供更好的效果和更持久的效果，得到了买家的高度认可。基于这个差异化的特点，公司决定将产品定位为高端护肤品，并设定相应的价格。

（2）市场调研。公司进行了对目标市场买家需求和竞争对手价格情况的调研。他们发现买家在追求高品质和有效成果时愿意支付更高的价格。同时，他们还注意到市场上其他类似产品价格普遍较高，但质量并不一定能够与其媲美。

基于以上考虑，该公司制定了基于产品价值的定价策略。

（1）高端市场定位。将产品定位为高端护肤品，强调其独特配方和高品质原料的优势。

（2）价值定价。根据产品的差异化特点、市场调研结果及买家对高品质护肤品的需求，将产品定价在相对较高的水平上。通过这种方式，公司能够充分体现产品的价值，并吸引愿意为高品质产品支付更多的买家。

（3）品牌塑造。除了定价策略外，该公司还注重品牌塑造。他们通过专业、时尚和有影响力的宣传推广活动来提升产品形象和知名度。借助这些努力，公司进一步加强了产品在市场中的竞争力。

总结起来，该公司采用基于产品价值的定价策略，在跨境电商平台上销售高端护肤品。通过准确把握目标市场需求、差异化竞争优势以及合理定位和定价，成功地实现了销售增长并提升了产品形象。

四、基于产品生命周期的定价策略

基于产品生命周期的定价策略是指卖家根据产品处于市场中的不同阶段制定不一样的价格。

产品生命周期有 4 个阶段，分别是开发期、成长期、成熟期和衰退期。在产品开发期，卖家可以采取适当的低价策略，达到吸引流量的目的；当产品顺利走到成长期，卖家已经积累了一定的忠实粉丝，同时产品销量稳步上涨，卖家就可以适当上调价格；当产品销量趋于峰值并稳定后，就到了产品的成熟期，其各方面的数据都显示该产品已经成为一款爆品，卖家此时对产品定价就可以加上品牌价值；当产品在市场慢慢过时后，销量与利润就会大不如前，那么此时卖家就要着手进行清仓处理，如采取满减、打折、包邮和搭卖等方式清空库存。

任务三　了解跨境电商产品定价心理学

跨境电商产品的定价心理学

一般来说，只有大公司才有实力进行市场调研及客户分析，因此往往能在产品定价上占据优势；而小公司则限于囊中羞涩，往往处于劣势。幸运的是，定价心理学可以助他们一臂之力。

通过心理学中基于认知和行为学领域所展开的种种研究，大家可以知道某些特定的价格往往会带来奇效。在卖家找不出适合产品的最佳平衡点时，可以借助这类心理学研究结果来进行价格调整，其效果非常惊艳。关键是，这些尝试几乎不耗费金钱成本。

产品定价心理学的实施一共分为四步，内容分别为定价、强化印象、刺激购买欲、策略性地提价。

一、定价

（一）魅力定价

在过去的几年中，营销世界里的"魅力定价"概念红得发紫。"魅力定价"即采用价格末尾是9、99或95的定价原则。例如，某款产品如果定价1美元，就不妨将其修改为0.99美元。有销售数据表明，同一款产品，标价19.99美元要比标价20美元的成交概率高一倍，如图5-1所示。

图5-1　魅力定价

当价格中靠左边的数字变化时，"魅力定价"特别管用。例如，3.80美元和3.79美元相比，一美分的差别影响不大；但同样是相差一美分，如果是3美元和2.99美元就会产生较大差异。因为它涉及人类大脑在处理数字信息时，辨别其价值的惯性方式。

大脑处理数字信息特别迅速，完全是下意识的，人们甚至还没有把数字信息解读完毕，大脑就已经编码完成。例如，当评估2.99这个数字大小的时候，人们的眼睛先扫过的是2，那么大脑就立刻把这个数字大小先行做了定位，于是人们就会觉得2.99比3.00要小得多。

（二）圆润及流畅性的定价

流畅性意味着我们加工处理信息的容易程度。比如，10美元就是一个非常圆润、信息处理时也非常流畅的数字，而9.26美元就是一个不流畅的定价。

研究者发现，如果定价能够被流畅地念出来，那么会有利于情绪化的购买。如果买家能够快速地处理这个价格数字，那么这个价格在他的心目中就是"正确的"。

研究者同样发现，反面道理也是成立的。"非圆润"的定价更适合于理性化的买家，他们也愿意花时间来比较价格的细微差异。因此，卖家可以根据自己客户群体的特征区别对待。如果买家大多是感性的，那么就抹去价格小数点后面的零头，如图5-2所示；如果买家大多是理性的，那么就在价格的小数点后面添加上美分，如图5-3所示。

图 5-2　针对感性买家的定价

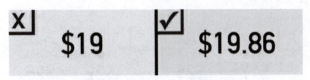

图 5-3　针对理性买家的定价

二、强化印象

历史经验表明，人类对事物的所有理解其实都来源于自身的主观印象，其中就包括价格。卖家应该学会如何"巧妙"地左右买家的印象，在没有修改实际价格的前提下，让自己的产品价格看起来更低。

（一）将运费与底价分离

当卖家进行出口跨境销售时，应该把运费分离出去，因为买家往往会利用产品的基础价格来进行比对，而不是完全拿到手的总价。研究者曾经利用 eBay 的拍卖进行了试验，以一场音乐 CD 的拍卖会为例，有两种拍卖方式：第一种是 18 美元的底价，运费全免；第二种是 15 美元的底价，外加 2.99 美元的运费。最后，第二种拍卖方式获得了大家的好评，因为人们将 15 美元看作支付价格进行对比了，如图 5-4 所示。

图 5-4　包邮定价与不含运费的底价

（二）将价格摆放在页面的左下角

有机构研究发现，事物所处的方向位置会影响人们对事物的判断。例如，向上的箭头意味着好，朝下的箭头意味着坏；把词语放到了屏幕上方正中央，那么人们念起来会更快；数字从左到右，在人们的观念里是逐渐变大的。结合以上种种发现，一个置于左下角的价格会显得更便宜。虽然这一方法没有什么确凿的依据，但据说很管用，如图 5-5 所示。

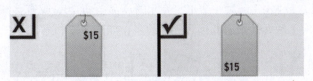

图 5-5　价格放在页面左下角

(三)最大化参考价

某些卖家往往在推出新产品的同时,会不断下调老产品的价格直至其淡出市场,其实这样的做法并不一定明智。对于某些系列产品,如图书、首饰等,卖家可以尝试反其道而行之,通过对旧产品适当提价,提高了买家内心的"参考价",同样抬升了整个系列产品的内在价值,此时新品将置于一个更加有利的位置上。相反,如果把旧产品价格一降再降,无异于在宣告这一系列产品不值得购买,如图5-6所示。

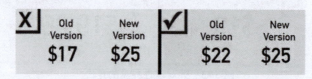

图5-6 对旧产品提价

三、刺激购买欲

即使卖家使出了浑身解数来通过各种条件给买家以暗示,但买家还是犹犹豫豫处于观望状态,那么这时就应该"推"他一把。这个"推"的动作包含了两个环节:其一是降低支付过程中的"痛苦";其二是适当地利用"优惠价"来刺激购买。

(一)将你的产品打包

买家在支付过程中最"痛苦"的过程莫过于看着金钱从账户里流失了,他们往往会仔细审视产品的价格是否值得付出。

为了降低这种"痛苦",卖家可以考虑将产品打包出售,因为当卖家提供了一个系列的打包价时,买家很难将这个价格细化到每个产品应分摊的价钱。打包出售必须遵循以下两条准则。

(1)产品必须能够激发买家情绪上的波动,而且打包出售会带给买家更强烈的快乐。例如,单独购买"享乐"型的产品会增加人们的愧疚感,但是如果将其和"实用型"产品打包,那么这个内疚感就会降低。例如,卖家把一个"享乐型"产品B与"实用型"产品A合并,形成一个打包产品,那么描述时不要从整体出发,而应强调购买打包产品后,在产品B上会得到怎样的实惠。

(2)各打包产品之间的价差不要太大。如果打包的产品价格悬殊,那么价格低的产品会瞬间拉低高价格产品的档次。

(二)策略性地使用折扣

如果打折促销过于频繁,买家就会对下一次打折促销寄予期待,迟迟不消费而等待更好的价格出现。另外,它也会降低买家对该产品价值、档次的定位。所以,卖家采取的优惠力度不能过大,且不能频繁地推出促销,必须更有策略性地使用折扣。

(1)将打折力度"最大化"。对一个175美元的产品打折20%或直接减免35美元,其实表达的意思相同,但事实上后者的效果要远远胜过前者,如图5-7所示。

图5-7 直接标出减免的现金

（2）给打折一个理由。为了避免打折会带来的某些负面判断，卖家需要给买家一个站得住脚的打折理由。例如，此产品以后不再卖了，清仓大优惠，如图5-8所示。

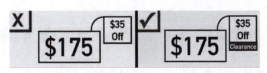

图5-8　给打折一个理由

四、策略性地提价

在贸易世界中，成本是经常波动的，当成本上涨时，提价在所难免。但是买家却不会去关心原材料市场的行情，他们对提价行为非常反感。因此，卖家要尽量避免突然性地提价，应在销量良好的情况下，逐步、轻微地涨价，而不要等到最后火烧眉毛的时候再提价，如图5-9所示。

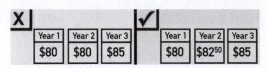

图5-9　策略性地提价

跨境电子商务

技 能 实 训

实训　为某跨境电商产品制定合理的定价

实训目标：学会为某跨境电商产品制定合理的定价。

实训情景：张先生在速卖通平台上新开了一家首饰店，上架的第一件产品为一款珍珠耳环，产品采购自 1688 网站，采购量共 100 条，包装重量为 2 500 克（每一条耳环的包装重量为 25 克），采购价为 4.5 元/条，国内快递费为 8 元，当前银行美元买入价按 1 美元＝6 元算，平台交易服务费为 8%，其他成本忽略不计。

实训任务与步骤：张先生决定在兼顾成本的情况下，采取以竞争为导向的定价策略，并据此确定一个合理的价格范围。

步骤 1：登录速卖通平台首页，在搜索框输入关键词 "pearl earrings（珍珠耳环）"，单击 "搜索" 按钮进入 "珍珠耳环" 产品页面，如图 5-10 所示。

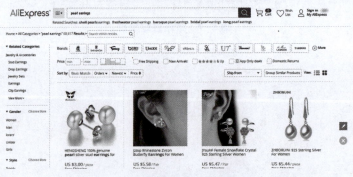

图 5-10　"珍珠耳环"产品页面

步骤 2：单击 "Orders"（订购）筛选按钮，使珍珠耳环产品按销量由高到低排列，如图 5-11 所示。

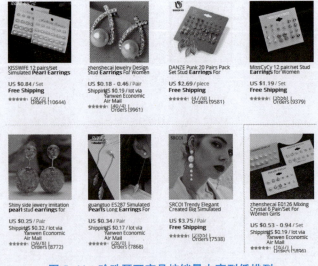

图 5-11　珍珠耳环产品按销量由高到低排列

步骤3:按照销量前十的卖家价格计算加权平均价格(利用Excel计算),见表5-2。

表5-2 计算 pearl earrings 的加权平均价格

店铺	总销量/件	价格/美元	权重	加权平均价格
1	10 644	0.84	0.132 097	0.110 962
2	9 961	0.46	0.123 621	0.056 866
3	9 581	2.69	0.118 905	0.319 854
4	9 379	1.19	0.116 398	0.138 514
5	8 772	0.25	0.108 865	0.027 216
6	7 868	0.34	0.097 646	0.033 200
7	7 538	3.75	0.093 550	0.350 813
8	5 896	0.94	0.073 172	0.068 782
9	5 512	0.55	0.068 407	0.037 624
10	5 426	0.98	0.067 339	0.065 992
合计	80 577	加权平均价格		1.152 955

步骤4:计算出 pearl earrings 的加权平均价格为1.15美元。

从速卖通 pearl earrings 产品关键词下的列表中可以看到,如果采取邮政包裹的快递物流,那么所有卖家都是免邮费的。因此,为了保持一致性,金先生还必须算出单位产品的跨境物流费用,然后将其添加到成本中。

步骤5:登录中国邮政资费查询网站,选择"国际包裹资费"查询,在打开的"国际包裹资费计算"页面中,"选择寄达国家"选择"美国","包裹种类"选择"水陆路包裹",在"包裹总重量"文本框中填写"2.5",如图5-12所示。

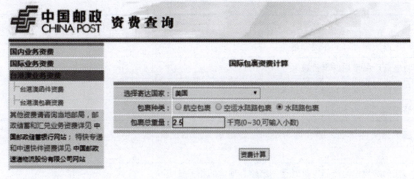

图5-12 中国邮政资费查询网站

步骤6:单击"资费计算"按钮后,弹出结果如图5-13所示。因此,单位产品的国际物流费用=123.5元/100=1.23元。

步骤7:计算上架价格。由于金先生只考虑成本,并不考虑利润与风险,因此根据上架价格计算公式,计算得出上架价格=(采购成本+国内物流费+国际物流费)/[(1-平台交易服务费)×银行外汇买入价]=(4.5元+8元/100+123.5元/100)/[(1-8%)×6]=1.05美元。

步骤8:根据之前得出的加权平均价格为1.15美元,结合以成本为基准的上架价格,金先生可以得出,这款产品的销售价格最好定价在1.05~1.15美元,至少不能低于1.05美元。

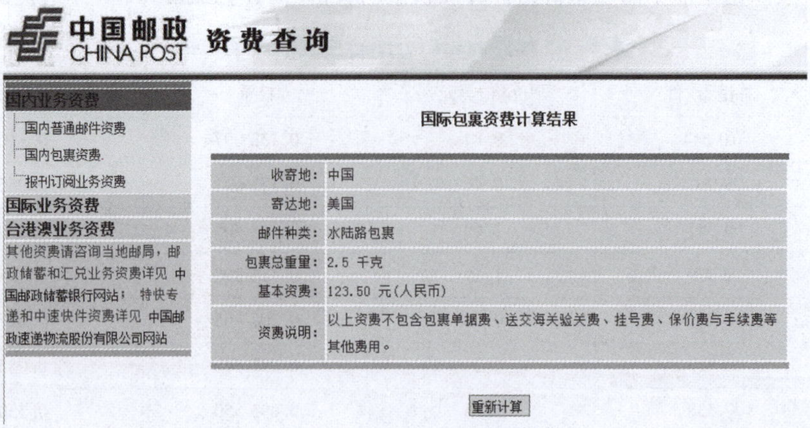

图 5-13 包裹资费计算结果

项目评价

学习评价见表 5-3。

表 5-3 学习评价

	评价指标	评价得分	未掌握情况记录
知识	跨境电商成本计算的相关知识		
	跨境电商产品常用的定价策略		
	跨境电商产品定价心理学的相关知识		
技能	能够根据产品的不同来源进行成本核算，然后对外报价		
	能够根据实际情况，综合运用不同的跨境电商产品定价策略		
	能够在为跨境电商产品定价时运用定价心理学的相关技巧		
素养	具备爱国意识		
	具备文化意识		
	具备经营意识		
总分			
自评人：		教师：	
注：评价得分区间为 0~10 分，0 分为完全未掌握，10 分为完全掌握，数字越大代表掌握程度越深，评价者依据自身实际情况进行评分。未满 10 分的评价指标在最右一列陈述未掌握的具体情况，并据此向老师或同学提问			

项目六

扬帆起航——熟知跨境电商产品发布

知识目标
1. 了解在速卖通平台上产品发布的基本常识。
2. 了解速卖通平台上与产品发布相关的违规及处罚规则。
3. 了解速卖通平台产品发布的流程。
4. 掌握速卖通平台产品优化的技巧。
5. 掌握速卖通平台跨境店铺的优化技巧。

能力目标
1. 能够在速卖通平台上正确发布产品。
2. 能够对在速卖通平台上发布的产品进行优化。

素养目标
1. 通过品类选择的学习提升规则意识。
2. 通过上架图片设置的学习提升法律意识。
3. 通过纠纷原因的学习提升诚信意识。

知识导图

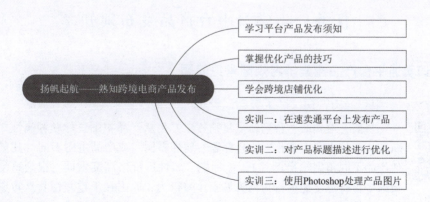

前言

选品完毕并制定好产品价格后，就可以将产品发布到跨境电商交易平台了。一个有诱惑力的产品标题有助于吸引买家点击产品链接；一个精美、详细的产品详情页可以让买家迅速"爱上"产品；丰富的物流方案可以让买家感到安心可靠……以上种种无不对交易成交有着重要的影响。因此，跨境电商卖家的日常工作主要就是发布和优化产品。本环节将以速卖通平台为例，简单介绍产品发布的流程及产品优化的相关知识。

> 运营故事

中国品牌"洛可可"在亚马逊平台上的成功故事

洛可可（Loctek）是一家专注于办公家具和健康生活产品的制造商。他们决定将自己的产品拓展到美国市场，并选择了在亚马逊平台上进行销售。

首先，洛可可对美国市场进行了市场调研，并了解到办公家具和健康生活产品在当地的需求很高。他们注意到美国买家对于舒适、健康和可持续发展的产品越来越关注，因此他们将重点放在这些方面。

接下来，洛可可在亚马逊平台上建立了自己的店铺，并精心设计了产品页面和品牌形象。他们通过高质量的产品图片、详细的产品描述和买家评价等方式，增强了买家对产品的信任和购买意愿。

洛可可还注重产品的品质和创新。他们不断改进产品的设计和功能，以满足美国买家的需求。例如，他们推出了符合人体工学的办公椅和升降桌，以及具有健康监测功能的智能办公设备。

在运营方面，洛可可利用亚马逊平台提供的广告和推广工具，提升产品的曝光率和销售量。他们还积极参与亚马逊的促销活动，并与其他卖家合作，共同推动销售和品牌知名度的提升。

通过这些努力，洛可可成功地将自己的办公家具和健康生活产品在亚马逊平台上推广到美国市场，并取得了良好的销售业绩。他们的故事展示了在跨境电商平台上发布产品的重要性因素包括市场调研、品牌建设、产品质量与创新以及有效的运营策略等。

小提示：通过阅读这个真实的案例，你是否学习到如何在跨境电商平台上成功发布产品？并激励你在产品发布过程中注重市场需求、品质和创新，以及有效的运营和推广策略？

> 知识准备

任务一　学习平台产品发布须知

一、速卖通平台产品搜索排名规则常见问题

（一）什么是重复铺货？有什么工具可以自查

速卖通平台产品发布须知

目前，速卖通平台判断重复铺货主要是从产品主图、标题和属性3个角度判断的。产品主图完全相同，且标题、属性雷同，或产品主图不同（比如主图为同件产品不同角度拍摄图片），但标题、属性、价格高度雷同，视为重复铺货。速卖通平台将重复铺货行为列为搜索作弊行为，原因在于重复铺货严重影响了买家的购物体验，不断出现同样的产品，增加了买家的选购成本。因此，重复铺货不会得到更多的曝光机会，反而会严重影响产品的搜索排名名次。平台已推出重复铺货自查工具，卖家可以在速卖通首页或搜索诊断页面查看重复铺货产品的相关信息。

（二）什么是类目错放

一种情况是发布类目错误，即发布产品时选择的类目和产品实际的品类不符；另一种情况是重要属性错误，即虽然发布类目选择正确，但是重要属性（发布表单中标星号＊或绿色感叹

号!)的属性值选择错误。

(三)产品的标题是不是越长越好

目前,产品搜索排名系统判断产品是否与买家搜索词相关时,主要参考的内容包括标题、类目、属性等。同时,产品发布时设置的产品关键词也是搜索排名相关性方面的参考指标之一。堆砌和填写不相关的内容都会削弱真正相关核心内容的影响力,从而影响产品排名。因此,标题不是越长越好,而是越精准越好。

(四)频繁重新发布产品,更新产品的在架时间,是否有利于产品排名

短期内多次重新上架/下架产品只会更新产品的在架时间,即更新产品在网站展示的有效期限,对产品搜索排名没有任何提升作用。目前,产品的发布时间、重发时间、修改时间、距离下架剩余时间等在速卖通平台均不对产品排名构成影响。平台会淘汰旧的、有曝光的但没有交易的产品和卖家,给新产品和卖家以曝光机会。

(五)影响产品搜索排名的因素有哪些

(1)产品的信息描述质量。
(2)产品与买家搜索需求的相关性。
(3)产品的交易转化能力。
(4)卖家的服务能力。
(5)搜索作弊的情况。

(六)为什么卖家搜索不到自己店铺正在销售的产品

搜索不到产品的原因分两种情况。

1. 店铺产品刚刚发布

如果店铺产品是刚发布的,在后台使用关键词或产品标题搜索不到产品,是因为系统尚未同步该条产品信息。

2. 店铺产品显示在架状态

(1)当店铺部分产品搜索不到时,可能是由于以下的原因:①产品在架时间到期,自动下架;②产品因侵犯第三方知识产权被删除;③受搜索规则调整影响,部分产品的搜索排名靠后。

(2)当店铺全部产品搜索不到时,可能是由于以下原因导致所有产品不参与排序:①卖家有无货空挂、拍而不卖等情节较为严重的行为;②卖家店铺纠纷严重;③卖家平台介入纠纷率过高。

(七)卖家的产品原来排名在前几页,为什么现在排名下降了

产品排名不是一直不变化的,根据搜索排名规则,产品的转化能力和卖家过往的服务表现都被列入综合考量。成交转化好、卖家服务好的产品,其排名将会靠前。排名靠前的产品,倘若卖家服务质量指标下降,排名也将下降。要特别注意,如果卖家有相关的搜索作弊行为,将会影响产品的排名,甚至失去排名的机会。

(八)橱窗有什么作用?如何获得

速卖通的橱窗设置是一种奖励机制,新注册的卖家只有一个橱窗,卖家等级越高,奖励的橱窗就越多,最多奖励 30 个。另外卖家也可以通过卖家积分引流获得积分后兑换获得橱窗。在其他排名因素同等的条件下,橱窗推荐的产品能在排名上获得一定的加权,帮助卖家提升其提交的产品在买家搜索时的排名,使产品有更多的曝光机会。

(九)是不是图片越多,越有利于排名

在其他排名因素相同的条件下,有图片的产品排名会比无图片的排名有优势。有图片的产

品有助于优化买家购物体验，但要真正提高产品排名，并不是以图片多取胜的。速卖通平台提倡卖家能够对自己所销售的产品进行实物拍摄，在进行展示的时候，能够进行多角度、重点细节的展示，并确保所显示的图片清晰美观，这些将有利于买家快速了解产品。另外，严禁盗用其他卖家的图片，因为这样做不但会让买家怀疑店铺的诚信度，还会受到平台严厉的处罚。如果自己的图片被其他卖家盗用，则可直接联系平台进行投诉，平台有专人负责受理并严厉处罚盗用图片的卖家。

（十）发现他人盗图，该如何进行投诉

投诉方卖家在发现其他卖家盗用自己图片后，可以将相关证据发送到盗图处理邮箱。平台根据证据核实后，将对盗图方进行处理。其中，证据包括但不限于以下：①提供被投诉方盗图的具体链接；②提供大于 200 KB 的毫无 PS 痕迹的原图或其他版权证明；③若不能提供大于 200 KB 的原图，那在被投诉方的图片中含有不属于被投诉方的水印，投诉一样可以成立。

（十一）为什么一家公司有多条信息都能在前几页上出现

目前，产品搜索排名只与产品本身的表现有关，与店铺没有关系。所以，一页搜索内容中是可以出现一家店铺的多条产品信息的。

二、与产品发布相关的卖家规则（部分）

阿里巴巴速卖通为了维护和优化平台的经营秩序，更好地保障速卖通广大用户的合法权益，特制定了《速卖通平台规则（卖家规则）》，以下简称"速卖通规则"。

速卖通规则将违规行为根据违规性质分为知识产权禁限售违规、知识产权严重违规、交易违规及其他、产品信息质量违规 4 套积分体系。4 套积分体系分别扣分、分别累计、分别处罚、分别执行。卖家在发布产品时，要注意杜绝违规行为，以免招致平台惩罚。

速卖通 4 套积分体系处罚节点表

速卖通 4 套积分体系处罚节点表详见二维码。

（一）知识产权禁限售违规

（1）禁止发布违禁产品信息。

（2）禁止发布限售产品信息。发布产品前需取得产品销售的前置审批、凭证经营或授权经营等许可证明，否则不允许发布。

（3）禁止发布不适宜速递的产品信息。

处罚依据：《禁限售规则》。行为类型：发布禁限售产品。违规行为的扣分：严重违规为 48 分/次，一般违规为 0.5~6 分/次（1 天内累计不超过 12 分）；其他处罚为①退回/删除违规信息；②若核查到订单中涉及禁限售产品，速卖通将关闭订单，如买家已付款，无论物流状况如何均全额退款给买家，卖家承担全部责任。

（二）知识产权严重违规

速卖通平台严禁卖家未经授权发布、销售涉嫌侵犯第三方知识产权的产品，否则，卖家有可能被知识产权所有人或买家投诉。平台也会随机对产品（包含下架产品）信息、产品组名进行抽查。若涉嫌侵权，则产品信息会被退回或删除，并且平台将根据侵权类型执行处罚。侵权类型有商标侵权、著作权侵权、专利侵权，见表 6-1。在实践操作中，一定要有法律意识，避免侵权和保护自己的合法权益。

项目六 扬帆起航——熟知跨境电商产品发布

表6-1 知识产权违规

侵权类型	定义		处罚规则
商标侵权	严重违规：未经注册商标权人许可，在同一种产品上使用与其注册商标相同或相似的商标		严重违规：三次违规者关闭账户 一般违规：首次违规扣0分，其后每次重复违规扣6分
	一般违规：其他未经权利人许可使用他人商标的情况		
著作权侵权	严重违规：未经著作权人许可复制其作品并进行发布或销售，包括图书、电子书、音像作品或软件等		
	一般违规：其他未经权利人许可使用他人著作权的情况		
专利侵权	外观专利、实用新型专利、发明专利的侵权情况（一般违规或严重违规的判定视个案而定）		累积达48分者关闭账户（具体规则扫二维码查看）

（三）交易违规及其他违规

交易违规行为具体包括虚假发货、信用及销量炒作、违背承诺、恶意骚扰、不正当竞争、严重扰乱市场秩序、严重恶意超低价、不法获利、诱导提前收货、诱导线下交易等。其他违规行为具体指通过不正当牟利行为，如卖家通过向平台工作人员及其他相关人员提供财物、商业机会等手段获取不正当利益，以及虚假发货、信用及销量炒作、货不对板、不正当竞争、违背承诺等，见表6-2。

表6-2 交易违规及其他违规

违规行为	定义	处罚依据
虚假发货	在规定的发货期内，卖家填写的货运单号无效或虽然有效但与订单交易明显无关，误导买家或速卖通平台的行为	速卖通"虚假发货"规则
信用及销量炒作	通过不正当方式提高或者试图提高账户信用积分或产品销量，妨害买家高效购物权益的行为	速卖通"信用及销量炒作"规则
货不对板	产品与达成交易时卖家对产品的描述或承诺在类别、参数、材质、规格等方面不相符	速卖通"货不对板"规则
不正当竞争	包括以下两种情况：①卖家所发布的产品信息、店铺装潢或所使用的其他信息存在扰乱其他卖家正常经营的情形，足以使消费者与其他正常经营卖家混淆或误认为存在特定联系；②卖家通过自身或利用其他会员账户对其他卖家进行恶意下单、恶意评价、恶意投诉等行为，影响其他卖家声誉与正常经营	速卖通"不正当竞争"规则
违背承诺	卖家未按照承诺向买家提供服务，损害买家正当权益的行为。例如，卖家在产品标题或内容中承诺免运费，但买家实际下单时发现有运费	速卖通"违背承诺"处罚规则

（四）产品信息质量违规

产品信息质量违规主要包括6个方面，分别是搜索作弊、卖家图片盗用、卖家水印图盗用、发布非约定产品、留有联系信息或广告产品及其他不当发布行为。

搜索作弊违规行为具体见表6-3。

表6-3 搜索作弊违规行为

序号	违规行为	定义
1	类目错放	产品实际类目与发布产品所选择的类目不一致。详见《搜索作弊案例解析与处罚规则》

续表

序号	违规行为	定义
2	属性错选	卖家发布产品时，类目选择正确，但选择的属性与产品的实际属性不一致的情形
3	标题堆砌	在产品标题中出现关键词使用多次的行为
4	标题类目不符	在产品类目或标题中部分关键词与实际销售产品不相符
5	"黑五类"产品错放	针对特定买家的特殊订单链接及补运费、补差价、补退款、赠品等专拍链接，没有按规定放置到指定的特殊发布类目中
6	重复铺货	不同产品之间须在标题、价格、图片、属性、详细描述等字段上体现出明显差异
7	描述不符	标题、图片、属性、详细描述等信息之间明显不符
8	计量单位作弊	发布产品时，将计量单位设置成与产品常规销售方式明显不符的单位；或将标题、描述里的包装物亦当作销售数量计算，并将产品价格平摊到包装物上误导买家的行为
9	产品超低价	卖家以较大偏离正常销售价格的低价发布产品，在默认和价格排序时，吸引买家注意，骗取曝光机会
10	产品超高价	卖家以较大偏离正常销售价格的高价发布产品，在默认和价格排序时，吸引买家注意，骗取曝光机会
11	运费不符	卖家在标题及运费模板等处设置的运费低于实际收取的运费的行为
12	SKU作弊	卖家通过刻意规避产品SKU设置规则，滥用产品属性（如套餐、配件等）设置过低或不真实的价格，使产品排序靠前（如价格排序）的行为；或者在同一个产品的属性选择区放置不同产品的行为
13	更换产品	通过对原有产品的标题、价格、图片、类目、详情等信息的修改发布其他产品（含产品的更新换代，新产品应选择重新发布），对买家的购买造成误导；但如修改只涉及对原有产品信息的补充、更正，而不涉及产品更换，则不视为"更换产品"的行为
14	信用及销量炒作	通过不正当方式提高或试图提高账户信用积分或产品销量，妨害买家高效购物权益的行为

速卖通平台对搜索作弊违规行为的处罚如下。

（1）违规产品给予搜索排名靠后或下架删除的处罚。

（2）系统核查到搜索作弊产品将在产品管理下的产品诊断中展示，卖家需要时常关注并进行相应整改。

（3）在系统自动扣分的基础上，根据卖家搜索作弊行为的严重程度对整体店铺给予搜索排名靠后或屏蔽的处罚；对于情节特别严重的，平台将依据严重扰乱市场秩序规则对店铺进行扣分冻结或直接关闭的处罚。

（4）对于更换产品的违规行为，平台将增加清除该违规产品所有销量记录的处罚。

素养小课堂

作为跨境电商专业人，规则意识是我们职业发展的基石。了解和遵守国际贸易规则、税务法律和电商平台政策不仅能够保护我们避免法律风险，还能帮助我们在激烈的市场竞争中稳健前行。始终将规则意识放在心上，这将成为我们可靠的指南针，引领我们在跨境电商的道路上走得更远、更稳。

三、产品信息的设置与发布

产品上架是店铺运营的重要环节之一，只有将产品信息准确、完美地上传到店铺中，才能让买家搜索到并进行购买。产品信息主要包括产品标题、产品主图、产品定价及产品详情页等。

（一）产品标题的设置

产品标题在产品信息中具有举足轻重的作用，一个好的标题能够有效地吸引买家的注意力，最大限度地为产品引流，提高产品的曝光率和转化率。要想设置出高质量的产品标题，卖家需要掌握一些技巧。

1. 产品标题中关键词的类型

一般来说，产品标题中的关键词主要分为核心词、属性词和流量词三类，每类词具有不同的特点，见表6-4。

表6-4 关键词的类型

关键词类型	特点	示例
核心词	行业热门词，接近于类目词，这类词属于电商平台的热搜词，也可以看成产品的名称	boot（靴子）、trousers（裤子）、dress（连衣裙）
属性词	描述产品某个属性的词，如颜色、长度等。这类词针对的是产品某一细分类，针对性更强，能够更精准地满足搜索这些关键词的买家	Korean style short skirt（韩版短裙）、repair the body T-shirt（修身T恤）、collect waist dress（收腰长裙）、pure color trousers（纯色长裤）、O-neck party dresses（圆领礼服）、V-neck dress party dresses（V领礼服）、wedding dress long sleeve（长袖婚纱）
流量词	不常用但恰好有一些特定群体会搜索的词语，它不属于热门词，但这类词带来的流量都是非常精准的，成交量也相当可观	如某名人的名字、某动漫的名字等

2. 关键词的挖掘与搜集

产品标题是关键词的直接体现，关键词的好坏直接影响买家能否搜索到卖家的产品，其重要性不言而喻。卖家需要掌握挖掘与搜集关键词的方法，这样才能更好地了解市场，为标题的设置奠定基础，进而设置出高质量的产品标题。下面介绍几种挖掘与搜集关键词的方法。

（1）产品所属的类目名称及规格设置。

产品所属的类目名称一般属于热门关键词，并与产品具有非常紧密的相关性。

此外，在搜索结果页面左侧也会显示系统所列出的产品类目，以及与产品规格相关的关键词，这些词语可以作为产品标题关键词的备选词。

（2）从搜索框下拉列表中选词。

搜索框下拉列表中的词具有很强的参考意义，它们是跨境电商平台根据买家搜索习惯推荐的一些词。卖家可以将这些关键词进行整理与筛选，从中选择与自己产品相关性较高的关键词作为产品标题的备选关键词。

（3）参考其他卖家的产品标题。

参考其他卖家的产品标题是一种比较省时、省力地搜集关键词的方法。卖家可以使用产品的核心关键词在搜索框中进行搜索，在搜索结果页面中将销量较好和评分较高的产品标题搜集起来，并将其复制到Excel表格中（大概搜集5~10个产品标题即可），然后对这些产品标题进行观察和分析。

通过直观的对比，卖家可以发现对于此类产品来说，哪些词是重要信息，哪些词是产品核心关键词，从中找出人气卖家经常使用的关键词，并逐层过滤筛选，最终选出适合自己产品的关键词。

（4）借鉴其他平台同行人气卖家的产品标题。

在速卖通、eBay、亚马逊、敦煌网、Wish、Shopee等不同跨境电商平台上有大量的同款产品，卖家可以在这些平台上找到很多与自己产品相关的关键词。卖家可以通过使用不同的关键词在不同的跨境电商平台的搜索栏中进行搜索，从而得到很多有用的关键词，最后再进行筛选，选择与自己产品相关性高的关键词。

（5）使用关键词工具。

卖家可以借助关键词工具挖掘关键词，如 Terapeak、速卖通的生意参谋等。

3. 设置产品标题的原则

产品标题是产品被搜索到和吸引买家进入产品详情页的重要因素。优质的产品标题应该包含买家最关注的产品属性，能够突出产品的卖点。卖家在设置产品标题时需要注意以下五点原则。

（1）充分利用标题的字数限制。

产品标题要充分利用标题的字数限制，符合跨境电商平台对标题字符数的要求。标题过短不利于搜索覆盖，例如，如果卖家销售的产品是跑鞋，产品标题对于鞋的类型描述只使用了 running shoes 一词，当买家使用 sport shoes 作为关键词进行搜索时，该产品可能不会出现在搜索结果页面中。因此，在产品标题符合标题字数限制的前提下，卖家也可以将 sports shoes 放在标题中。当然，标题也不能过长，超出字数限制的标题将无法得到完全展示。

（2）符合语法规则。

产品标题要真实、准确地概括描述自己的产品，标题书写符合境外买家的语法规则，没有错别字及语法错误。

（3）避免关键词堆砌。

产品标题要避免关键词堆砌，如 "MP3、MP3 player、music MP3 player"，这样的关键词堆砌不能帮助提升产品标题排名，反而会使产品标题被平台的搜索规则降权处罚。

（4）避免虚假描述。

产品标题要避免虚假描述，如果卖家销售的产品是 MP3，但为了获取更多的曝光机会，在产品标题中填写类似 "MP4、MP5" 的描述，速卖通有算法可以监测此类作弊产品，同时虚假描述也会影响产品的转化率，得不偿失。

（5）避免使用特殊符号。

产品标题除了产品名称，还应包含产品的属性、尺寸等信息。但是，不要在产品标题中使用特殊符号，尤其是引号、句号等，因为买家在搜索产品时不会在关键词之间添加这样的符号，更多使用的是空格。

（二）产品主图的设置

产品主图的主要作用是吸引买家的目光，主图不仅能向买家展示产品的主要信息，往往还决定了买家是否会点击产品链接，甚至决定了部分移动端买家看到产品图片后是否会直接购买产品。因此，做好产品主图的设置至关重要。

卖家在设置产品主图时，可以参考以下技巧。

1. 图片符合跨境电商平台的规范要求

首先，卖家发布的产品主图要符合跨境电商平台的规范要求，如果图片不符合要求，则将会直接影响相应产品的曝光机会，以及产品参加平台营销活动的入选概率。

2. 拍摄高质量的产品图片

卖家要想让主图最大限度地吸引买家的注意力，在拍摄产品主图时需要讲究一些技巧。

（1）选择专业的拍照设备。卖家拍摄产品主图时，最好选择适合拍摄静物的相机，并且相机最好具有微距功能。为了避免相机发生晃动，卖家在拍摄时可以使用三脚架稳定相机，这样能更好地保证图片的清晰度。此外，还可以使用定时自动拍摄功能，减少按快门或触摸相机所造成的相机晃动，只有让相机一直处于稳定的状态，才能拍摄出清晰的高质量图片。

（2）有效使用自然光。使用自然光也能拍摄出高质量的产品图片，卖家需要将拍摄地点选择在室内靠近窗户的地方，这样利用自然光就能让产品呈现出最自然的照明效果，不要将拍摄地点选择在室外，因为室外容易导致图片出现曝光过度或阴影太强的情况。

选择靠近窗户的地方作为拍摄地点，不能让窗户处于相机的正前方或正后方的位置，应该让光源从侧面照向产品。为了避免光线分布不均匀，可以在产品的另一侧放一个反光板让光线发生反射，进而让光线均匀分布。

（3）使用白色背景。拍摄专业的产品图片通常使用白色背景，因为用白色背景不仅能够反射光线照到产品上，而且能让产品的光线更加饱和，可以使用全开白卡纸作为拍摄背景。

如果要拍摄的产品体积较小，则可以使用椅子和全开白卡纸搭建一个简易的小型拍摄台。如果拍摄的产品体积较大，则可以制作一个布景架，或者用挂钩将布景固定在墙上，这样也方便长期拍摄。

拍摄服装类产品时，卖家在拍摄之前要先将产品的褶皱整理好，然后将产品平铺在摄影台上进行拍摄。如果有模特，则在模特穿戴好之后要再次检查并处理产品的褶皱，然后再进行拍摄（此时可以将白卡纸贴在白墙上作为拍摄背景）。

如果产品颜色是纯白色的，如婚纱、白色服装等，通过打光也不能完全避免出现阴影的情况，在拍摄图片时可以先使用纯蓝色背景，然后在后期处理时使用图像编辑工具进行背景置换。

（4）对产品图片进行适当优化。对图片进行编辑与优化也非常重要，卖家可以使用Photoshop等图像编辑工具对图片进行优化。需要注意的是，不能对图片编辑得过多，卖家应该为买家提供最真实的产品图片。如果图片编辑过度，对产品进行了过度的美化，买家收到货以后发现实物与产品图片不符，就容易产生纠纷。

3. 设计产品主图展示

卖家在设计产品主图展示时可以从以下几个技巧入手。

（1）产品主题突出。产品主题突出是指让买家在看到图片的第一眼就可以看出卖家卖的是什么产品。那么如何突出呢？其要点就是分清图片中内容的主次，图片要重点展示售卖的产品，尽量减少次要元素对产品的干扰，否则买家很难知道卖家卖的是什么产品。例如，时尚类产品，如服装、手表等产品，背景多为生活场景或街拍图，那么图片背景的颜色不要和产品颜色过于接近，背景中也不要有过多的次要元素，避免影响产品展示的视觉效果。

（2）多样化构图。构图要大胆创新，以此吸引买家的目光。如果产品的样式或颜色较多，则可采用"单品+多颜色小图"的展示方式，即在主图中重点突出一个单品，其他使用小图展示。

（3）采用特写展示产品。为了更好地展示产品的特殊功能或质地，可以为产品添加特写图片。卖家可以通过以下几种特写方式凸显自己产品的与众不同：带有价格信息的标签、与众不同的产品特征、详细的产品按钮细节或者某个很酷的设计细节等。

（4）主图区域添加短视频展示。卖家可以在主图区域中添加短视频，通过视频的形式展示产品，为买家创造更直观的视觉体验。卖家在添加短视频的时候，首先要确保短视频的格式、内容符合跨境电商平台的要求，否则短视频是无法获得展示的。

任务二　掌握优化产品的技巧

产品优化

产品发布完成后,卖家还需要及时跟踪产品上架后的曝光率、浏览量、成交量等数据指标的表现。如果产品的数据指标表现不佳,就需要对产品进行相关优化。

一、优化产品标题

如果产品没有浏览量(流量),则可能是标题有问题。此时,优化标题是首要任务。

(一)产品标题构成分析

产品标题是买家搜索到产品并吸引其进入产品详情页面的重要因素。因此,优秀的产品标题一般由满足买家需求的产品核心关键词、准确描述产品特质的属性词和能够吸引买家的流量词或促销词构成。

1. 核心词

核心词是顶级热搜词(该词影响产品搜索排行和点击率)。核心词可以是产品名称、产品所属类目,甚至是某个知名品牌的名称。买家主动搜索时,往往会输入核心词。

2. 属性词

属性词表示产品特定的属性(该词影响产品搜索排行和点击率),如产品的颜色、长度、风格、款式、包装等,用以区分该产品与其他产品的不同之处。

3. 流量词

流量词就是能带来流量的词。流量词也称长尾词或促销词,如某种衣服的特殊尺码、代表节日或特殊群体的词,如"定制类产品""产品来源为工厂店""全网最低价"等。

下面对一些较好的产品标题进行分析。

【例1】标题:2024 New Fashion Jacquard A-line Mini Long Sleeve O-neck Beading Casual Women Evening Dress HW68。

译文:2024年新款提花A字迷你裙长袖圆领钉珠休闲款女式晚礼服型号HW68。

解析:该标题的构成非常典型,依次列出了产品的年份(2024)、材质(Fashion Jacquard)、裙型(A-line)、裙长(Mini Long Sleeve)、领型(O-neck)、装饰(Beading)、风格(Casual)、类目(Women Evening Dress)、型号(HW68)等项信息。其中Dress(礼服)是产品的核心词(买家的核心需求),属于搜索的类目,其他都是属性词,展示了产品的基本特征。

【例2】标题:2024 New Women Casual Clothes Autumn Winter Sexy Slim Bandage Vestidos Black White Plus Size Hot Sale。

译文:2024年新款女式休闲服秋冬季性感修身绑带裙黑白大码热销。

解析:该标题依次列出了产品的年份(2024)、风格(Casual)、适用季节(Autumn、Winter)、款式(Sexy Slim Bandage)、名称(Vestidos)、颜色(Black White)、尺码(Plus Size)、销售状态(Hot Sale)等信息。

此标题中,Vestidos(葡萄牙语,意为裙子)为核心词,是卖家针对巴西买家推出的。Plus Size(大尺码)为促销词,因为巴西女性体型普遍偏胖。New(新款)、Hot Sale(热销)也为促销词,因为女性有着跟随潮流的爱美之心,如此设置能为产品搜索带来流量。其他关键词为产品属性词,从各层面表现了产品的特征。

此标题充分考虑了目标群体的语言、心理方面的特点,是一个较好的标题。

(二) 产品标题中经常出现的错误

一个好的标题应当尽量避免出现以下几种错误。

1. 搜索作弊

（1）标题中含有与实际销售产品不相符的关键词。

【例3】某卖家发布一款带钻石的发饰（钻石为人造），标题设置为 New Bridal Wedding Flower Crystal Diamond Hair Clip Comb Pin Diamond Silver。标题中出现 Diamond（钻石），与实物不符，误导了买家。因此，该产品标题部分的 Diamond 应换成 Rhinestone（人造钻石），或者用 Synthetic（合成物）、Simulated Diamond（模拟钻石）等词代替。

（2）关键词堆砌。

【例4】某卖家发布一款棉质女式礼服，标题设置为 2024 New Fashion Women Cotton Casual Dress Evening Dress Party Dress Cocktail Dress GH95。

该标题中多次出现 Dress（礼服）一词，而 Casual Dress、Evening Dress、Party Dress、Cocktail Dress 是不同类目的产品。这种设置标题的行为属于关键词堆砌，是不合规的。应选择其中一个最为合适的类目，删除多余关键词。

2. 知识产权侵权

【例5】某卖家发布一款塑料拼接玩具，标题设置为 Building Blocks Set LEGO Friends 446 Pcs 2 Toy Figures DIY Swimming Pool Brinquedos Bricks Toys for girls。

标题中出现 LEGO（乐高，丹麦著名玩具品牌），属于侵权行为，因此产品不得发布。如果该产品可与 LEGO 正品搭配使用或作为替换装使用，可在 LEGO 一词前加上 compatible with（与乐高产品兼容）字样，则可正常发布。

3. Free Shipping 滥用

某卖家发布一款动漫玩具，运费模板设置为邮政小包，对亚洲及欧洲地区的订单免运费，对其他地区则不免运费。标题设置为 Anime Dragon Ball Z Super Saiyan Son Goku PVC Action Figure Collectible Toy 15 cm Free Shipping DMA976。

只有当产品对所有国家免邮时，才能在标题中设置 Free Shipping。所以该行为属于运费设置作弊，会影响产品搜索排名。

（三）需要优化产品标题的情形或时机

（1）档期内滞销。如果卖家上传产品的浏览量过低，或者已超过心理预期，且这种情况维持了15天、30天，甚至60天，那么就可以着手对标题进行优化。

（2）在与同款产品的竞争中处于弱势。该产品与跨境电商交易平台上其他店铺的同款产品相比，各类数据均明显处于弱势，然而产品质量、价格却相差不多，则可以着手对产品标题进行优化。

（3）曝光率低、跳失率高。如果产品标题未能将产品属性、卖点等信息充分展现出来，未让潜在买家感受到产品的价值，那么可以着手对标题进行优化。

（4）上新的第二天。当产品新上架后，跨境电商交易平台会对新品进行一段时间的流量扶持，此时是获取流量的最佳时期。但产品新上架时的标题一般不会很精细，也不是很准确，所以在上新后的第二天就需要对上新的产品进行一次标题优化。

（5）产品的潮流趋势变换。在季节或潮流趋势变换的时候，至少每个月对热销款的主要关键词检查一次，只有做到对产品标题不断优化，才可能保持流量的持续引入。

二、优化产品详情页

如果产品有流量却没有转化为成交，则说明产品详情页没有起到刺激买家购物欲望的作用，这时就要着手优化产品详情页了。下面对此进行简单介绍。

（一）了解产品详情页的基本布局

在优化产品详情页之前，首先必须了解产品详情页的常规布局，如图6-1所示。

图6-1 产品详情页的常规布局

（二）优化产品详情页的方法

图6-1是产品详情页的常规布局，但并不是说每一个产品详情页都必须具有该布局上列出的所有板块，其最终组合取决于卖家根据实际情况所进行的优化。一般来说，产品详情页上必备的板块有产品属性和产品描述，对产品详情页进行的优化主要是围绕这两个板块的内容来进行的。

1. 尽量完善属性信息

凡是平台上必填的属性，为方便买家搜索到该产品，卖家都应该根据产品情况正确填写。产品发布页面会提示该产品属性在平台上的平均完整度，买家在填写属性时应尽量高于该平均值，以增加被搜索的机会。

2. 优化产品文案

（1）设置问候语。买家光临店铺，卖家应热情响应。因此在展现产品之前可以先设置问候语，欢迎买家光临选购并表达感谢之情，预祝买家购物愉快。具体举例如下。

原文：Dear valued customers, welcome to my shop, thank you for your custom and wish you have a nice shopping journey!

译文：尊敬的贵宾，欢迎光临本店，谢谢您的惠顾，祝您购物愉快！

（2）设置有吸引力的开场白。开场是产品描述最重要的一部分，如果开场白缺乏吸引力，那么整篇文字就失去了价值。文字开场要注意的3个重点：①是否能够明确产品对消费者的最大益处；②是否能够马上唤起消费者的心理场景；③产品在这个场景中的定位是什么。

例如，大部分销售平底锅的卖家会以材质作为文案开头，但买家对平底锅的材质区别有何意义是不了解的，而为每种材质赋予场景后，这项特色才有价值。

因此，卖家可以以提问的方式展开文案，Does it fail to fry fish every time?（每次煎鱼都失败吗?）或更进一步说：How to lose face when frying fish!（煎鱼失败多丢人啊!）紧接着作出回应：Marble pan, non-stick pot, perfect for every dish（大理石平底锅，不粘锅，让你每道菜完美上桌）。

3. 增强产品图片的展示效果

卖家应充分利用图片上传功能。产品详情页中的图片应当精美、清晰，最好使用图片处理工具对其进行修饰。视觉效果好的图片会使买家产生较高的期望值，从而带来更高的转化率。

优化过程中，卖家应该注重首图的展示效果，可以从正面、侧面、反面、细节、包装等方面呈现产品。此外，卖家还可以添加诸如使用说明、产品用途、特色展示等图片，以打消买家的顾虑。在产品颜色较多的情况下，应重点突出一个单品。可主推当前流行的颜色或热销款的颜色，将其图片放大，其他颜色图片缩小。另外，图片背景应简明清晰，色彩对比鲜明。详情图数量建议在15张以内，以8~12张为宜，以节省买家打开网页的时间和流量。当前，各跨境电商平台正大力发展移动端，详情页的图片更会趋向于少而精。

4. 列出各项购物须知

在产品详情页中，卖家应该列出所提供的政策和服务，打消买家购物前的种种疑虑，同时也有效避免交易过程中因政策不明而引发的纠纷，提高买家满意度的同时赢得更多的交易机会。一般来说，购物须知包括付款说明、货运政策、退换货政策及卖家资质或企业介绍等。图6-2所示为卖家的货运政策说明。

图6-2 卖家的货运政策说明

5. 提供好评截图或引导评分

好评截图对促进成交有着不错的效果，国外买家也很喜欢看评价。如果可以把好评截图或成交记录放在产品详情页，可以为产品增加极强的说服力。此外，卖家还可以邀请买家对产品进行评分，这样既是对老买家的尊重，也给潜在买家一种好的印象，表现出卖家经营店铺的热情。

任务三 学会跨境店铺优化

一、利用店铺装修工具

店铺优化

和国内电商交易平台相比，跨境电商平台上的店铺装修形式要相对简单一些。下面对速卖通店铺装修过程进行简单介绍。

（一）利用店铺装修工具装修页面模板

进入速卖通卖家后台后，单击"店铺"按钮，可开通店铺（发布产品数量达到12个后）。进入"店铺装修及管理"页面（图6-3），可对店铺进行装修。

图6-3 "店铺装修及管理"页面

进入店铺装修及管理页面（新版）后，可以看到页面顶部有"页面管理与装修""店铺与导航设置""多语言文案管理""素材中心""新手帮助"5个导航栏，其中前两个是最常用的功能。

速卖通店铺装修步骤如下。

步骤1：在店铺装修及管理页面中单击"新建页面"（图6-4）。

图6-4 店铺装修步骤1

步骤2：填写好页面名称后，单击"请选择页面模板"按钮（图6-5）。

图 6-5　店铺装修步骤 2

步骤 3：打开"选择模板"后，可以看到各模板以行业分类排列展示。此处选择"店铺首页默认模板"，选择完成后单击"确认"按钮。

步骤 4：此时"自定义页面"中展现刚才新建的页面模板，单击该模板右侧的"装修页面"按钮（图 6-6）。

图 6-6　店铺装修步骤 4

步骤 5：进入页面装修操作页面（图 6-7）。在此页面中可以看到页面装修具有两大板块：一个是"楼层编辑"，另一个是"模板样式"。在楼层编辑页面的左侧，排列着该模板预设的各种模块，顶部灰色的是不可编辑的"店招""页面底部"等区域（由"店招与导航设置"进行编辑），下方可编辑的是诸如 Slideshows（轮播图幻灯片）、Category Image（类目分流图片）等默认模板中的特色模块。

图 6-7　店铺装修步骤 5

（二）利用店铺装修工具统一店铺风格

在页面装修页面中，单击"模板样式"按钮可对店铺风格和色彩进行设置。各项设置编辑完成后，可单击页面右上角的"发布页面"按钮发布店铺页面。

店铺风格主要考虑产品的属性及适用人群。如果店铺主营商务男装，店铺风格应该色调内敛，沉稳大方；如果是母婴产品，店铺风格应该色彩柔和，场景温馨；如果是少女时装，店铺风格应该俏丽活泼。

除了考虑产品自身的属性外，店铺如果想要有较多流量，还应考虑参加一些平台的营销活动。此时，店铺风格与平台活动在氛围上要契合一致。

二、提升卖家服务等级

（一）卖家服务等级的意义

卖家的产品质量及服务能力对于买家的购买决策有着至关重要的影响，特别是产品描述及评价、沟通效率、纠纷处理效率和态度等方面。买家强烈希望在选择产品时能够快速识别产品和服务表现都很好的卖家。

不同等级的卖家在橱窗数量、搜索排序曝光、提前放款、平台活动、店铺活动等方面享有不同的资源。等级越高的卖家享受的资源奖励越多，优秀卖家将获得 Top-Rated Seller 的标志。卖家可以在搜索产品时快速发现优秀卖家，并选择优秀卖家的产品下单。

指标表现较差的卖家将无法报名平台活动，且在搜索排序上会受到不同程度的影响。对于卖家服务等级被连续评级为不合格的卖家，平台保留清退的权力。速卖通不同卖家服务等级享受的资源见表6-5。

表6-5 速卖通不同卖家服务等级享受的资源

奖励资源	优秀	良好	及格	不及格	成长期
橱窗推荐数	3个	1个	无	无	无
搜索排序曝光	曝光优先+特殊标志	曝光优先	正常	曝光靠后	正常
提前放款特权	有机会享受最高放款比例	无法享受最高放款比例	无法享受最高放款比例	无法享受最高放款比例	无法享受最高放款比例
平台活动	优先参加	允许参加	允许参加	不允许参加	允许参加
营销邮件数	500	200	100	无	100

卖家服务等级每月末评定一次，下月3日前在后台更新，根据上月服务分均值计算得到，根据计算结果将卖家等级划分为优秀、良好、及格和不及格，不同等级的卖家将获得不同的平台资源。

此外，也可在服务分页面底部查看当月服务分均值，以便进行预估。

（二）提升卖家服务等级的方法

速卖通每月月末考核过去90天卖家的经营能力，包括买家不良体验订单率（ODR）、卖家责任裁决率、好评率等，重点考核买家不良体验订单率和好评率。

1. 降低买家不良体验订单率

买家不良体验订单是指考核期内满足以下任一条件的订单：买家给予中差评、DSR中低分（产品描述≤3星或卖家沟通≤3星或物流服务=1星）、成交不卖、仲裁提起订单、卖家5天不回应纠纷导致纠纷结束的订单。

降低买家不良体验订单率的方法包括加强与买家沟通,安抚买家可能产生的负面情绪;买家咨询时,清晰地解答买家疑问;关注物流信息并与买家及时沟通。

2. 提升买家好评率

提升买家好评率的方法如下。

(1)产品应与描述相符。买家购物最看重的还是产品本身,卖家在描述产品时应实事求是,不可过分夸大。

(2)选择性价比高的物流方式。卖家选择物流方式时,首先应考虑买家可接受的物流方式,然后再根据与各物流商达成的协议进行选择。

(3)适当发起感情攻势,提升买家购物体验。结合店铺运营经验分析买家类型,针对经济型买家,可向其推荐平价的产品,并附赠小礼物,可获得买家好感。针对感性买家,可通过节日问候、生日关怀等方式,表达对买家的重视,提升买家对店铺的好感。

素养小课堂

在跨境电商领域,风险无处不在,从货币波动到供应链管理,每一个环节都可能影响您的业务。请始终保持高度的风险意识,审慎评估每个决策,以确保业务的稳健发展。

走进职场

卖家发布产品时要注意的五大潜在风险

很多跨境电商卖家都对"货不对板"等交易纠纷非常头疼,他们并不知道,或许这些纠纷在发布产品时就早已埋下了隐患。下面简单了解一下发布产品时要注意的几个潜在风险点。

一、注意"产品属性"的设置

在有存储容量的产品中,尽量在相应的帮助文档中增加说明。例如,移动硬盘实际存储容量一般都会由于有系统文件的存在而比声称的容量要小,建议卖家在描述中说明这一点,这样可以降低买家由于该情况投诉纠纷的概率。

二、注意"产品标题"的设置

在发布产品时,产品标题要与产品属性、详细描述等所有该产品的展示页面内的相关内容保持一致。例如:标题若标明数量,需与包装清单里的数量相同。

三、注意"最小计量单位和销售方式"的设置

很多买家对数量理解错误而提起纠纷,如 10 串不同颜色的手链,很多卖家选择的最小计量单位是包(10 串),但是设置的价格却是一串的单价,这样在单件产品的价格上会导致买家的误解;若产品按套出售,建议卖家在详细描述中注明 package contain(包含),写明 one set(一套)具体包含哪些东西,并与图片(尤其主图片)展示保持一致。

四、注意"颜色和款式"的设置

如果产品有多个颜色或款式可以选择,请务必设置多选项,并更新库存。若类目支持颜色自定义图片,则建议使用实物产品图片;若类目不支持颜色自定义图片,则建议在产品详细描述中,根据设置的颜色分别用图片进行展示。

五、注意"产品详细描述"的设置

服装和鞋子等类目产品,须附上尺码对照表,特别是童装,在由于尺寸问题产生的纠纷案件里,很少有卖家在页面标注尺码对照表的;建议卖家多拍产品细节图,对于电子产品等建议提供产品运行后的图片。所有功能性描述,不得排除已在"产品属性"设置过的功能,如在产品属性里已标明具有4G功能,但产品描述却标注此功能需付费升级,这样就极有可能被买家提起投诉。

请思考:如果想在速卖通平台上发布产品,为了避免违规和纠纷,卖家需要注意哪些平台规则?在速卖通平台上发布产品的过程又是怎样的?在产品发布完成以后,如何对其进行优化,才能为卖家带来更高的收益?

项目六 扬帆起航——熟知跨境电商产品发布

技 能 实 训

实训一 在速卖通平台上发布产品

实训目标：了解速卖通平台上发布产品的步骤。
实训情境：某速卖通店铺主营消费电子类产品，近期其新开发了一款电动螺丝刀，店铺运营总管要求产品管理部门将这款新品上架到店铺。
实训任务：按要求上架产品。
实训步骤：具体操作如下。

跨境产品发布实操演示

一、选择产品类目

步骤1：登录速卖通账户，进入卖家后台，在"我的速卖通"选项卡中选择"快速入口"→"发布产品"选项，如图6-8所示。

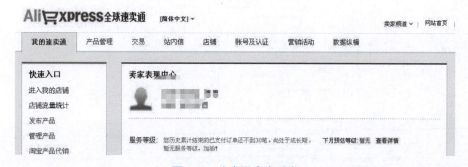

图6-8 速卖通卖家后台

步骤2：跳转至"发布产品"页面后，首先需要按照品类结构，逐级为需要发布的产品选择对应的类目。以某款螺丝刀为例，依次选择"工具"→"动力工具"→"电动螺丝刀"选项。如果卖家有一定英文基础，可直接在类目列表上方的搜索框输入产品名称，系统就会弹出这个物品适用的类目供卖家选择，如图6-9所示。

图6-9 选择对应类目

111

步骤3：确定选择的类目与产品实际情况一致，然后单击"我已阅读以下规则，现在发布产品"按钮。建议卖家认真阅读卖家规则，以免在后面产品上传的过程中出现违规操作。

小知识：类目选择一定要仔细，一旦选择错误，将直接影响后面的产品上传步骤，甚至导致上传操作审核不通过。如果卖家需要发布很多同类的产品，还可以使用"类似产品导入"功能（相当于预设一个产品类目模板）。

二、填写产品属性

在发布产品的过程中，产品属性的填写是重中之重，要完整、准确地填写相关信息。

步骤：跳转至新页面后，首先填写产品属性相关信息，其中"品牌""属性""动力来源"三个栏目为必填项，剩下的资料为选填项。资料填写的完整度越高，产品曝光次数就越多，如图6-10所示。

图6-10 填写产品属性

小知识：填写自定义属性时，最好将自定义属性添加到5个以上。这些自定义属性的内容可以是一些默认属性中不能体现出的产品特征，最好能说明产品的卖点与价值，给买家更充分的下单理由。

三、填写产品标题

步骤：产品标题是买家搜索到产品并吸引其进入产品详情页面的重要因素。产品标题要尽量准确、完整、简洁。一个好的标题必须包含产品的名称、核心词、重要属性及引流的流量词，如图6-11所示。

图6-11 填写产品标题

小知识：一个标题只能描述一件产品，不得将多个产品的信息放在同一个标题中，应增加和产品相关的描述性关键词来丰富标题内容，提出产品卖点，剩余字符最好控制在10个以内。

四、上传产品图片

步骤1：上传产品图片之前应准备好产品图片素材，保证图片为实拍的、清晰的，最好能够突出产品的卖点。此外还要仔细阅读上传说明，使图片合规，如图6-12所示。

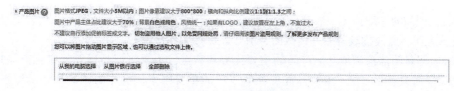

图 6-12　上传产品图片

步骤2：如果产品图片保存在计算机硬盘中，可以单击"从我的电脑选择"按钮进行上传操作。如果预先将产品图片保存在"图片银行"里，还可以单击"从图片银行选择"按钮进行上传。

小知识：第一张图片是作为产品首图在产品样图、平台产品列表、店铺产品列表展示的，所以首张图片一定要清晰，突出产品重点。图片大小最好为800像素×800像素。首图后的图片是作为产品可放大的详图使用的，图片大小也应以800像素×800像素为宜。

步骤3：同一款产品，可以设置不同的颜色，默认的颜色有8种。对于每个颜色的产品，还可以上传本产品的缩小图，图片大小需要控制在200 KB以内（也可以选择不插入产品图片），如图6-13所示。

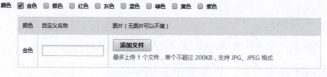

图 6-13　设置颜色

五、设置价格和库存

步骤：填写产品的价格和库存。此处设置"电动螺丝刀"的插头类型为"美标""欧标""英标"，使用"批量设置零售价"功能将价格统一设置为"10.88"美元、库存统一设置为"1 000"个。若价格不统一，也可分别设置。注意：填写价格前应仔细检查产品的库存情况，对应好产品编码，以免出错，如图6-14所示。

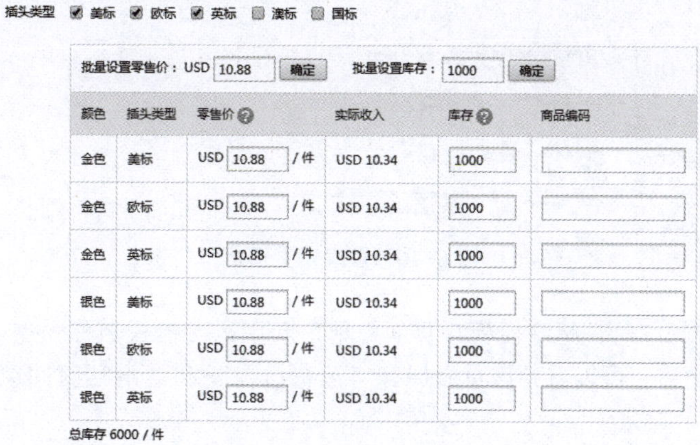

颜色	插头类型	零售价	实际收入	库存	商品编码
金色	美标	USD 10.88 /件	USD 10.34	1000	
金色	欧标	USD 10.88 /件	USD 10.34	1000	
金色	英标	USD 10.88 /件	USD 10.34	1000	
银色	美标	USD 10.88 /件	USD 10.34	1000	
银色	欧标	USD 10.88 /件	USD 10.34	1000	
银色	英标	USD 10.88 /件	USD 10.34	1000	

总库存 6000 / 件

图 6-14　设置价格和库存

六、产品的详细描述

步骤1:产品的详细描述一般会包括产品文案、产品详细信息、产品图片、包装信息及发货流程、付款说明、退换货政策、好评截图、引导评价等。

步骤2:尽量简洁清晰地介绍产品的主要优势和特点,不要将产品标题复制到产品描述中。详细描述是帮助买家全方位了解产品并促使其下单的重要因素,优秀的产品描述能增强买家的购买欲望,加快买家下单速度。

七、填写包装信息

步骤:填写包装信息时,应依据产品预先设置好的实际情况依次填写,如图6-15所示。

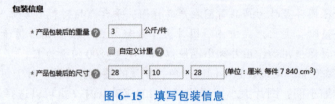

图6-15 填写包装信息

八、设置物流模板

(一)认识新手运费模板

步骤1:进入"管理运费模板"页面。打开速卖通卖家后台后,单击顶部导航栏中的"产品管理"按钮,在跳转的页面中单击"模板管理"栏目下的"运费模板"按钮,如图6-16所示。

图6-16 管理运费模板

步骤2:在跳转的"管理运费模板"页面中单击新手运费模板名称,进入"查看运费模板:新手运费模板"页面后,可以看到该页面拥有"运费组合"和"运达时间组合"两个板块,如图6-17所示。

步骤3:认真阅读新手运费模板中的"教程"与"提醒"。在"运费组合"板块中,平台默认的新手模板只包含两个运费组合:俄罗斯联邦国家、西班牙和其余国家或地区。

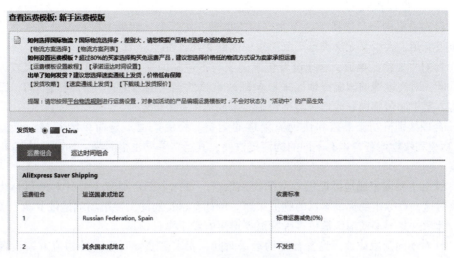

图 6-17　管理新手运费模板

（二）新建运费模板

对于大部分卖家来说，新手模板的功能太少，这时就需要新建能够满足他们要求的运费模板，也就是对运费组合与运达时间组合进行一些自定义设置。

1. 设置运费模板的目的

卖家设置运费模板后，可以在买家浏览产品时，为其提供多种物流选择方案。例如，有的买家在美国、有的买家在法国、有的买家在哥伦比亚，那么通过国家或地区的选择，可以满足不同国家或地区买家的物流需求。又如，有的买家看中便宜的价格，希望使用免邮费的物流渠道，多等几天也没关系；有的买家比较心急，愿意花费金钱选择商业快递，可以尽快收到包裹，那么提供不同的物流方案就会极大地满足这些需求，如图 6-18 所示。

图 6-18　物流选择项

从上述角度可以看出，运费模板的设置，其根本目的就是满足买家需求，优化购物体验。

2. 好的运费模板的标准

（1）针对自己的产品选择2~3个主要物流渠道。实际上，如果主要物流渠道太多，卖家管理起来也很麻烦，太少又无法满足买家需求，因此2~3个最为适宜。

（2）针对主要物流渠道，合理设置包邮国家与不包邮国家或地区。到不同国家或地区的运费有高有低，对高运费的国家或地区采取包邮政策显然会大幅压缩产品的利润空间，因此必须设置物流方案中的包邮国家或地区与不包邮国家或地区。

（3）合理区别慢物流渠道和快物流渠道的运费。物流渠道不是简单的"慢就便宜，快就贵"。慢物流和快物流各自也有不同的物流提供商，其运费差异也很明显，如商业快递UPS也有平价方案。

（4）针对主要国家或地区提供丰富的物流渠道。每一个平台都有主要针对的目标市场，买家需要针对这一目标市场提供丰富的物流渠道。例如，速卖通的主要市场就是俄罗斯、美国、西班牙等，针对这些国家或地区提供多种物流渠道更有助于提升销量。

（5）针对不同国家或地区设置合理的运送时间。卖家需要针对不同的物流方案设置物流送达的时间，以便让买家清楚地知道包裹会在什么时间到达自己手中。如果全部设置为60天或一个统一的时间，那么明明可以20天送达，买家却因为不了解情况而误以为需要60天，从而放弃购买。

3. 新建运费模板的操作

下面讲解新建运费模板的操作，以选择中国邮政平常小包China Post Ordinary Small Packet Plus物流方式为例进行说明。

（1）创建模板并设置模板名称。

单击"新增运费模板"按钮，进入"新增运费模板"设置页面，在页面中的文字框内输入模板名称aliexpress shipping，如图6-19所示。

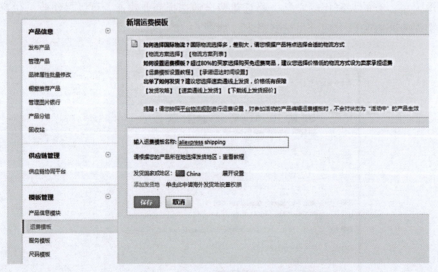

图6-19 "新增运费模板"设置页面

（2）选择物流渠道。

步骤1：单击模板名称下方的"展开设置"按钮，展开设置选项。

步骤2：展开设置后，在页面中可以看到"经济类物流""简易类物流""标准类物流""快速类物流""其他物流"几个物流类别。在不同的类型下，卖家可以勾选所需的物流方案（可多选，被选中的物流方案将出现在产品页面中，供买家选择）。

步骤3：在勾选所需物流方案之前，首先要清除默认选项。依次选择导航栏中的运费类型，去掉各个类型下的所有默认选项。

步骤4：选择一个物流方案。这里以选择"经济类物流"为例，从导航栏中进入"经济类物流"选项卡，勾选"China Post Ordinary Small Packet Plus 中国邮政平常小包"，如图6-20所示。

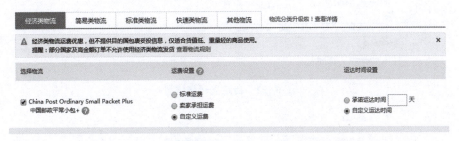

图 6-20 选择物流方案

（3）设置选中物流渠道的自定义运费。在图6-20中的物流渠道的面板上，可以看到"运费设置"下有3个选项：标准运费、卖家承担运费和自定义运费。选中前两个选项左侧的单选按钮，则表示针对所有国家进行标准运费和卖家承担运费（包邮）的设置；选中"自定义运费"左侧的单选按钮，则可以针对不同国家或地区进行自定义运费设置。

小知识：标准运费是一个固定金额，海外国家或地区距离发货地有远有近，如果统一设定标准运费，有可能给卖家带来运费上的损失，因此卖家需要先计算好成本，再谨慎设置。

标准运费后的减免选项表示运费折扣，如果买家和卖家协商好或卖家主动给予优惠，则可以选择设置一定的折扣，由买卖双方分摊运费成本。

运费设置一般分为以下4种方式：包邮、不发货、运费折扣以及自定义运费。

①设置包邮指对于一些费用较低的物流渠道，卖家可以设置包邮，由卖家来承担物流费用。

步骤1：选中物流渠道面板上"自定义运费"左侧的单选按钮，然后在打开的自定义运费设置页面中，选中"设置发货类型"左侧的单选按钮，在"设置运费类型"右侧的下拉列表中选择"卖家承担运费"选项，如图6-21所示。

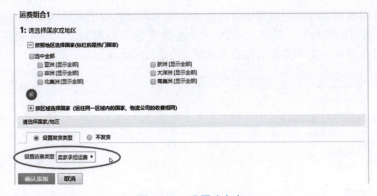

图 6-21 设置为包邮

步骤2：选择需要包邮的国家或地区。选择国家或地区有两种途径，一种是按照地区选择，另一种是按区域选择，如图6-22所示。

步骤3：以巴拉圭设置包邮为例，打开"按照地区选择国家"的下拉列表，单击"南美洲"

右侧的"显示全部"按钮,在打开的列表中勾选"Paraguay 巴拉圭"选项,如图6-23所示。

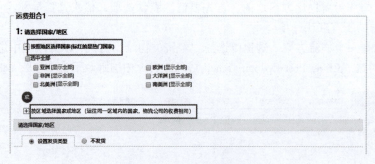

图6-22 自定义运费设置

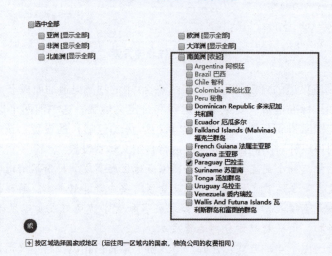

图6-23 选择需要包邮的国家

步骤4:买家可根据自己了解的物流价格或主流目标市场,选择多个国家或地区进行包邮。所有国家或地区选择完毕后,单击"确认添加"按钮完成操作。

②设置"不发货"指物流方案本身具有一定的针对性,对于某些国家或地区来说,其运费相当高昂,不推荐使用。因此,卖家还可以为该物流方案设置为不发货国家或地区。

步骤1:在返回的页面中,单击"添加一个运费组合"左侧的"+"按钮新建一个运费组合,设置中国邮政平常小包不发货的国家或地区,如图6-24所示。

图6-24 添加一个运费组合

步骤2:在打开的页面中选中"不发货"左侧的单选按钮。然后按照前述方法选中不发货的国家或地区。不发货的国家或地区选择完毕后,单击"确认添加"按钮即可,如图6-25所示。

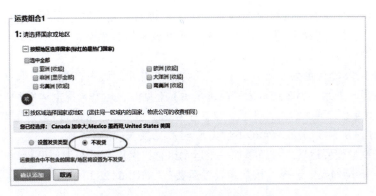

图 6-25　设置不发货的国家或地区

③设置运费折扣指有些国家或地区，卖家减免一定运费仍有一定的利润空间，因此在与买家协商或开展营销活动时可以给予买家一些运费折扣。

步骤 1：重新添加一个运费组合，然后将运费类型设置为"标准运费"。此时页面中会出现运费减免率的设置框，卖家需要根据实际情况进行添加。50% 为双方各自承担 1/2，如图 6-26 所示。

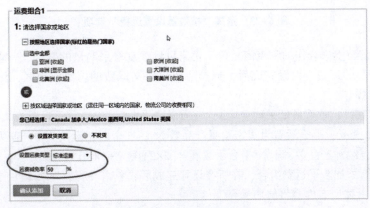

图 6-26　设置运费组合 1

步骤 2：运费折扣设置完成，继续按照前述方法选择运费打折的国家或地区，最后单击"确认添加"按钮即可。

④设置自定义运费。自定义设置运费可以分为两种形式，一种是按重量设置运费；一种是按数量设置运费。

步骤 1：按重量设置运费。重新添加一个运费组合，然后将运费类型设置为"自定义运费"。在其右侧出现的下拉列表中选择"按重量设置运费"选项，如图 6-27 所示。

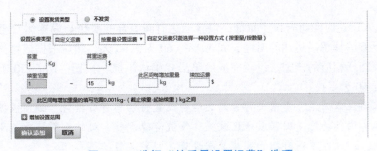

图 6-27　选择"按重量设置运费"选项

步骤2:根据与卖家合作的物流商报价,卖家可设置首重范围、首重运费、续重范围和续加运费。设置完成后,选择适用自定义运费的国家或地区,然后单击"确认添加"按钮完成操作。

例如,若卖家设定首重为1千克,首重运费为4美元,续重范围为1千克到15千克,每0.5千克续加运费3美元。那么运费为产品重量≤1千克时,运费=首重运费+平台手续费=4美元+(4×0.08)美元=4.32美元;产品重量为2.5千克时,运费=首重运费+续重运费+平台手续费=4美元+[(2.5-1)÷0.5×3]美元+(4×0.08)美元=13.32美元。

步骤3:按数量设置运费。重新添加一个运费组合,然后将运费类型设置为"自定义运费"。在其右侧出现的下拉列表中选择"按数量设置运费",如图6-28所示。

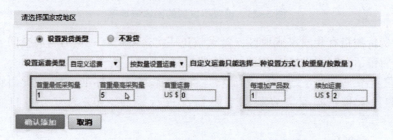

图6-28 选择"按数量设置运费"选项

步骤4:根据与卖家合作的物流商报价,卖家可设置首重采购量的数目、首重运费、续加产品数量和续加产品的运费。设置完成后,选择适用自定义运费的国家或地区,然后单击"确认添加"按钮完成操作。

例如,若卖家设定首重最低采购量为1,首重最高采购量为5,首重运费为0,每增加产品数1,续加运费为2美元,那么运费为买家购买产品数为1~5个时,运费为0。若买家购买产品数为7个时,运费=续加产品数×运费+平台手续费=(2×2)美元+(4×0.08)美元=4.32美元。

步骤5:继续添加若干运费组合,在所有设置完成后,单击"保存"按钮。注意,如果不对操作进行保存,上述所有内容将前功尽弃。

(4)设置自定义运达时间。与运费设置相同,若在选定物流渠道面板中,直接选中"承诺运达时间"左侧的单选按钮,则表示对所有国家或地区统一设置运达时间。如果要分别设置不同国家或地区的承诺运达时间,就需要选中"自定义运达时间"左侧的单选按钮进行自定义设置。

步骤1:仍以"中国邮政平常小包"为例,选中"自定义运达时间"单选按钮,如图6-29所示。

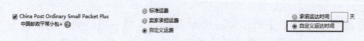

图6-29 选中"自定义运达时间"单选按钮

步骤2:进入运达时间组合设置页面。设置运达时间组合的操作与设置运费组合的操作基本一致,即先在下方选择承诺运达的时间,如30天、60天或90天,然后根据该物流渠道物流商承诺的运达时间表选择相应的国家。设置完成后单击"确认添加"按钮。图6-30所示为添加了该物流渠道至巴西60天妥投。

小知识:需要注意的是,卖家进行自定义运费设置时切忌盲目模仿,必须根据实际情况进行自定义设置。因为国际物流受国家或地区政策、物流资费调整、极端天气、政治原因、邮路状况等多重因素影响,因此在不同时期卖家应灵活设置不同的运费模板。

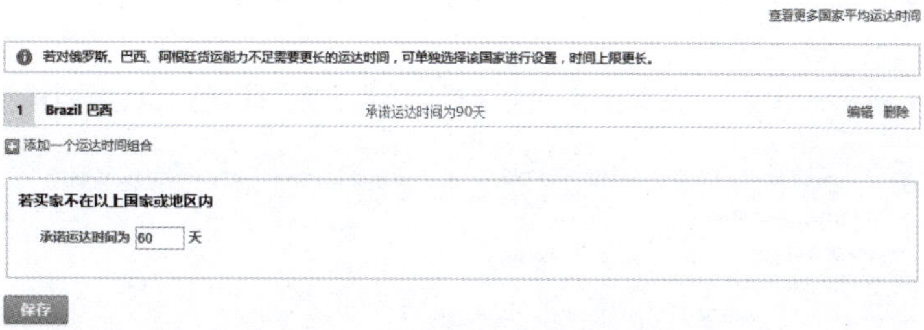

项目六 扬帆起航——熟知跨境电商产品发布

图 6-30 自定义运达时间设置

步骤 3：继续添加若干运达时间组合，在所有设置完成后，单击"保存"按钮。至此物流模板设置全部完成。

小知识：单击保存后回到快递线路选择页面，可以选择其他线路进行设置，如对"中外运－西邮经济小包"进行新建模板操作，方法同上。

九、填写物流信息

回到产品发布流程，进行物流设置。在产品运费模板中选择"新手运费模板"。此处也可以选择刚刚新建的运费模板"AliExpress Standard Shipping"，如图 6-31 所示。

图 6-31 进行物流设置

在填完所有的产品信息后，最好单击预览，可以查看产品上架后的基本状态，检查是否存在纰漏。确认无误后，即可单击发布。待审核通过后，产品信息即发布成功。

实训结果：请按照步骤利用速卖通平台操作发布产品。
实训评价：操作熟练度（30%）+操作完整度（40%）+正确率（30%）。

实训二　对产品标题描述进行优化

实训目标：了解速卖通平台上产品标题设置与优化的方法。
实训情境：某跨境卖家在速卖通平台上发布了一款女士上衣的产品标题，如图 6-32 所示。发布两周后卖家发现产品流量不佳，决定通过平台内"数据纵横"板块提供的关键词分析工具优化标题。

跨境电子商务

原标题：Sexy V-neck knitted top tees Women black short sleeve bustier Party white tops tank slim female camisole。

译文：性感 V 领针织上衣 T 恤女士黑色短袖紧身胸衣派对白色上衣无袖修身女性吊带背心。

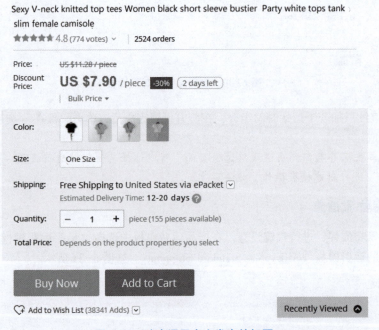

图 6-32　速卖通平台上发布的标题

实训任务：按要求优化产品标题。

实训步骤：具体操作如下。

步骤 1：登录速卖通卖家后台，单击导航栏中的"数据纵横"按钮。在跳转的"数据纵横"页面左侧找到"商机发现"快捷菜单，单击菜单中的"搜索词分析"按钮，打开"搜索词分析"页面，如图 6-33 所示。

图 6-33　打开"搜索词分析"页面

步骤2：在如图6-34所示的搜索框中，在“行业”右侧的下拉列表框中选择“服装/服饰配件”，在“国家或地区”右侧的下拉列表框中选择“美国”在“时间”右侧的下拉列表框中选择“最近30天”。然后单击“搜索”按钮查找行业热搜词。从图的搜索结果页中可以看到，排名前五的热搜词中，“crop top（露脐上衣）”与本产品息息相关，而标题中并无体现，优化时应将其添加上去。

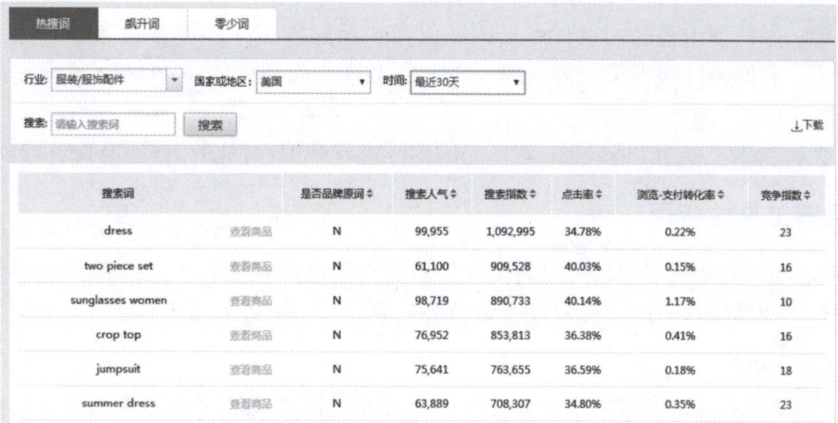
热搜词　飙升词　零少词
行业：服装/服饰配件　国家或地区：美国　时间：最近30天
搜索：请输入搜索词　搜索　下载

搜索词		是否品牌原词	搜索人气	搜索指数	点击率	浏览-支付转化率	竞争指数
dress	查看商品	N	99,955	1,092,995	34.78%	0.22%	23
two piece set	查看商品	N	61,100	909,528	40.03%	0.15%	16
sunglasses women	查看商品	N	98,719	890,733	40.14%	1.17%	10
crop top	查看商品	N	76,952	853,813	36.38%	0.41%	16
jumpsuit	查看商品	N	75,641	763,655	36.59%	0.18%	18
summer dress	查看商品	N	63,889	708,307	34.80%	0.35%	23

图6-34　查找行业热搜词

步骤3：继续尝试用关键词top（上衣）来进行飙升词的分析，选择“飙升词”选项卡，同样在“行业”右侧的下拉列表框中选择“服装/服饰配件”，在“国家”右侧的下拉列表框中选择“美国”，在“时间”右侧的下拉列表框中选择“最近30天”，在搜索框中输入关键词“top”，然后单击“搜索”按钮，检索结果如图6-35所示。

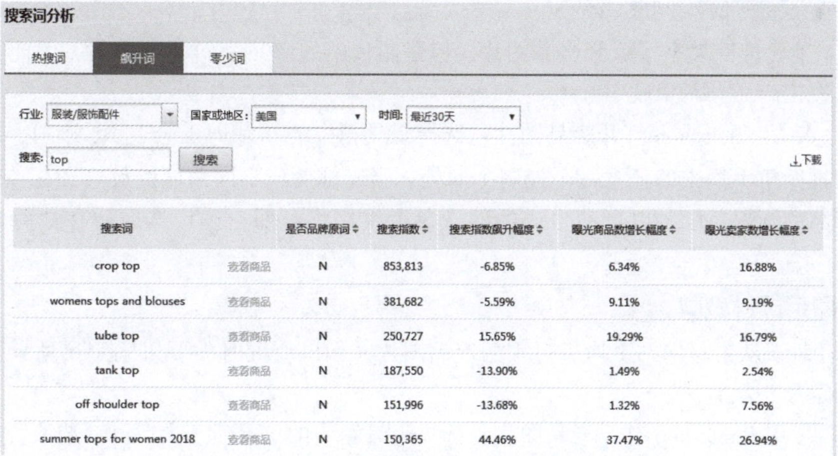
搜索词分析
热搜词　飙升词　零少词
行业：服装/服饰配件　国家或地区：美国　时间：最近30天
搜索：top　搜索　下载

搜索词		是否品牌原词	搜索指数	搜索指数飙升幅度	曝光商品数增长幅度	曝光卖家数增长幅度
crop top	查看商品	N	853,813	-6.85%	6.34%	16.88%
womens tops and blouses	查看商品	N	381,682	-5.59%	9.11%	9.19%
tube top	查看商品	N	250,727	15.65%	19.29%	16.79%
tank top	查看商品	N	187,550	-13.90%	1.49%	2.54%
off shoulder top	查看商品	N	151,996	-13.68%	1.32%	7.56%
summer tops for women 2018	查看商品	N	150,365	44.46%	37.47%	26.94%

图6-35　“飙升词”分析检索结果

步骤4：根据上图可以看出在前五名的飙升词中有tank top，而原标题仅为tank（无袖），这说明虽然卖家考虑了产品的无袖特点，但和买家的搜索词却不相符。

步骤5：同时考虑到产品为夏季流行品，参考同类产品标题都包含有summer（夏天）关键词，因此综合上述所有因素，可考虑修改标题为Summer Sexy V-neck knitted top tees Women black short sleeve bustier crop top Party white tops tank slim female camisole。

实训结果：请按照步骤对产品标题进行优化。

实训评价：操作熟练度（30%）+操作完整度（40%）+正确率（30%）。

实训三　使用 Photoshop 处理产品图片

实训目标：掌握一些处理产品图片的基本技能。

实训情境：某跨境电商公司运营专员团队发布产品时发现生产商传过来的产品图片有的不符合上传标准，有的不能吸引买家的兴趣，在产品上传之前需要使用 Photoshop 对产品的图片进行处理。

实训任务和步骤：使用 Photoshop 对产品的图片进行裁剪、抠图、修图及修补等操作处理。

一、裁剪工具的应用

利用 Photoshop 的裁剪工具，可以将图像中不需要的区域裁剪掉。产品照片通过裁剪可实现重新构图、校正产品倾斜角度、固定尺寸裁剪等效果。

（一）方形裁剪

步骤 1：某家具厂家拍摄了一张产品图片，但是单看图片无法了解图片所表达的产品信息是沙发还是桌子，因此需要对图片进行裁剪，重新构图，以突出主题。

步骤 2：使用 Photoshop 打开产品图片，选择工具箱中的"裁剪工具"选项，或按 C 键，在文档窗口的图片边缘将出现一个裁剪框，裁剪框上有 8 个控制手柄，将鼠标光标放置在任意一个控制手柄上方，当光标变成 、 或 时，拖动鼠标可改变裁剪框大小；也可按住鼠标左键并拖动，重新框选所需保留的图像区域。确定要保留的图形区域后按 Enter 键应用裁剪，此时，裁剪框外的图像区域将被裁剪掉。

（二）校正图片倾斜角度裁剪

步骤 1：某代理商发来了一张产品图片，但是图片中的产品是斜着放置的，因此需要对图片进行裁剪，校正产品倾斜角度。

步骤 2：使用 Photoshop 打开产品图片，选择工具箱中的"裁剪工具"选项，将鼠标光标放置于裁剪框四角手柄中的任意一个控制手柄处；当光标变成不同角度的旋转图标 时，拖动鼠标校正产品的倾斜角度，以自动生成的网格参考线作为参照，确定选区后在裁剪框中双击完成裁剪。

（三）固定尺寸裁剪

步骤 1：对于从素材网站上拷贝过来的产品图片，如果放置时需要以固定尺寸导入，可以对图片进行固定尺寸裁剪。

步骤 2：使用 Photoshop 打开产品图片，选择工具箱中的"裁剪工具"选项，在属性栏的"设置裁剪框的长宽比"编辑框中分别输入裁剪框的宽度和高度，然后将鼠标光标移至裁剪框中并拖动，将裁剪框移动到要保留的图像区域，最后在裁剪框中双击完成裁剪。

步骤 3：如果想要切换高度和宽度的数值，可在属性栏中单击"高度和宽度互换"按钮；单击"清除"按钮可清除前面对图像裁剪数值的设定。

二、选框工具的应用

现在的数码相机像素多在 800 万以上，拍摄出来的图片尺寸相对都较大，在制作产品描述时，对于没有拍摄细节的产品，可以利用抠图将其中一些细节抠取出来，方便单独处理或应用到其他图像中，达到细节展示的效果。

抠图就是将图像中的一部分区域单独制作成选区，需要运用各种选框工具。例如，比较常用的就是"矩形选框工具"和"椭圆选框工具"，使用这两种选框工具可选取产品图片中接近矩形或圆形的区域。

步骤1：网店拍摄了一张模特手提小包逛街的图片，在详情描述中，需要将一张椭圆形的小包图片置入产品照片墙中，因此需要利用椭圆选框工具将产品从照片上抠取下来。

步骤2：使用 Photoshop 打开产品图片，在工具箱中的"矩形选框工具"上方右击，在弹出的快捷菜单中选择"椭圆选框工具"，然后在图片中需要选取的小包上按住鼠标左键拖动，绘制一个椭圆选区将小包选中，如图 6-36 所示。

步骤3：选择菜单栏中的"编辑"→"拷贝"选项，或按 Ctrl+C 组合键复制选区中的图像。

步骤4：选择菜单栏中的"文件"→"新建"选项，新建一个标题名为"小包"，宽度为 168 像素，高度为 199 像素的透明背景图像。具体设置数据如图 6-37 所示。图像新建完成后，在新建图像当中选择菜单栏中的"编辑"→"粘贴"选项，或按 Ctrl+V 组合键粘贴复制的图像。最后将图片保存为"png"格式。

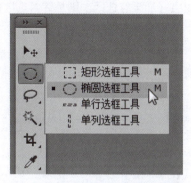

图 6-36 选择图像中的椭圆选区

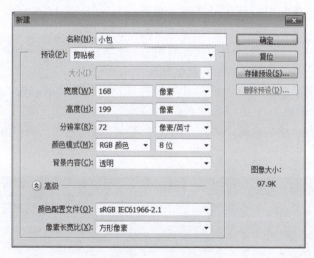

图 6-37 新建图像

三、魔棒工具的应用

魔棒工具可以用来选取图像中的某一点，并将与该点颜色相同或相近的图像区域自动创建为选区，适合对单色背景或背景与产品颜色反差大的照片抠图。

步骤1：选择工具箱中的"魔棒工具"，在属性栏中设置相关参数。其中，"容差"数值越大，选择的色彩范围越大，数值越小，选择的色彩越精确；"消除锯齿"选项用于清除选区边缘的锯齿；"连续"选项用于选择独立的色彩范围；"对所有图层选项取样"选项用于将所有可见图层中在容许范围内的颜色加入选区。

步骤2：使用Photoshop打开产品图片，在图片的背景上单击，与单击处颜色相近的区域自动生成选区。由于此时选择的是背景，没有选中产品，因此，选择"选择"→"反向"选项或按Shift+Ctrl+I组合键反选选区，将产品选中，然后将选区内的产品复制到其他图像中。

四、色阶命令与曲线命令的应用

Photoshop提供了许多色彩和色调调整命令，利用这些命令可以轻松改变产品图片的色调与色彩，使照片更富有活力和质感。需要注意的是，大多数图像色彩和色调调整命令都是针对当前图层（如果有选区，则是针对选区内的图像）进行的。

（一）色阶命令的应用

步骤1：产品信息采编团队在拍摄一组四件套时，由于室内光线不好，图片色彩偏暗，因此需要使用色阶命令将图片的亮度调高。

步骤2：使用Photoshop打开产品图片，选择"图像"→"调整"→"色阶"选项或按Ctrl+L组合键，弹出"色阶"对话框，其中央直方图的横坐标数值为0~255，表示亮度值；纵坐标为图像的像素数值。横坐标有三个滑块，从左到右分别控制图像选定区域的黑色、灰度及白色，可通过移动滑块或输入数值来调整图像，通过选择"预览"选项观看调整效果，如图6-38所示。

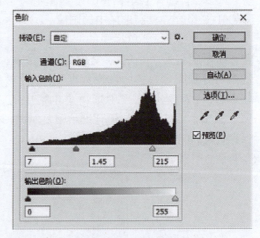

图6-38 色阶调整

步骤3：利用"色阶"对话框还可分别对图像的"红"（R）、"绿"（G）、"蓝"（B）通道进行调整。只需在"通道"右侧的下拉列表中选择要调整的通道，然后移动直方图下方的滑块进行调整即可。

步骤4：除了利用"色阶"对话框调整图像的色调外，也可单击"调整"面板中的"色阶"按钮，创建一个调整图层，然后利用"属性"面板来调整图像的色阶，调整方法相同，如图6-39所示。

图6-39 利用调整图层调整色阶

（二）曲线命令的应用

步骤1：产品信息采编团队拍摄了一组眼镜产品的图片，产品放在黑色桌布上。色调太深，因此需要使用曲线命令将图片的色调提亮。

步骤2：使用Photoshop打开产品图片，选择"图像"→"调整"→"曲线"选项或按Ctrl+

M 组合键，弹出"曲线" 对话框。也可以单击"调整"面板中的"曲线"按钮，弹出"属性"面板。将鼠标光标移动至曲线上，在光标显示 时，单击并拖动鼠标，向上拖动可提亮画面效果，向下拖动可加深画面效果，也可以直接输入数值调整，如图6-40所示。

五、修复工具的应用

（一）污点修复画笔工具的应用

利用"污点修复画笔工具"可以快速移去图片中的污点。它可以自动从所修复区域的周围取样，使修复处与周围环境自然融合，只需在污点处单击即可修复图片。

步骤1：使用Photoshop打开产品图片，选择工具箱中的"污点修复画笔工具" 选项或按J键，单击属性栏中的"画笔预设选取器"按钮，从弹出的画笔选取器中设置笔刷大小，如图6-41所示。

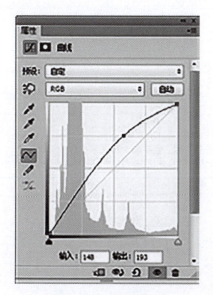
图6-40 曲线调整

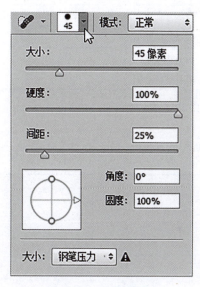
图6-41 画笔选取器

步骤2：在图像中需要修复的位置单击即可去除该处的杂质。

（二）仿制图章工具的应用

步骤1：使用Photoshop打开产品图片，选择工具箱中的"仿制图章工具" 选项，单击属性栏中的"画笔预设选取器"按钮，设置合适的笔刷大小。

步骤2：在图像中按住Alt键，此时光标变为 ，在要修复的杂质周围单击取样，在需要修复的位置单击修复。仿制图章工具不但可以用来修复图片，还可以用来复制图像。

项目评价

学习评价见表6-6。

表6-6 学习评价

	评价指标	评价得分	未掌握情况记录
知识	在速卖通平台上产品发布的基本常识		
	了解速卖通平台上与产品发布相关的违规及处罚规则		
	了解速卖通平台产品发布的流程		
	掌握速卖通平台优化产品的技巧		
	掌握速卖通平台跨境店铺的优化技巧		
技能	能够在速卖通平台上正确发布产品		
	能够对在速卖通平台上发布的产品进行优化		
素养	具备规则意识		
	具备法律意识		
	具备诚信意识		
总分			
自评人：		教师：	

注：评价得分区间为0~10分，0分为完全未掌握，10分为完全掌握，数字越大代表掌握程度越深，评价者依据自身实际情况进行评分。未满10分的评价指标在最右一列陈述未掌握的具体情况，并据此向老师或同学提问

项目七

拓展市场——学会跨境电商营销

知识目标

1. 了解跨境电商营销的概念。
2. 了解数据对于营销的作用。
3. 掌握站内营销的方法。
4. 掌握站外营销的方法。

能力目标

1. 能理解营销在跨境电商中的作用。
2. 会使用站内营销方式进行营销活动。
3. 会使用站外营销方式进行营销活动。
4. 会运用数据化思维分析营销效果。

素养目标

1. 认识数据的客观性,不随意篡改数据。
2. 具有保密意识,不随意泄露数据。
3. 具有法治观念和职业道德,拒绝虚假营销。

知识导图

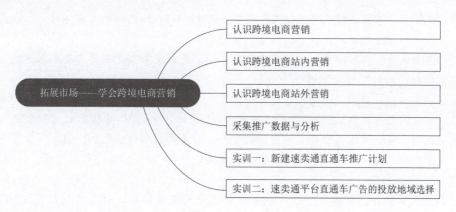

前言

对于出口跨境电商来说,在发布产品并做好相关准备工作以后,怎样才能让更多的海外买家看到自己的产品呢?这就涉及如何进行推广和营销的问题了。

由于国外买家在网上搜索产品的习惯与国内买家不同,进行跨境电商营销推广不像国内电商推广那样倚重交易平台站内引流,因此,卖家在进行站内引流的同时,还需要熟悉各国买家习惯使用的主流搜索引擎、社交媒体平台等不同引流渠道,并掌握对应的营销推广技巧。

运营故事

实习生小李的营销工作经历

小李是一名大学毕业生,实习选择了杭州的一家跨境电商企业,从事速卖通店铺营销工作。以下是她对日常工作内容的表述。

本次实习是在学习了两年多跨境电商专业后进行的一次全面实践,其目的在于加深对跨境电商基础理论和基本知识的理解,将课堂知识与现实工作结合,达到理论与实践相结合的目的。通过专业实习,小李能在深入了解跨境电商的基础上,掌握跨境电商专业实践技能及操作流程。

在实习过程中,小李的一个重要工作是提高店铺的粉丝关注度。现在海外已经出现一些第三方直播公司,他们除了做直播还会做社交媒体推广,那么卖家可以通过提供样品让其直播推广。也可以在YouTube、Tiktok、Instagram平台上进行视频营销,找一些"网红"帮忙带货。"网红"和粉丝的黏性高,转化率不低,如果视频内容好,粉丝量也会一直上涨。在选择"网红"时可尽量选择既有站内粉丝又有站外粉丝的,因为这样的"网红"可以在将视频发到站内的同时发到站外,帮助卖家获得更多受众。现在越来越多的买家会通过店铺的粉丝量来权衡该店铺是否值得信任和购买。事实上,品牌性在未来的速卖通店铺分层里会占据非常重要的部分,尤其是在金牌与银牌的界限上,粉丝的数量决定了很多东西。因此,已经有很多品牌卖家通过营销方式让更多的买家关注自己,从而形成粉丝关系。速卖通平台上有一个粉丝营销功能,当卖家定期上新设置粉丝专享价时,平台会自动当成一个帖子并将其发布在Feed频道里。粉丝在打开速卖通Feed频道时,可以看到店铺上新频率或粉丝专享价的优惠,卖家可尝试建群,定时告诉粉丝店铺上新情况及优惠活动,还有图文帖、上新帖等,保持店铺内部粉丝的黏性。

另外,每天都要关注平台活动。小李管理的店铺未开直通车,平台活动是店铺主要的流量来源。我们店铺只要符合条件可以报名的都报上,目的是提高店铺流量。上一次"328"平台大促,其他卖家都报名了,但我的店铺因为春节期间没有备好货,导致产品缺货,订单堆积,影响了店铺上网率。报名时,由于店铺上网率没有达标,没有报上,这导致大促那几天店铺销售量整体下滑,由此可见平台的活动是多么重要。还有一些Flash Deals这样的日常活动,小李他们每天都要关注。只有参与这些活动,整个店铺才能转起来。

要想尽各种渠道、各种方法,去推广自己的店铺。站外流量也是店铺主要的渠道之一,可以借助联盟营销与"网红"营销来进行。

联盟营销方面,最主要是确定各计划的佣金比例及具体哪些产品放在哪些计划下。首先,他们要知道,买家的佣金比例>主推产品的佣金比例>类目的佣金比例>店铺默认的佣金比例。对于默认的佣金比例,他们填写平台要求的最低数即可;对于类目的佣金比例,填写平台要求的最低数即可;对于主推产品的佣金比例,按类目的佣金比例与其0.5倍之和来进行,一般建议为5%~10%。

在"网红"营销时,筛选"网红"与商谈合作是最重要的事。对于"网红",他们要从粉丝数量、粉丝活跃度、粉丝互动、以往广告对象及账户本身的定位来分析,以便更好地筛选。

此外,也需要每天去关注店铺的数据和了解竞争对手,形成表格记录,然后分析、对比,一旦出现异常就要及时去优化改正。

通过三个月的实习,交由我营销的新店铺成为银牌店铺,后来进入所属行业类目前三十名并一直保持。通过实习,我对跨境电商营销有了一定的了解,今后要学习更多相关的理论知识,以提高自己的专业水平,为正式工作做好准备。

项目七 拓展市场——学会跨境电商营销

案例思考：

从小李同学的实习经历中，你对跨境电商营销岗位的工作内容有了哪些了解？

知识准备

任务一 认识跨境电商营销

一、跨境电商营销的概念

跨境电商营销是借助互联网完成一系列营销环节、达到营销目标的过程。跨境电商营销是以现代营销理论为基础，借助网络通信和数字媒体技术实现营销目标的商务活动，以符合社会信息化的发展趋势。

在跨境电商中，营销方式主要分为站内营销和站外营销两大类，站内营销主要的方式有店铺自主营销活动、平台营销活动和付费营销活动；站外营销主要的方式有搜索引擎营销、电子邮件营销和社交媒体营销。营销方式的选取需要依据店铺情况进行，无论选取哪种营销方式，都需要通过数据来总结营销效果，通过数据分析来发现问题，据此确定和调整营销策略。跨境电商营销方式如图7-1所示。

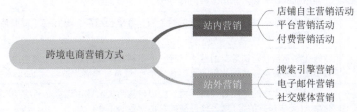

图7-1 跨境电商营销方式

二、跨境电商营销的作用

营销方式的选择和应用关系到店铺持续健康地发展，以及整个跨境电商的服务体系和营销环境的构建，因此，对跨境电商来说，营销很重要。营销的状况与跨境电商企业的生存息息相关，营销不能局限于了解买家需求，更要创造需求，挖掘市场潜在的消费需求，从而引导买家。

三、跨境电商营销发展趋势

随着大数据时代的到来，数字化经济对跨境电商发展起到了极大的助推作用，而营销作为跨境电商的业务流程之一，也深受数字化变革的影响，大数据营销成为趋势，数据的应用可以带来新的产值增长动力。在互联网领域，阿里巴巴每年会举行中国互联网数据大会，主题是大数据在企业运行中的应用，这也说明了数据对跨境电商发展的作用。大数据营销能够建立线上线下联动的数据库，针对买家进行数据分析。比如，可以从买家产品页面浏览的数据分析其消费偏好，进而推送符合其消费偏好的产品，提升转化率；还可以收集买家在网站的访问次数和停留时长数据，分析买家的忠诚度，从而制定更有针对性的促销策略。总之，对客观数据的搜集、整理和分析，可以使营销策略更为精准，能够节约成本、提高转化率。

小知识：通过上面知识的学习了解到，大数据营销是跨境电商营销的趋势。在现实生活中会听到有卖家违法获取买家信息的新闻。作为跨境电商卖家，在获取和处理买家信息时，应当遵守哪些法律规定和道德准则呢？

四、营销效果分析常用指标

设置完营销活动后，可以通过一些指标进行营销前后的数据对比，从指标的结果衡量营销的效果，从而得出结论，进而调整营销策略。用于衡量营销的指标主要有流量相关指标、成交相关指标、访客行为相关指标等。表 7-1 列举了在营销效果分析中与流量和成交相关的常用数据指标。

表 7-1 营销效果分析常用数据指标

类别	指标	指标释义
流量相关	访客数（UV）	访客数指的是在统计周期内访问网站的独立客户数
	浏览量（PV）	浏览量指在统计周期内，客户浏览网站页面的次数。客户每访问一次网页即增加一次访问量，多次打开或刷新同一个页面，该指标均会累加
	停留时间	停留时间指的是客户在同一访问周期内访问网站的时长。在实际应用中，通常取平均停留时间
	跳失率	跳失率指的是在统计周期内，访客入站后只浏览了一个页面就离开的次数占入站次数的比例，可分为首页跳失率、关键页面跳失率、具体产品页面跳失率等
	新访客数占比	新增加的访客数占总访客数的百分比
成交相关	客单价	客单价反映店铺每一个客户下单的金额，客单价越高，越有利于提高店铺业绩，客单价＝成交金额÷成交客户数
	下单转化率	转化率是衡量营销效果的核心指标。下单转化率指的是在统计周期内，确认订单的客户数占该产品所有访客数的比例。下单转化率＝（确认订单客户数÷该产品的总访问数）×100%
	支付转化率	支付转化率指的是在统计周期内，完成付款的买家数占该产品所有访客数的比例。支付转化率＝（完成付款的客户数÷该产品的总访问数）×100%
	下单—支付转化率	下单—支付转化率指的是完成付款的客户数占确认订单客户数的比例。下单—支付转化率＝（完成付款的客户数÷确认订单客户数）×100%
	注册转化率	注册转化率指的是在统计周期内，新增注册客户数占所有新访客数的比例。注册转化率＝（新增注册客户数÷新访客总数）×100%

跨境电商营销人员可以通过以上指标对营销数据进行总结和分析，从而发现问题和制定新的营销策略。

举例：下面通过一个例子来解释卖家进行营销活动数据分析的过程。

某卖家在速卖通平台开设的店铺，店铺信誉和业绩良好，积累了大量的老客户。他在店铺后台"店铺概况——店铺核心指标分析"中下载需要的数据，如下单买家数、支付买家数、支付金额和退款金额数据等。

下载好数据后将这些数据集中到一个工作表中，然后通过下单金额＝支付金额+退款金额来计算各个日期的下单金额，得到表 7-2 中的数据。

表 7-2 示例数据

日期	下单买家数	支付买家数	下单—支付转化率/%	支付金额/元	退款金额/元	下单金额/元
2024 年 2 月 1 日	120	112	93.33	28 900.00	6 981.00	35 881.00
2024 年 2 月 2 日	130	123	94.62	28 976.00	5 678.00	34 654.00
2024 年 2 月 3 日	123	115	93.50	29 052.00	4 375.00	33 427.00

续表

日期	下单买家数	支付买家数	下单—支付转化率/%	支付金额/元	退款金额/元	下单金额/元
2024年2月4日	154	147	95.45	29 128.00	3 072.00	32 200.00
2024年2月5日	123	115	93.50	29 204.00	1 769.00	30 973.00
2024年2月6日	176	169	96.02	29 280.00	4 565.00	33 845.00
2024年2月7日	187	179	95.72	29 356.00	5 676.00	35 032.00
2024年2月8日	145	138	95.17	29 432.00	4 565.00	33 997.00
2024年2月9日	171	163	95.32	29 508.00	3 639.32	33 147.32
2024年2月10日	175	168	96.01	29 584.00	3 429.14	33 013.14
2024年2月11日	180	172	95.56	29 660.00	3 218.96	32 878.96
2024年2月12日	185	178	96.21	29 736.00	3 008.79	32 744.79
2024年2月13日	189	181	95.77	29 812.00	2 798.61	32 610.60
2024年2月14日	194	187	96.39	29 888.00	2 588.43	32 476.47
2024年2月15日	198	190	95.97	29 964.00	6 545.00	36 509.00
2024年2月16日	203	196	96.55	30 040.00	4 565.00	34 605.00
2024年2月17日	208	200	96.15	30 116.00	4 534.00	34 650.00
2024年2月18日	212	205	96.70	30 192.00	6 765.00	36 957.00
2024年2月19日	217	209	96.31	30 268.00	5 759.50	36 027.50
2024年2月20日	221	214	96.84	30 344.00	5 822.40	36 166.40
2024年2月21日	226	218	96.46	30 420.00	5 885.30	36 305.30
2024年2月22日	231	224	96.96	30 496.00	5 948.20	36 444.20
2024年2月23日	235	227	96.60	30 572.00	6 011.10	36 583.10
2024年2月24日	240	233	97.08	30 648.00	6 074.00	36 722.00
2024年2月25日	244	236	96.73	30 724.00	6 136.90	36 860.90
2024年2月26日	249	242	97.19	30 800.00	6 199.80	36 999.80
2024年2月27日	254	246	96.85	30 876.00	6 262.70	37 138.70
2024年2月28日	258	251	97.29	30 952.00	6 325.60	37 277.60
总计	5 448	5 238	96.15	837 928.00	138 198.75	976 126.75

从表7-2中的数据可以看出，下单买家数多于支付买家数，也就是有部分买家下单了，但最终没有付款，产生退款的情况，2024年2月的下单—支付转化率为96.15%。为了让支付金额—退款金额的数据比例关系看起来更加直观，卖家根据合计值制作了饼图，如图7-2所示。从图7-2中可以看出，下单后没有支付的金额（也就是退款金额）占所有下单金额的14%，使卖家的店铺在2月份减少了13万元的营业额。后续卖家需要针对这部分退款的买家进行调研得出买家退款的原因，进而改善店铺的退款率。

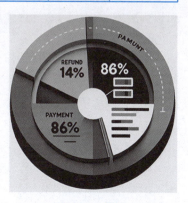

图7-2 饼图

素养小课堂

诚实与信任是商业合作的根本，它对于供应链的流畅运转和效率提升至关重要。只有当供应链中的每个环节都致力于诚信经营，并在各自的专业领域追求卓越，整个链条才能健康发展，从而在市场中取得共赢。

同样，企业的长期成功依赖于对产品质量的持续承诺，这就要求企业拥有工匠精神，注重长远发展而非仅仅追求短期利益。

任务二　认识跨境电商站内营销

站内营销是所有跨境电商平台卖家都会用到的营销方式。站内营销方式主要有店铺自主营销活动、平台营销活动和付费推广活动。

店铺自主营销活动是店铺独立设置的营销活动，是吸引流量、提高客单价、促进转化的重要方法。平台营销活动是平台根据买家的购物需求、近期的流行趋势及平台发展方向指定的一系列推广活动。付费推广活动是平台为卖家提供的可选的收费推广服务，如速卖通的直通车和联盟营销等。

下面将依据不同平台对三种站内营销方式进行介绍。

一、店铺自主营销活动

（一）速卖通

速卖通店铺自主营销活动主要有限时限量折扣、全店铺满立减、店铺优惠券、全店铺打折。

1. 限时限量折扣

限时限量折扣是由卖家自主选择活动产品和活动时间，设置促销折扣及库存量的店铺营销工具。卖家可以利用不同的折扣力度推新品、造爆品、清库存。

2. 全店铺满立减

全店铺满立减是由卖家在自身客单价基础上设置自动减价的促销规则，多买多减，可刺激买家多买，提升客单价。

3. 店铺优惠券

店铺优惠券是由卖家自主设置优惠金额和使用条件，买家领取后在有效期内使用优惠券，可以刺激新老买家下单，提升购买率及客单价。店铺同一时间段可设置多个店铺优惠券活动。

4. 全店铺打折

全店铺打折是一款可根据产品分组对全店产品批量设置不同折扣的打折工具，可帮助店铺短时间内快速提升流量和销量。

（二）阿里巴巴国际站

阿里巴巴国际站的店铺自主营销方式主要有优惠券设置和无线端实时营销两种。

1. 优惠券设置

阿里巴巴国际站卖家可以通过设置优惠券的领取时间和使用时间，为店铺引流蓄势，促进买家消费，提高订单转化率。

阿里巴巴国际站优惠券面值固定，且不能重复。优惠券最多可设置8种不同面值，分别为5~1 000美元不等，而且每种面值的优惠券总金额不能超过5万美元。卖家可以自定义优惠券使用门槛，但不能低于系统提示的最低要求。

在阿里巴巴国际站，卖家设置的优惠券活动不能与平台的营销活动时间重合，因此，卖家在设定优惠券活动时，须关注平台的营销活动时间，避免因设置了优惠券而无法参加平台营销活动。

2. 无线端实时营销

无线端实时营销是一种卖家主动向买家进行营销推广的方式，主要通过"千牛消息"进行。需要注意的是，不是所有卖家都可以进行实时营销，需同时满足以下两个条件：第一，30 天内及时回复率大于或等于 50%；第二，平均回复时间小于 72 小时。

（三）亚马逊

亚马逊平台的店铺自主营销方式主要有亚马逊优惠券以及镇店之宝、Z 券、Z 实惠、Z 秒杀促销活动等。

1. 亚马逊优惠券

在亚马逊平台中，卖家可以提供固定价值或百分比折扣的优惠券，也可以针对特定的买家群体提供优惠券。优惠券设置完成后，会在网站的多个地方进行展示，主要展示在产品详细信息页面和搜索结果中，还有交易页面和特定的亚马逊 Vouchers 登录页面上。

2. 镇店之宝促销活动

镇店之宝是一个或一些相关度较高的产品，仅在"镇店之宝日"享受一定折扣力度的促销活动。

3. Z 券促销活动

Z 券是一种亚马逊产品促销返券，它的获得和使用都有最低消费额的要求。当订单中所购产品满足 Z 券使用条件时，可以使用一张 Z 券，订单付款按 Z 券面额减免支付。

例如，买家参加亚马逊自营服装满返 Z 券产品促销活动时，当订单中相关产品成功配送后，即可在促销活动中说明的时间内获得 Z 券。获得返券后，在返券有效期内，买家可以在下单结算时使用此 Z 券。

4. Z 实惠促销活动

Z 实惠是亚马逊在 2012 年推出的服务，主要针对亚马逊自营的、无质量问题的非全新品，此类产品的包装或外观可能有污损，但无质量问题，不影响正常使用，买家在购买时可以享受 Z 实惠折扣价。

Z 实惠的所有产品都由亚马逊专业团队进行严格的测试并分级。该类产品在产品详情页中，会以"亚马逊 Z 实惠"的形式出现，并附产品的详细说明。

5. Z 秒杀促销活动

Z 秒杀促销活动是亚马逊平台在促销专区推出的限时限量的超低价抢购活动。卖家可以登录亚马逊网站，在搜索栏上端单击"Z 秒杀"进入活动分区，查看和秒杀促销产品，每位买家限购一次。

二、平台营销活动

（一）速卖通

速卖通会在 MyAliExpress 的"营销中心"板块对平台活动进行展示和招商。卖家可以依据自身条件选择合适的活动进行报名，一旦入选，报名时申报的产品就会出现在活动的推广页面，以此获得更多流量。速卖通的平台活动主要有 Super Deals、俄罗斯团购活动、平台大促等。

1. Super Deals

参与 Super Deals 活动的产品可以在首页获得曝光的机会，Super Deals 活动包括 Daily Deals、Week-end Deals 和 GaGa Deals 三种。

Daily Deals 是 Super Deals 最具代表性的活动，旨在打造速卖通平台独一无二的"天天特价"频道，是速卖通推出的推广品牌。它占据着速卖通平台的首页推广位，免费推广"高质量标准，超低出售价格"的产品。目前活动主要针对有销量、高折扣的促销产品进行招商。

Weekend Deals 要求价格折扣为 99%OFF~35%OFF，店铺等级要求三星~五冠，90 天好评率不低于 92.0%，30 天销售数量不低于 1 次，免邮，发货期不超过 15 天。需要注意的是，每个买家每次只能报名一个产品，所以尽量申请打折后价格具有竞争优势且符合活动要求的产品。

GaGa Deals 活动是速卖通平台的限时秒杀活动。作为每次大促的引流噱头，GaGa Deals 页面几乎是所有外部新流量的着陆点，它的特点是限时、限量、秒杀。

2. 俄罗斯团购活动

俄罗斯团购活动是速卖通国家团购项目中最具代表性的活动，也是目前整个速卖通平台流量最大的常规性活动。俄罗斯团购活动定位为最大流量、最快出货和卖家体验最优的营销渠道。

俄罗斯团购活动可以分为爆品团、秒购团和精品团三种，根据不同的活动定位有不同的招商要求。

其中，爆品团招商要求店铺好评率不低于 93%，卖家服务评级系统（DSR）如实描绘达到 4.6 分，其他达到 4.5 分；产品在俄语系国家近 30 天销量 20 个，得分 4.6 分以上；折扣在 90 天最低价的基础上实现 10%OFF，手机平板类目实现 5%OFF；物流 7 天内发货，俄罗斯、白俄罗斯、乌克兰三国包邮。

由此可以看出，跨境电商平台对店铺设有参与门槛，店铺信用等经营状况会影响其可持续发展。

3. 平台大促

目前速卖通平台大促主要有三种活动：年初的"325"购物节、年中的"819"金秋盛宴、年底的"双十一"大促。从大促的力度来看，"双十一"是促销力度最大，也是流量最大的活动。

大促期间，速卖通平台会花费大量资源引进流量，活动效果很好，参与大促的产品或店铺排名能得到快速提升，因此历年的平台大促竞争都异常激烈。

平台大促主要包含秒杀活动、主会场五折活动、分会场活动、主题馆活动、优质店铺推广活动、全店铺折扣活动等。各活动参与门槛有差异，如主会场五折活动，活动选取标准主要是产品的综合排名，卖家在活动前进行优化，是可以达到标准的。

（二）阿里巴巴国际站

阿里巴巴国际站全年中最重要的两个平台活动是 3 月的"新贸节"和 9 月的"采购节"，也是卖家参与数最多的活动。

阿里巴巴国际站"新贸节"活动一般在每年的 1 月招商，活动设置 3 个会场：行业垂直会场、横向会场和特色会场。其中，行业垂直会场要求卖家等级为二星及以上，或者等级为一星的金品诚企卖家。行业垂直会场和横向会场可重复报名。

9 月是国外买家的采购高峰期，阿里巴巴国际站"采购节"主要分为主会直播会场、短视频会场和行业会场。2020 年的采购节，开场 3 小时，在线下单的海外买家数突破 1 万人，首周采购订单量排名前三的市场为美国、英国和澳大利亚。

(三) 亚马逊

为平台卖家吸引买家，亚马逊会举办多场促销活动，来帮助平台卖家增加产品曝光次数，从而提高销量。卖家可以根据活动特质，推出相应的产品、折扣来吸引买家。在促销活动中，"黑色星期五""网络星期一"这两个活动在亚马逊平台占据重要地位。

1. 黑色星期五

黑色星期五（black Friday）简称黑五。西方感恩节是每年11月的最后一个星期四，感恩节的第二天就是黑色星期五，这一天整个美国几乎所有的商场都疯狂大减价。黑色星期五活动是邀请制的，只有收到邀请的店铺才可以报名，报名完毕后也不一定能成功参加秒杀。参与亚马逊黑色星期五需要具备一些条件，比如，产品价格要求为过去30天内最低价的20%，且达到全年最低价格；秒杀价格不能低于10美元/英镑/欧元；产品评价不低于三星；产品必须是新品，不能是二手的；必须使用FBA发货等。

2. 网络星期一

网络星期一指的是黑色星期五之后的第一个星期一，是美国一年当中最火爆的购物日之一。每年从感恩节到网络星期一，美国电商界的竞争异常激烈。网络星期一活动也是邀请制的，只有收到邀请的店铺才可以报名参加。

三、付费推广活动

（一）速卖通

速卖通直通车是速卖通平台重要的付费推广活动。

速卖通直通车是一种按效果付费的广告，它的付费方式是按点击付费（cost per click，CPC）。采用这种付费方式时只有买家对该产品产生兴趣并点击进一步了解详情，系统才会对这次点击进行扣费。直通车通过竞价排名，也就是通过卖家竞争出价的方式，让其产品可以展示在搜索结果页面靠前的位置，从而直接影响产品的点击率，提高产品曝光率和流量。但最终实现转化，则需要卖家配合使用其他营销方式，让店铺进入良性循环状态，进而得到长远、持续的收益。

速卖通直通车推广计划分为快捷推广计划和重点推广计划。重点推广计划适用于重点产品，卖家最多可以建10个重点计划，每个重点计划最多包含100个单元。每个单元最多容纳1个产品、200个词。建议优先选择市场热销或自身有销量、价格有优势的产品进行推广。快捷推广适用于普通产品，卖家最多可以建30个快捷推广计划，每个计划最多容纳100个产品、20 000个关键词。

速卖通有一项站外引流的营销方式——联盟营销，其对店铺流量贡献、促成交易起着非常重要的作用。需要注意的是，速卖通联盟营销和直通车有着以下两点区别。

（1）流量来源不同：直通车帮助卖家在速卖通网站内获得更多的曝光率，而联盟营销帮助卖家获取更多的速卖通网站外的流量。

（2）付费模式不同：直通车按每次点击进行付费，联盟营销是按每笔成交进行付费。

（二）阿里巴巴国际站

外贸直通车是阿里巴巴国际站平台重要的付费推广活动。

外贸直通车是一种按照效果付费的精准网络营销服务，通过优先推荐的方式将产品展示在买家搜索的各种必经通道上，并按点击付费。外贸直通车的本质是帮助卖家通过海量免费曝光，获得更多的买家点击，第一时间赢得买家询盘及订单机会。

外贸直通车有两种推广方式，一种是关键词推广，一种是省心宝推广。关键词推广的流程是首先进行推广产品设置，然后进行选词，再出价，最后设置消耗上限；省心宝推广的流程是设置消耗上限，选择开始推广。

开通外贸直通车的卖家将拥有一个成长等级以及对应的成长等级评分。成长等级由成长评分决定，成长评分越高，成长等级越高，享受的会员权益也越大。开通外贸直通车后，卖家有专属的外贸直通车频道，可以获得直通车文字版和视频版的指导和帮助。

（三）亚马逊

亚马逊广告产品可以帮助平台卖家拉动销售，推出新产品，清理库存和提高知名度。广告产品包括产品推广、品牌推广、展示广告等。产品推广指的是利用关键词匹配买家搜索并精准定向展示产品；品牌推广指的是在搜索结果中个性化展示卖家品牌 Logo 及产品；展示广告指的是通过触达、影响、与买家互动实现长期销售增长。其中，产品推广和品牌推广是自助式，按点击量收费。

亚马逊广告可能出现的位置有搜索页面（可能会出现在搜索结果页面的上侧、下侧或者右侧）和产品详情页中部。广告产品标题上方会有 Sponsored 字样。

一般评价付费广告的指标有如下几个。

（1）广告曝光次数（impression）：就是该 AdGroup（广告组群）中的产品有多少次显示给买家。

（2）买家点击次数（click）。

（3）点击率（click through rate, CTR）：计算方式为买家点击次数除以广告曝光次数。如果点击率太低，则要从产品图片、标题、价格等方面进行改善。

任务三　认识跨境电商站外营销

在跨境电商营销中，站外推广是重要的营销方式，是获取新客户、维护老客户的有效途径，常用的站外推广方式有搜索引擎营销（search engine marketing, SEM）、社交媒体营销（social networking services, SNS）、电子邮件营销（E-mail direct marketing, EDM）等。下面将对这些站外推广方式进行介绍。

一、认识最主流的营销方式——搜索引擎营销

搜索引擎营销

据国外有关机构对该国 18 000 个中小电商网站进行数据分析发现，35.5%的访客来源于 Google（谷歌）、Yahoo（雅虎）、Bing（必应）和其他搜索引擎中的自然搜索。因此，对于任何规模的跨境电商来说，利用搜索引擎营销进行网络推广都是最主流的选择。

搜索引擎营销，简单来说，就是基于搜索引擎平台的网络营销。它利用买家对搜索引擎工具的依赖和使用习惯，在买家检索信息时将营销信息传递给目标买家，其基本思想是让买家发现营销信息，并通过点击进入目标网页，进一步了解所需要的产品信息。SEM 可以帮助跨境卖家以最小的投入获得来自搜索引擎的访问量，最终产生商业价值。

（一）搜索引擎营销的方式

1. 竞价排名

竞价排名就是指通过竞争出价的方式，使卖家的网站获得搜索结果页上的有利排名位置。

具体做法是广告主可以购买一些与网站或产品相关的关键词，按照付费更高者排名靠前的

原则,购买了同一关键词的网站按不同的顺序进行排名(Google 的排名规则更为复杂),这些网站会在买家搜索该关键词时与自然检索结果一起出现(广告链接靠前显示)。

目前,美国的 Google、Yahoo、Bing 及韩国最大的搜索引擎提供商 Naver 等,都会提供竞价排名服务。值得卖家注意的是,即使做了竞价排名,也还应该对自己的网站或产品链接进行搜索引擎优化。

2. 购买关键词广告

关键词广告简单来说就是当买家在搜索引擎上检索某一关键词时,在检索结果页面会出现与该关键词相关的广告内容,其内容主要包含广告标题、产品图片、价格、网址等要素,一般在搜索结果页面中与自然搜索结果分开显示(通常处于页面右侧)。与竞价排名一样,购买关键词广告也是采取按点击收费的计价模式,如图 7-3 所示。

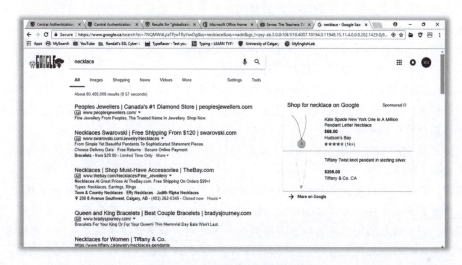

图 7-3 竞价排名与关键词广告

3. 搜索引擎优化

搜索引擎优化(search engine optimization,SEO)是一种利用搜索引擎的搜索规则来提高网站在有关搜索引擎内的自然排名的方法。

SEO 适用于独立建站的跨境电商卖家使用,其目的是为网站提供生态式的自我营销解决方案,通过搜索引擎获得更多的免费网站流量。为此,卖家需要在网站结构、内容建设方案、买家互动传播、网站页面等几个方面进行合理规划,使网站更容易被搜索引擎"亲近",逐步提高网站在相关关键词搜索结果页中的自然排名。

(二)搜索引擎营销的技巧

在跨境电商行业中,搜索引擎网站,尤其是 Google,是跨境电商引入流量最重要的渠道。下面就以 Google 为例,介绍几个做好搜索引擎营销的技巧。

1. 做好 Google 关键词广告的技巧

(1)锁定潜在买家群体。

在购买关键词广告之前,首先要对产品的竞争力、市场热度、买家群体进行分析,然后选择市场前景较好的地区,锁定潜在买家群体。

例如,Y 国人民生活水平逐步上升,对更换手机有着巨大的需求,X 品牌的手机价位适宜,在 Y 国有着很强的竞争力,于是,X 品牌手机将 Y 国定位为目标市场。为了避免在其他国家或地区产生不必要的广告支出，可以设定自己的广告只出现在 Y 国的买家页面上。

（2）选择合理的关键词。

选择合理的关键词是关键词广告产生效果的根本。在选择关键词时，卖家应该认真确定普通关键词与核心关键词。

确定普通关键词应考虑三点因素：一要符合目标买家的搜索习惯；二要对关键词的历史搜索绩效进行评估；三要分析不同关键词在目标受众中不同购买周期的影响力，并罗列关键词的优先级。

在确定完普通关键词后，还需要从中提炼出核心关键词。核心关键词是带来高转化率流量的关键，其提炼过程需要遵循四个原则。

一是选择与主营产品或服务相关度高的关键词。

二是选择搜索量大、竞争小的词作为关键词。

三是选择高转化率的关键词作为核心关键词。

四是太宽泛、比较特殊的长尾词不宜作为核心关键词。

（3）在广告标题和广告正文中添加目标关键词。

在 Google 的检索结果中，广告中与查询匹配的关键词会被加粗突出显示。当买家浏览查询结果时，以粗体突出的查询关键词能快速吸引买家的注意力。因此，包含目标关键词的广告标题和内容更容易获得目标买家点击。

（4）在广告中添加吸引眼球的词汇。卖家可以在广告标题中添加具有号召性的词，如 free（免费）、new（新的）等。

小知识： 需要注意的是，添加能够吸引眼球的词汇时，不能违反 Google 的相关规定。例如，广告标题中含有 free 字样，那么广告直接链接的页面中必须含有相应的免费产品或服务；如果含有 new 字样，那么该产品或服务的推出年限要在半年之内。如果产品或服务未正式通过第三方的检验测评，那么广告中就不能含有 best（最好的）、cheapest（最便宜的）等主观性词汇。

（5）为广告设置关联的着陆网页。

所谓着陆网页，就是"点击广告之后买家被带入的第一个网页"。设置登录页能够让买家更快、更顺畅地接触到广告信息。

（6）对广告进行测试。

通常来说，卖家需要同时对表现相同内容的两个甚至更多的广告进行测试，通过测试比较选出点击率较高的广告，然后用其替换掉其他原有广告。随后重复这一过程，最终找到一款点击率最高的广告。

2. 做好 Google SEO 的技巧

Google 是最为重要的海外营销推广平台。跨境卖家想要依靠 SEO 使网站或产品页在 Google 上获得一个较好的自然搜索排名，就必须尽量使其"亲近"Google 的排名算法要求。下面对如何优化 Google 排名进行简单介绍。

（1）明确页面目的。

通过搜索引擎能够检索出大量的网站页面，它们的内容各不相同：有些页面是介绍服务的、有些页面是表达观点的、有些页面是普及知识的。可以看出，每个页面的内容都是在为目的服务，所以明确页面目的有助于自己合理地编辑内容。只有当页面的目的与买家的需求相吻合时，SEO 才会体现出最大的效果。

虽然很多时候搜索词一样，但买家的需求却不尽相同，然而一个页面经常只能满足一部分买家的需求。Google 的宗旨就是将满足大多数买家需求的页面放在前面。此时，卖家进行 Google

SEO 可以有以下三种选择。

一是丰富页面内容以满足更多买家的需求。

二是做好页面引导，让有其他需求的买家有地可去。

三是进一步完善现有内容，让需求已满足的买家更加满意。具体来讲，买家需求到底是否得到满足、满足到何种程度，需要参照并分析买家在网站上的行为表现和数据反馈。

（2）重视买家体验。

就目前的趋势来看，买家在网站上的行为表现对网站 Google 排名结果的影响越来越大。这就是为什么进行 Google SEO 需要反复强调"重视买家体验"。

Google 不能深入访客的内心，它评价买家体验的依据就是各种数据反馈——页面跳出率、页面停留时长、互动性等。例如，某跨境电商卖家 A 的产品页面中，放置了一段 10 min 的产品演示视频，而卖家 B 则只列举了一些文字和图片，可以预见，在页面停留时长上，卖家 A 可能"完胜"卖家 B，那么在同产品同关键词的情况下，卖家 A 的产品页面排名必然高于卖家 B。

（3）做好基础设置。

Google SEO 的基础设置包括创建独特、准确的页面标题，更好地使用描述标签等，具体可以查阅 Google 官方 SEO 优化指南。

（4）引发外链。

在 Google SEO 的领域，外链是所有人最为关注的部分。目前，想要通过发外链来提高排名越来越难了，因此，大家开始强调"引发外链"而不是"发外链"。常见的做法包括在自己的站点新发表了一篇高质量博文或上线一个有意思的功能，然后联系同行业或内容相关网站，向其表明我这篇博文（或功能），其他网站的买家可能也会喜欢（或需要），那么他也可以在网站上引用这篇博文（或功能）；或是将网站的页面、文章、图表等分享到一些公众平台上并注明出处。当有买家看到并在自己的网页引用这些资源时，它们通常都会主动给出链接。

案例链接

当你想去买一件产品的时候，你会去哪里搜索你想要购买的东西，如果这个调查在我国的话肯定有 99% 的人会说淘宝、天猫或京东等，但是在国外并非如此。国外买家接受信息的行为、路径跟我国买家是不一样的。

很多国外买家其实并没有明确的购买需求，更多的时候，他们的购买行为看上去就像一个猝不及防的行为。现在，就让我们来看看 Marcus 的购物过程。

Marcus 有一天跟朋友一起吃晚餐时，听说了一种健康饮食称为小麦草，他感到好奇就到 YouTube 去搜索小麦草，然后看到了小麦草；于是他又上 Google 搜索了小麦草的图片，发现有一个博客发布了很多关于小麦草的信息；然后他又回到了 YouTube 去搜索制作小麦草饮品的视频，在这些视频里面他突然又发现了一个榨汁机很好用；然后他再次回到 Google 去搜索这个榨汁机产品，在 Google 上搜索到他想要的产品后，立即就下单了。

从这一购物过程中我们可以看到，买家通过 Google 不断地查找信息，明确自己的需求，最后还是通过 Google 来搜索产品。因此，无论采取何种营销手段，如果无法在搜索引擎排名中占据有利位置，那么营销效果无疑要打折扣。

二、认知最具互动性的营销方式——社交媒体营销

现代营销更加注重关系导向，强调与买家的互动。社交媒体营销就是一种最具有互动性的营销方式。有效的社交媒体营销不仅能使跨境电商卖家与买家之间

社交媒体营销

形成互动，更会给跨境电商卖家在海外树立品牌和扩大知名度带来积极影响。

（一）社交媒体营销平台

社交媒体能够直接接触买家，具有极强的互动性。那么，适合跨境电商做营销的社交媒体平台有哪些呢？

1. Facebook

Facebook 在国内俗称脸书，如图 7-4 所示，是全球最大的网络社区，Facebook 拥有 20 多亿活跃用户，已然成为社交网络营销的主战场、站外引流的主渠道。目前，大多数主流跨境电商交易平台都在 Facebook 上开通了官方账户，且越来越多的跨境电商卖家开始重视 Facebook 的营销功能。

当然，也不是所有地区都流行 Facebook，在面对俄罗斯市场时，卖家就应该选择 VK（原 VKontakte，是俄罗斯最大的社交网站）而不是 Facebook。在俄罗斯乃至整个东欧，VK 是人们首选的社交网站。

2. Twitter

Twitter 在国内俗称推特，如图 7-5 所示，是一家美国社交网络及微博客服务网站。它是全球最大的微博网站，同时也是全球互联网上访问量最大的十个网站之一。它可以让卖家更新不超过 140 个字符的消息，这些消息也称推文（Tweet）。

图 7-4　Facebook

图 7-5　Twitter

在 2008 年圣诞购物期间，Dell 仅通过 Twitter 的打折活动就获得百万美元销售额。

著名垂直电商 Zappos 创始人谢家华通过其 Twitter 的个人账户与粉丝互动，有效维护了 Zappos 亲民的品牌形象。

虽然用户发布的每条"推文"被限制在 140 个字符内，但却不妨碍各大企业利用 Twitter 进行产品促销和品牌营销。以上这两个案例其实都是跨境电商的海外营销。此外，跨境电商还可以利用 Twitter 上的名人进行产品推广，比如，第一时间评论名人发布的"推文"，让千千万万名人的粉丝慢慢熟知自己，并最终成为自己的粉丝。

3. YouTube

YouTube 是全球最大的视频社交网站，如图 7-6 所示。每天都有成千上万的视频被用户上传、浏览和分享。相比于其他社交网站，YouTube 上的视频更容易带来"病毒式"的推广效果。

因此，YouTube 也是跨境电商中不可或缺的营销平台。开通一个 YouTube 频道，上传一些幽默视频吸引粉丝，通过一些有创意的视频进行产品广告的植

图 7-6　YouTube

入,或者找一些意见领袖来评论产品宣传片,都是非常不错的引流方式。

另外,YouTube 还是谷歌之后的第二大搜索引擎。据福布斯统计,2017 年 YouTube 每月的搜索量达 30 亿次,大幅超过了 Bing、Yahoo、AOL 和 Ask 等网站的搜索量总和。

4. Tumblr

Tumblr 是全球最大的轻博客网站,如图 7-7 所示。所谓轻博客,是一种介于传统博客和微博之间的全新媒体形态。在 Tumblr 上,用户可以发表文字、图片、引用、链接、聊天、音乐和视频,其服务功能和国内的新浪博客类似。

与 Twitter、微博等相比,Tumblr 更注重内容的表达;与博客相比,Tumblr 更注重社交。因此,在 Tumblr 上进行品牌营销,要特别注意"内容的表达"。例如,讲好一个品牌故事,比直接在博文中介绍公司及产品的效果要好很多。有吸引力的博文内容,很快就能借助 Tumblr 的社交属性传播开来,从而达到营销的目的。

图 7-7　Tumblr

跨境电商拥有众多的产品,如果能从这么多的产品里面提炼出一些品牌故事,或许就能够达到产品品牌化的效果。

5. Pinterest

Pinterest 是全球最大的图片分享网站,如图 7-8 所示,它采用瀑布流的形式展现图片内容,用户不用翻页,新的图片不断自动加载在页面底端,让用户不断地发现新的图片。Pinterest 堪称图片版的 Twitter,网民可以在 Pinterest 中保存感兴趣的图片,其他网友可以关注,也可以转发图片。

2014 年 9 月,Pinterest 针对卖家推出了广告业务。品牌广告主可以利用图片的方式,推广相关产品和服务,用户可以直接单击该图片进行购买。

图 7-8　Pinterest

Pinterest 通过收集用户个人信息,建立偏好数据库,以帮助广告主进行精准营销。除了建立品牌主页外,跨境电商网站还可以购买 Pinterest 的广告进行营销推广。与 Pinterest 类似的网站还有 Snapchat、Instagram 及 Flickr 等。

(二)社交媒体营销的技巧

前面介绍了几个适合做社交媒体营销的平台,那么,如何才能做好社交媒体营销呢?下面以 Facebook、Twitter、YouTube、Instagram 和 LinkedIn 为例,具体介绍一些社交媒体营销的技巧。

1. Facebook 营销的技巧

在国外做社交推广效果最好的非 Facebook 莫属,它不仅能推广独立站和第三方店铺,还能非常准确地根据买家的性别、年龄、地区、爱好等来做精准推送。正是因为它的这些优势,跨境电商卖家都非常乐于使用它来引流。下面简单介绍 Facebook 营销的技巧,以供参考。

(1)内容质量胜于数量。在 News Feed(新闻动态,Facebook 发布的信息流功能,突出图片和音乐类内容)更新中,Facebook 更注重高质量内容。

(2)牢记"二八法则"。当卖家在策划 Facebook 网页内容时,请记住"二八法则",即卖家需要确保只有 20% 的内容属于"硬推销",而剩下的 80% 是有趣、鼓舞人心、有教育意义、高价值的文章和其他非营销内容。

143

例如，兰亭集势的营销推广主要通过运营 Facebook 主页上的内容来实现有效的营销推广。此外，兰亭集势还会时不时发些正能量帖子、风景照帖子、话题互动性帖子等，让粉丝觉得是在跟一个真实的人互动，而不是一家商业化的企业。

（3）善用视频直播。视频内容对 Facebook 营销所具有的重要性不容忽视，卖家可以使用 Facebook 旗下的视频直播平台 Facebook Live 来进行视频营销。据有关数据统计，82%的品牌观众喜欢直播视频，而不是其他形式的社交媒体帖子，因此，卖家不必局限于拍摄一个"高质量视频"。事实上，有效的营销视频并不一定需要通过专业的手法进行拍摄。卖家可以用 Facebook Live 直播展示新产品、促销、为新的利基市场提建议，或展示一些品牌故事背后的"花絮"。

（4）试试@粉丝。当卖家在发布内容时，可以试着@一下自己的粉丝。@粉丝是一种和目标买家进行互动的利器，频繁互动将令卖家受益无穷。

（5）请即时回复（Instant Replies）。智能客服的成本往往令中小卖家望而却步，但是利用 Facebook 的 Instant Replies 功能则可以弥补这个不足。如今，许多买家倾向于直接通过 Facebook 与品牌商沟通，而不是电子邮件，因此立即回复买家可以极大地提升买家体验。

（6）分享推荐帖，多多益善。根据广告周刊 Adweek 的数据，当买家在决定是否要购买一款产品时，93%的人都倾向于参考用户生成的内容。因此，在 Facebook 上分享买家自己生成的推荐帖会让产品的转化率更高。

（7）利用封面图片。卖家可以利用新产品图片、促销或季节性的产品广告来定期更新封面图片。这将确保当潜在粉丝和购物者浏览卖家的 Facebook 页面时，首先看到最新的、最受欢迎的内容，引起他们的注意力。卖家可以使用一些简易的图像处理工具来修饰介绍图片。

（8）实时优化营销活动。Facebook 上的广告同样是按点击收费的，因此从成本的角度考虑，卖家必须监控营销活动的效果，并实时调整，以确保所花的每分钱都是物有所值的。

需要注意的是，在通常情况下，一个广告活动需要一两天时间才能获得足够的数据来判断其广告效果。对于那些效果差的广告，可能有以下几方面的原因：Facebook 广告的目标错误；广告展示位置不相关；登录页和 Facebook 上的广告不一致；没有正确扩大产品在 Facebook 上的广告规模。

2. Twitter 营销的技巧

Twitter 是全球访问量较大的网站之一，拥有超过 5 亿的注册用户。虽然发布的每条推文被限制在 140 个字符内，但不妨碍各个卖家利用 Twitter 进行产品促销和品牌营销。

（1）Twitter 营销的广告类型。

Twitter 提供了三种广告类型，即推荐推文、推荐账户和推荐趋势。每种广告各具优势，卖家可以根据自己的营销需求选择适合自己的广告形式。

①推荐推文，就是卖家在 Twitter 上购买普通推文，这个推文会被标上"推荐"标志，这种推文也可以转发、回复、点赞等。推荐推文的最大作用是能让购买推文的卖家接触更广泛的用户群体，或者在现有关注者中引发人们积极参与。

如果卖家想宣传推广店铺的某个活动，可以选择使用推荐推文，通过吸引访问者点击推文提升自己店铺内的流量。此外，卖家还可以在推文中为访问者提供优惠券，以提升店铺的转化率。

②推荐账户，是指将某个账户推荐给尚未关注该账户的用户。卖家使用推荐账户功能可以有效提高自己 Twitter 账户的粉丝增长率。推荐账户具有以下优势。

首先，推动访问者购买产品，挖掘潜在买家。卖家只有让更多的访问者关注自己的 Twitter 账户，才有可能向访问者宣传自己的产品，让他们更深入地了解品牌。其次，推荐账户显示在

Twitter 平台的多个位置，包括主页时间线、关注谁和搜索结果等位置。最后，当卖家在 Twitter 上发布有价值的内容时，Twitter 能够让访问者通过转发与朋友分享内容，从而扩大品牌的覆盖面，提高品牌知名度和口碑共享。因此，如果卖家希望有更多的人关注自己的品牌和产品，可以选择使用此类广告。

③推荐趋势。Twitter 上的热门话题是社交网络上较受关注的话题，有着非常高的点击率。卖家使用推荐趋势功能，可以在 Twitter 上发布一个主题标签，并让其展示在页面的左侧。这样就可以让更多的访问者看到自己设置的主题标签，进而提高产品的曝光次数。

（2）做好 Twitter 营销的技巧。

有大量的追随者，并不是意味着 Twitter 营销已经大获成功。卖家要想借助 Twitter 更加成功地推销和推广自己的品牌和店铺，最好的方式就是在 Twitter 上发布高质量的内容。卖家可以采用以下技巧。

①在 Twitter 上使用图片。图片能直观地传递出复杂、抽象的内容，而且比文字更容易给人留下深刻的印象。有时用图片体现某事物比用语言更加直观，尤其是在描述某件事物作为沟通媒介时，Twitter 一般将语言描述限制在 140 个字符内。例如，美国服装零售商 Abercrombie & Fitch 连续 7 天发布了 14 个推文，包含 16 张图片，这些图片展示了 Abercrombie & Fitch 的产品及买家渴望的生活方式，获得了很好的效果。

②在热闹时段发布推文。卖家在发布推文时要注意合理安排推文发布的时间，以提高推文的互动率。美国著名的客户关系管理服务提供商 Salesforce 曾经发表过一份关于 Twitter 营销的报告。Salesforce 研究发现，在服饰行业，大约 12% 的品牌喜欢在周末发布推文，推文的互动率比工作日高出 30%。这说明服装品牌如果合理安排推文发布时间，将更容易吸引潜在买家。因此，卖家有必要测试何时发布推文得到的关注最多，然后利用这些时间段安排 Twitter 营销。

③注重内容。卖家在推文中为访问者提供有价值的内容和有用的促销折扣信息，能够有效提升推文对访问者的吸引力。集客营销公司 HubSpot 曾发布过一份关于电商进行 Twitter 营销的建议清单，清单第一条就是"推销之前先引起兴趣"。

④定期发布优质内容。卖家要坚持定期发布优质推文，每天坚持发布 2~3 条推文，这样才能吸引买家的关注，避免被其遗忘。

⑤回应访问者的推文。Twitter 也是卖家为粉丝提供服务、与粉丝进行互动的工具。因此，当粉丝在 Twitter 上提及自己的产品或企业时，卖家要及时地做出回应。

例如，一位购买过耐克服装的买家在 Twitter 上发布了一张图片，图片上是几件耐克服装，并配文 Yes, I have a problem but at least I'm encouraging myself to go to the gym（是，我身体有问题，但至少我鼓励自己去健身房）并@了耐克的 Twitter 账户。于是，耐克的社交媒体营销人员对此也用一张图片进行了回应，并配文 We see no problem（我们看来没有问题）。

⑥减少推文中的链接数量。相关研究表明，不包含链接的推文更容易让访问者产生互动，所以并不是说发布的每一条推文中都一定要包含链接，加链接的精妙之处在于精，而不在于杂。在发布推文时，卖家要懂得合理地减少包含链接的推文数量，这样更有利于加强卖家与访问者之间的互动。

3. YouTube 营销的技巧

YouTube 是全球知名的视频网站之一，每天都有成千上万的视频被用户上传、浏览和分享。相对于其他社交网站，YouTube 的视频更容易带来"病毒式"的推广效果，所以 YouTube 也是跨境电商卖家开展营销推广不可或缺的工具之一。YouTube 的营销需要注意以下技巧。

(1) 根据买家购买状态分阶段推送视频。

YouTube 是品牌出口推广不可错过的站外引流渠道之一，YouTube 的广告活动应该针对人们在不同购买状态的不同需求来开展，而不是随意地制作视频。全球知名的管理咨询公司麦肯锡将 YouTube 买家的购买行为分为 5 个阶段，如图 7-9 所示。

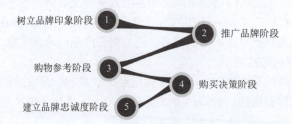

图 7-9　YouTube 买家的购买行为阶段

一旦卖家创建了某个成功的广告，了解了目标受众的特点，就可以以此为参照创建更多具有战略性和效益的 YouTube 广告活动。

①树立品牌印象阶段——增强目标受众娱乐参与感。

在树立品牌印象阶段，目标受众对卖家和卖家的产品并不熟悉，所以卖家在这一阶段可以通过创建教学类视频、娱乐类视频、"网红"推荐类视频，提高视频的曝光率和品牌的影响力。

● 教学类视频：How to 教学类视频是常见的视频营销形式之一，卖家可以在这类视频中演示目标受众感兴趣的某种操作，并利用详尽的步骤进行说明，以此带入产品。某家居品牌在 YouTube 上发布的教学类视频，该视频既实用又有趣，虽然没有直接展示产品销售的信息或链接，但吸引了很多对家居装修感兴趣的人对该品牌进行关注，有效地提升了品牌的知名度。

如果卖家在 YouTube 上正处于初步尝试的阶段，那么教学类视频就是很好的选择，因为卖家所拥有的产品知识对于很多用户而言就是专家级别的建议，而这也是创建和品牌相呼应内容的方式之一。

● 娱乐类视频：创建娱乐类视频大多需要团队的配合，但这类视频往往可以引起广泛的传播。幽默有趣或壮观的视频都可以很好地吸引受众对其的关注。

● "网红"推荐类视频：让潜在买家了解品牌的方法之一是赞助"网红"视频。YouTube 上非常流行的一种"网红"推荐类视频就是开箱视频，即 YouTube "网红"拆箱并介绍产品的视频。拍摄开箱视频的"网红"通常会对包裹内的产品进行真实的描述，并客观、真诚地说明产品的使用体验，有利于加强品牌与目标买家的互动，刺激买家采取购买行动。

②推广品牌阶段——展现品牌魅力。

当买家对品牌产生了一定的了解之后，卖家就需要展示品牌的亮点，尽可能地拉近品牌与买家之间的距离。在该阶段，卖家可以通过发布个人故事类视频和欢迎类视频展示品牌魅力。

● 个人故事类视频：拍摄品牌背后的个人故事，通过展示卖家的心路历程或创业故事，激发买家对产品和品牌产生共鸣，增强买家对品牌的信任感。不过，个人故事类视频并不需要被"病毒式"地传播，只需在特定的受众范围内引起人们的关注即可。

● 欢迎类视频：能够拉近品牌和买家之间的距离，更好地展示品牌的亮点。例如，销售假发的品牌 Luxy Hair 以脱毛产品为主题，为潜在买家打造了一些视频，简单介绍了脱毛产品的相关操作方式和使用效果。该类视频简单而有效，一些新买家可能会在看完视频后想要进一步了解该产品，然后选择购买。

③购物参考阶段——展示产品优势。

一旦潜在目标买家群体熟悉品牌后，视频营销的战略就要从以娱乐为主转向以引导为主，卖家需要通过发布产品介绍类视频和再营销视频向买家展示产品的优势，并且强调产品对买家需求的满足。

• 产品介绍类视频：最基本的视频形式，卖家要着重展示产品的功能和优点。例如，索尼相机 A6500 的宣传视频中提及相机诸多功能，以及这款相机如何改善买家的摄影体验。卖家要尽可能地展示自己所销售产品在同类产品中脱颖而出的功能或亮点。不过，卖家需要在视频时间上多加把控。相关研究发现，30 秒以内的视频观看率超过 80%，视频的观看率会随着视频时长的增加而下降，卖家可以适当地将视频时长控制在 3~4 分钟。

• 再营销视频：在买家访问卖家的网店后，卖家可以向他们展示与其感兴趣的产品相关的 YouTube 广告。

④购买决策阶段——提升转化率。

当潜在买家产生购买产品的意向时，卖家在该阶段发布视频的目的就是提高转化率。在购买决策阶段，卖家可以采取以下营销策略。

• 专注产品的视频：一旦卖家知道买家已经准备好购买产品，就要保证买家能够完成购买过程，并尽可能地提高订单数量和金额。卖家可以通过采用交叉促销和向上销售的方法实现这一目的。交叉促销的作用是对买家购买的产品进行补充，如卖家可以将充电线配合手机外壳进行销售。而向上销售则是提高买家需求，如卖家可以考虑将防水、耐热手机壳和手机一起进行推荐。这类专注产品的视频可以通过白色背景、工作室和生活场景等方式进行展示。白色背景是经典的视频呈现方式，而白色背景中的产品也可以带给买家最直观的感受。工作室背景拍摄强调产品的专业度，有利于呈现高水平的视频。产品使用生活场景展示是最贴近买家也最有感染力的视频。

• 产品购物车提示类视频：卖家可以通过发送带有 YouTube 视频广告的电子邮件拯救买家购物车里被遗忘的产品。这类型的视频不需要过于复杂或冗长，只需简单地对买家发出提醒就可以促进该产品的转化。

⑤建立品牌忠诚度阶段——促成长期购物关系。

买家购买产品对卖家而言，代表营销成功了一半，但这并不意味着营销活动的结束，卖家还需要培养买家对品牌的信任度以及建立长期的购物关系。

• 升级折扣与二次购买优惠类视频：买家可能会在没有折扣的情况下再次购买产品，更可能会在优惠的吸引下开始定期购物，所以卖家可以考虑提供一个展示基本常规折扣的宣传视频。例如，为买家提供 5%~10% 的优惠，或者为曾经购买过产品的买家提供免费送货，以鼓励他们再次购买。这类视频不需要昂贵的制作成本，卖家只需借助一些简单的工具就可以制作完成。例如，卖家在几张产品图片上添加文字就能够创建一个简单并具有吸引力的宣传视频。

• 展示推荐类视频：建立买家忠诚度的有效方法之一是向买家展示推荐产品，例如，美发品牌 NaturallyCurly 通过视频巧妙地做到了这一点，它向买家展示了产品如何帮助买家打理卷发。这类视频无须昂贵的制作成本，只需简单的背景、基础的摄影器材、简单的照明工具就可以满足拍摄需要。

• 借鉴成功的视频经验：若卖家希望 YouTube 营销能够在买家忠诚度上发挥作用，那么势必要借鉴一些成功的视频经验。需要注意的是，无论是主打"感情牌"还是"产品牌"，这一阶段的视频都要重视买家的参与感，赢得买家的认同。所以，视频的可观性、趣味性和价值性就显得至关重要。

（2）提高视频排名的技巧。

正所谓"内容为王"，要想让自己发布的视频在 YouTube 上获得靠前的排名，那么发布的视频就一定要拥有良好的内容。

①使用合适的关键词。

在YouTube中，开头带有关键字的视频往往会取得更好的营销效果。与Google的SEO一样，在产出内容前，卖家必须知道这个视频所对应的关键词是什么，并将其贯穿视频制作的始终。

②创建引人注目的标题。

标题是YouTube判断视频排序的重要因素之一，也是影响买家是否会点击该视频的关键因素，优质标题的标准是当买家看到标题时，会立刻对视频内容感到好奇，或者清楚该视频能帮助他们解决什么问题。关于标题的设置，卖家需要注意以下三个方面。

- 标题简洁且精准。如果标题太长，会无法得到完整的展示，也就无法精准地阐述该视频的主题。由于买家无法从标题中获得有用的信息，很可能就不会点击视频，这样就会降低视频的点击率。

- 标题中要包含关键词，尽量将关键词放在前面。标题中包含关键词可以帮助YouTube买家了解该视频的主题，也进而让视频获得更多的曝光机会。一般来说，关键词在标题中的位置越靠前，视频的排名就会越高。例如，某个视频的关键词是make a potato cake（制作土豆饼），有以下两种标题形式。

第一种：Three ways to make a potato cake（制作土豆饼的三种方法）。

第二种：Make a potato cake：Three ways you need to know（制作土豆饼：你需要了解的三种方法）。

显然第二种标题的开头包含关键字，它精确地向观众描述了视频的内容是什么，这种标题往往在YouTube搜索结果中表现良好。

- 可以尝试使用不同的括号增加点击率。在视频标题中使用不同的括号，如"<>""()""「」"，可以让自己的视频与标题类似的其他视频作出明显的区分，进而增加自己视频的点击率。例如，在讲述营销趋势的视频标题后面加上"（2024版）"可以明显地凸显该视频的新鲜度；或者使用"<免费索取>"或"「首次曝光」"等符号凸显视频的独特之处，都有可能增加视频的点击率。

③添加详细的视频描述。

为视频添加详细的描述，有助于YouTube算法和Google搜索算法识别视频内容。此外，除了标题，视频描述是另一个快速了解该视频主题内容的渠道，精准的视频描述有助于增加视频的点击率。

YouTube会显示视频描述的前18~20个单词，这就意味着视频描述必须简洁，要用尽可能简单的句子抓住买家的注意力。视频描述中还可以包含视频中难以呈现的内容，例如，关于产品更详细的规格与描述，自己店铺的地址链接或Facebook粉丝页的链接。

④使用精准的标签。

标签有助于YouTube算法了解视频的内容，同时还能将自己的视频与类似视频相关联，从而增大视频的发布范围和曝光率。

视频所使用的标签一定要精准，与视频内容高度匹配。一般来说，产品关键词、与产品使用场景相关的短语、产品所属的行业泛词等都可以作为标签。以雪地靴为例，将视频标签设置为"雪地靴（产品关键词）、雪地（使用场景）、鞋子（行业泛词）"。此外，还可以参考竞争对手在视频中所使用的标签，适当地使用竞争对手视频中的标签让自己的视频出现在竞争对手的相关视频中。

⑤做好缩略图设计。

视频缩略图是买家在视频列表中看到的主要图像。它在一定程度上决定了视频的成败。优质的缩略图可以让买家一眼就明白视频的主题，并且带有一定的号召性。缩略图可以自定义，卖家在设计缩略图时可以采用两种方法：一种是在缩略图中使用比较吸睛的文字；另一种是多尝试几种不同形式的缩略图，如产品的图片、视频的截图、制作的插图等，然后分析哪种形式的缩略图的点击率较高并持续使用。无论使用哪种缩略图，都要保证缩略图与视频的主题密切相关。

⑥为视频添加字幕。

为视频添加字幕不仅可以帮助买家更好地理解视频内容，还可以通过突出关键词，提高视频的搜索排名。此外，带字幕的视频可以让买家在吵闹的环境下、不方便开声音的环境下通过看字幕浏览视频，进而增加视频的受众和被浏览的机会。

⑦提供真实可信的视频内容。

保证视频的真实性能够让产品或品牌更贴近买家，还能将被动观看的买家转化为长期的忠诚买家。增加视频可信度的方法主要有三种方式：邀请专家或行业专业人士参与录制；将买家使用产品的经历作为视频题材；在品牌频道或特辑中讲述品牌的成长过程，展示品牌"接地气"的一面，缩短品牌与买家间的距离。

⑧增加与买家的互动。

视频的互动数是 YouTube 判别视频好坏的关键指标之一，在视频的结尾部分可以鼓励买家与该视频进行互动。

视频的结束语不要过于死板。视频结束语的独特性和参与性越强，人们就越有可能对结束语进行回应。视频的结束语也不需要太花哨，提出一些最简单的请求可能是最有效的，如与其选择使用"欢迎大家留言或点赞"，不如考虑使用"告诉我们你会怎么选"，因为后者能够体现出更明确的需要执行的动作。

4. Instagram 营销的技巧

Instagram 是一款在移动端上运行的社交应用，它允许买家以一种快速、美妙和有趣的方式将自己随时抓拍的图片进行分享。自 2010 年问世以来，Instagram 已成为领先的社交媒体平台之一。这个平台最大的亮点就是具有极高的买家参与度。

为了能够以新颖独特的方式表达品牌，确保品牌在 Instagram 上获得最多的曝光次数，以吸收更多的潜在关注者，卖家在 Instagram 上做营销推广时，可以尝试采取以下技巧。

（1）分享与交流买家体验。

考虑到大多数买家在电商平台购物时喜欢查看真实的买家体验评价，因此卖家要注意收集真实的买家体验内容，经过精挑细选并征得买家同意后，将其展现到自己的 Instagram 推广内容中。这些买家体验的内容无形中为卖家口碑的传播提供了途径，在 Instagram 上看到其他买家评价的人将有更大的可能成为买家。

（2）有效利用主题标签。

主题标签的作用是让卖家发布的推广内容被更多的目标买家发现。卖家要尽可能地使用那些与自身业务相关且有趣、符合自身所在行业属性的各种主题标签。只要有人搜索到卖家曾经使用过的标签，那么卖家的帖子和业务都将对其可见。

在建立主题标签时，卖家可以尝试做一个与自身业务相关且独一无二的主题标签，这样可以让 Instagram 上的粉丝更准确地追踪他们感兴趣的主题，查看该主题过去的帖文。粉丝也能以此作为交流，从而形成忠诚的粉丝群体。

（3）展示引人注目的图片。

作为一个主打图片的社交平台，Instagram 最为引人注目的就是各种精美的图片。卖家在设计图片时，最好选择能展示产品使用场景的图片，即将产品放在现实的环境中进行展示。

在设计图文时切忌生搬硬套，不要为了展示文字说明而影响图片的美观度。Instagram 毕竟是一个以图为窗口供用户快速浏览的平台，所以卖家可以将图文分开，发一张引人注意的图片，感兴趣的粉丝自然会主动查看文字说明。

（4）增强与粉丝的互动。

无论使用哪个社交平台进行营销都需要注意与粉丝保持有效互动，Instagram 的算法尤其看重互动数据，因此卖家想要提高自己在 Instagram 上所发布内容的曝光率，经常与粉丝互动（如留言、点赞等）是非常必要的。当卖家留言或点赞后，粉丝也能在"追踪中"页面看到，有利于提升其对品牌的好感度。

5. LinkedIn 营销的技巧

LinkedIn 成立于 2003 年，是一个面向商业用户的社交网络服务网站。该网站的目的是让注册卖家维护他们在商业交往中认识并信任的联系人，俗称人脉（connections）。LinkedIn 是提供分享公司信息、行业新闻和市场活动的平台，其用户可以在这个平台上接触到业内人士以及待挖掘的潜在买家，所以 LinkedIn 是外贸商务人士使用较多的一款社交网络工具。

LinkedIn 聚焦职场社交，该平台上聚集最多的是高端白领人群，甚至包括企业中的高层管理人员。对于 B2B 跨境电商卖家来说，其通过 LinkedIn 甚至有机会接触到买家企业的决策管理层，这是 LinkedIn 的核心竞争力。

LinkedIn 为卖家提供了营销度量工具 Metrics 帮助卖家度量推广效果，其提供的指标包括受众数量、发起的活动、点击率、粉丝、订阅数和费用等。同时，它还可以将不同的推广内容进行对比，帮助卖家多维度分析推广效果。

为了有效提高 LinkedIn 营销效果，卖家可以尝试运用以下技巧。

（1）避免空洞的推广内容。

LinkedIn 的高端特性决定了卖家在此平台上发布的推广内容必须是干货，是所有内容中最好的、最有价值的。职场人员本来空闲的时间就少，如果向他们推送一些无实质性的内容，很容易引起他们的反感，他们也没有理由为这些没有价值的内容停留。制作高价值的推广内容虽然需要花费一定的时间和精力，但卖家会得到可喜的回报。卖家可以凭借在 LinkedIn 发布高价值的推广内容，在所属领域获得良好的声誉，让自己的品牌更容易得到买家的青睐。

（2）添加主题标签。

在 LinkedIn 上发布帖子时，每个帖子使用 3~4 个标签比较合适。帖子中使用的主题标签不仅应贴合品牌，还应贴合帖子的内容，因为用户很有可能不会在 LinkedIn 上搜索品牌的标签，而会搜索与他们所在行业或兴趣相关的标签。例如，为帖子添加 marketing（市场营销）标签，则表明该帖子可以分享与市场营销相关的内容，而市场营销涉及的行业非常多，那么 marketing 标签所覆盖的用户群范围也就会非常广；为帖子添加 jobpost（工作岗位）或 opportunity（机会）标签，则表明该帖子可以分享与工作职位相关的内容。

（3）持续更新 LinkedIn 页面。

尽量每天更新 LinkedIn 页面的状态，确保买家能够看到自己需要的信息。如果卖家没有时间持续更新状态，可以借助一些社交媒体管理工具保持 LinkedIn 页面的不断更新。例如，卖家可以借助相关社交媒体管理工具在公司的 LinkedIn 主页上将发布信息的时间设置为每周的固定时间，这样可以保证企业的 LinkedIn 页面处于活跃状态，从而提高企业在 LinkedIn 上的可见性。

（4）建立关系至关重要。

由于跨境电商卖家面对的不仅是一般的个人买家，可能还有一些潜在合作的买家、供应商等，所以对于卖家来说，建立关系至关重要，关系主要体现在对买家的情感化管理上。另外，卖家要做问题的解决者而不是产品的推销者,在 LinkedIn 上少打广告,多提建议,才能彰显自身的价值。

(5) 提高买家关注度。

提高企业 LinkedIn 页面的关注度,团队发挥着重要的作用。企业要鼓励员工积极参与 LinkedIn 页面上的讨论,激活页面的活跃度。企业还可以让员工在电子邮件签名中添加企业的 LinkedIn 页面链接,这会给企业的 LinkedIn 页面带来更多的关注,吸引更多的买家。

三、最传统的网络营销方式——电子邮件营销

电子邮件营销是网络营销方式中最古老的一种。电子邮件营销是在买家事先许可的前提下,通过电子邮件的方式向目标买家传递有价值信息的一种网络营销手段。通过电子邮件,可以与受众买家进行商业交流。电子邮件有多种用途,可以发送电子广告、产品信息、销售信息、市场调查信息、市场推广活动信息等。有效的电子邮件营销必不可少的三个基本因素是买家许可、电子邮件传递信息、信息对买家有价值。

电子邮件营销是与买家沟通的方式,因此,为了控制买家接收邮件的频率,从买家的感受出发,各个跨境电商平台对邮件发送数量有一定控制。平台会根据"卖家星级",每个月给予一定的营销邮件发送量。卖家等级越高,拥有的邮件发送量就越多。

(一) 电子邮件营销的优点

电子邮件营销具有其独特的优点,因此得到卖家的广泛使用。其优点有以下几个方面。

(1) 精准直效。在发送邮件前,可以精确筛选发送对象,将特定的推广信息投递给特定的目标人群。

(2) 个性化定制。邮件可以根据人群的差异,制订个性化内容,根据买家需要提供最有价值的信息。

(3) 信息丰富全面。邮件内容的载体可以是文本、图片、动画、音频、视频、超级链接等。

(4) 具备追踪分析能力。发送邮件后,可以对邮件打开、点击等买家行为数据加以分析,获取营销线索。

(5) 反馈迅速。邮件营销的反馈较方便,目标买家在通过邮件得到信息后,可以根据自己的喜好作出反应。

电子邮件营销方式具备极高的投资回报率,所以备受跨境电商卖家的青睐。

(二) 电子邮件营销的基本流程

要想开展高效的电子邮件营销,卖家需要把握好每个环节的工作。通常来说,电子邮件营销的流程包括5个环节。

1. 创建目标受众数据库

创建目标受众数据库是为后期开展高效的电子邮件营销作铺垫,目标受众数据库越完善和精准,后期电子邮件营销效果就会越显著。卖家可以通过建立会员制度、收集购买过自己产品的买家信息等途径采集电子邮件目标受众的数据。

2. 分类筛选数据库

针对电子邮件营销的需要,卖家可以将目标受众数据库按照受众的地域、性别、年龄、特点及兴趣爱好等维度进行分类,并对创建的目标受众数据库进行筛选。

3. 设计电子邮件内容

根据预设的目标受众,设计规范的电子邮件内容,包括邮件的标题、内容、排版布局等,电子邮件内容越贴近目标受众的心理需求,后期电子邮件营销效果就越好。

4. 电子邮件的投放

电子邮件的投放是一个既简单又困难的环节，因为它关系到制作的电子邮件是准确到达目标受众手中，还是被丢入垃圾箱中。为了保证电子邮件投放的到达率和精准度，卖家要选择优质的电子邮件营销工具进行电子邮件的投放。

5. 电子邮件营销的优化

根据电子邮件的打开率、点击率、到达率等数据对电子邮件营销进行优化，包括是否需要删减目标受众数据、是否更换电子邮件营销服务商，以及优化电子邮件内容等。

（三）电子邮件内容的撰写

借助电子邮件营销工具，卖家可以设计格式精美的电子邮件，给收件人带来一种美的感受，但是邮件的外观并不是真正吸引收件人阅读邮件的关键，只有真正能够给收件人带来价值的电子邮件内容，才能吸引受众的关注，进而刺激他们的购买欲，这也是卖家开展电子邮件营销最应该注意的地方。

卖家在撰写电子邮件时，可以采用以下技巧。

1. 做好标题设计

用户在收到电子邮件后，通常会先关注邮件标题，如果邮件标题缺乏亮点，就难以激发阅读的兴趣。对于一些具有时效性的信息，卖家可在邮件标题的前面添加 daily、weekly、monthly 等词，如 The daily discount for wrist watch（腕表每日折扣）；当店铺有促销活动、新产品上市时，可以用事件作为邮件标题，提醒人们"不要错过"，如 Don't miss our special offer for dresses（不要错过我们特别提供的连衣裙）；有的卖家会为产品提供操作视频，可以在邮件标题中体现出来，如 Operation video for the puzzle（拼图的操作视频）。

2. 内容具有针对性

对于管理人员来说，最希望收到的电子邮件是包含最新经济形势、对企业发展有帮助的各类资讯，以及管理策略等内容；对于市场人员来说，希望收到的电子邮件中包含更多的市场最新动态、产品信息、市场信息等内容；而对于普通买家来说，则希望收到的电子邮件中包含产品折扣、小知识或小建议、促销信息等内容。因此，邮件发送者要根据不同的目标受众撰写具有针对性的邮件，其内容、语气要有所不同，贴近受众心理的语言和内容更容易拉近与受众的距离。

3. 内容简明扼要

电子邮件内容要尽量简明扼要、条理清晰。例如，电子邮件可以介绍产品，如店铺最近热销的产品，或者介绍节假日和季节类活动公告等，还可以向收件人提供一个活动链接或者有一定截止时间的活动优惠代码。当然，活动优惠代码要留给收件人一定的时间去使用。

4. 刺激受众的兴趣与好奇心

卖家在电子邮件中要鼓励收件人深入了解邮件内容，尽量刺激他们的兴趣与好奇心，鼓励其点击邮件中的链接并了解产品信息。鼓励的方式有多种，如突出自己产品或服务的特色，免费赠送礼品，向收件人表明其购买的产品可以获得哪些好处等。

5. 合理设置图片

电子邮件中使用的图片不能太大，一般要求小于 15 KB。图片数量也不能太多，应少于 8 张，以免收件人因邮件的打开速度太慢失去耐心而关闭邮件。图片应放在网络空间，否则收件人很可能看不到，图片的名称不能含有 AD 字符，否则会被当成"被过滤广告"。

6. 回避借助插件浏览内容

电子邮件中尽量不要使用 Flash、Java、JavaScript 等格式的内容，否则收件人可能打不开，或者需要安装一些插件才能浏览邮件。为了避免收件人收到的邮件显示乱码或者图片格式无法被浏览，卖家可以制作一份和邮件内容相同的 Web 页面，然后在邮件顶部写上一句话"如果您无法查看邮件内容，请单击这里"，将其链接到放有相同内容的 Web 页面。

7. 谨慎使用链接

卖家可以在电子邮件中添加链接，但数量不宜过多。链接也要写成绝对地址而非相对地址，不要使用地图功能的链接图片，否则会使邮件被多数邮箱自动划分为垃圾邮件。

（四）电子邮件营销的注意事项

在进行邮件营销时，需要注意以下几点。

1. 提高邮件质量，杜绝垃圾邮件

频繁发送邮件，会使买家将联系人拉入黑名单，更严重的会被投诉，导致账户被封。一封好的邮件应当从邮件标题、邮件简介、邮件正文等全方面提升质量。标题应当具备抓住眼球的吸引力，具有关键词，尽量体现品牌或产品信息；简介应当简明扼要，直指重点；正文能够提供对买家有利和有价值的详细信息。一般包含内容如下。

（1）优惠信息，可以展示产品原价、优惠价格及节省了多少。

（2）明显的链接，确保链接清晰可见，买家一眼能识别出链接按钮。

（3）使用动态图片，增加视觉感受，提高点击率。

（4）引起行动，建议在电子邮件中加上能引起收件人行动的语句，如"优惠仅在 48 小时内有效/售完为止"等，营造紧迫感。企业还可以提供一些折扣优惠或礼品来吸引买家。

2. 收集有效邮箱，注重隐私提醒

在收集买家邮箱时，须明确告知其邮箱用途，各个国家或地区都有隐私保护法，需要严格遵守。在收集邮箱时，可以从跨境电商网站的订阅买家、网站会员的邮件地址、具有购买记录的邮件地址入手。邮箱收集后，可以根据买家的消费习惯、消费水平、地域、性别等对邮件地址进行分类。

3. 谨慎选择邮件发送时间

需要谨慎设定电子邮件发送时间，并不是任何时段都适合发送邮件，要学会抓住买家的作息时间规律并善于分析。选择恰当的时间发送邮件，会达到事半功倍的效果。大多数人会在上班时间打开自己的邮箱，因此上班期间发出的邮件被开启的概率就会比其他邮件高很多。电子邮件的发送频率设定也很重要，邮件发送数量并不是越多越好，同一个类型的邮件最多发给 4 个买家，同一个买家最多收到两封同样模板的邮件。

据调查，工作日的周二、周四的美国时间早上 8—10 点邮件打开率高，周末晚上 6—11 点邮件打开率高。邮件发送频率建议一周不超过三次。

任务四　采集推广数据与分析

一、推广数据采集

推广活动所沉淀的数据有助于卖家对比各渠道推广效果以及投入产出比，总结推广经验，优化推广策略。卖家通过多渠道、组合式营销策略推广产品的主要目标通常有两个：一是用最短时间聚集流量，提高产品或品牌的市场认知度；二是完成客户转化，获得盈利。新进卖家往往以引流为首要目标，资深卖家则更看重客户转化能力、盈利能力。基于不同的推广目标，数据采集和分析的侧重点也会不同。

(一) 主要流量数据指标

(1) 曝光量,即统计周期内,推广产品在网站或平台搜索结果页面曝光的次数。曝光是引流和转化的基础,曝光量越高,代表广告引流效果越好。曝光量的高低主要取决于关键词匹配方式和出价,如广告投放一段时间后曝光量仍很低,则需调整关键词匹配方式,或通过提高关键词出价进行调整。

(2) 浏览量(page view,PV),即统计周期内,客户浏览店铺产品页面的次数。客户每打开一个页面,系统记录一次,多次打开可累计。

(3) 独立访客数(unique visitor,UV),即统计周期内访问店铺产品页面的独立客户数。所谓"独立",意为独立 IP 地址或用户名。该指标一般以"天"为单位统计,同一客户一天内多次访问只计算一次。

(4) 新访客占比,即首次访问店铺的客户数占访客总数的比例。该比例越高,代表拉新效果越好。新访客占比=(首次访问店铺客户数÷访客总数)×100%。

(5) 关键词排名,即监测推广周期内产品相关关键词的排名有无变化。排名上升,意味着关键词精准度高、广告效果好;排名不变或降低,则需要进一步展开产品分析和竞品分析,调整关键词。

(6) BSR 排名,即监测推广周期内产品在 Best Seller 榜单上的排名。Best Seller 榜单以累计销量为主要排序依据,系统可显示近 1 天、7 天、30 天内产品在大小类目上的排名走势。排名上升,意味着该产品在推广期的销售总量和销售速度高于类目平均水平,推广效果显著;反之,则需查看转化率等数据,分析其中的原因。

(二) 主要转化数据指标

(1) 注册转化率,即统计周期内新增注册客户数占所有访客数的比例。这是一个过程指标,当推广目标为积累会员总数时,该指标就显得尤为重要。

$$注册转化率=(新增注册客户数÷访客总数)×100\%$$

(2) 加购转化率,即统计周期内,加购产品的客户数占所有访客数的比例。加购客户为潜在客户,卖家可通过定向营销活动刺激其产生购买行为。

$$加购转化率=(加购客户数÷访客总数)×100\%$$

(3) 支付转化率,即统计周期内,完成支付的客户数占所有访客数的比例。

$$支付转化率=(支付客户数÷访客总数)×100\%$$

(三) 主要销售数据指标

(1) 销售额,即统计周期内产品成交的总金额。在核算中,销售额等于访客总数、支付转化率、客单价三者的乘积。

$$销售额=访客总数×支付转化率×客单价$$

(2) 销售利润率,即统计周期内所获利润占销售额的百分比。该比值与销售额是判定店铺整体盈利能力的核心指标。

$$销售利润率=(利润÷销售额)×100\%$$

(3) 客单价,即统计周期内支付客户的平均支付金额。客单价在一定程度上反映了目标客户的购买能力。在成交转化率不变的前提下,客单价越高,总成交金额(gross merchandise volume,GMV)也越高。

$$客单价=订单支付总金额÷支付客户数$$

(4) UV 价值,即统计周期内每个独立访客的平均支付金额。该值越高,代表流量渠道的质量越高，客户越精准。在独立访客数不变的前提下，UV 价值越高，GMV 也越高。

$$UV 价值 = 订单支付总金额 \div 独立访客数$$

（5）广告销售成本率（advertising cost of sales，ACOS），即统计周期内广告投入和由广告投入带来的销售额的百分比。通常，卖家做新品推广时关键词出价较高，ACOS 也会处在一个相对较高的水平；随着销量、好评数量的增加，卖家下调关键词出价，ACOS 随之回到正常水平。ACOS 并不一定越低越好，要结合行业特点、推广目标、卖家实力和预期等因素综合评定。

$$ACOS = (广告投入 \div 销售额) \times 100\%$$

（6）投资回报率（return on investment，ROI），即统计周期内销售利润与推广投入金额的百分比。该值越大，代表推广活动的成效越显著。

$$ROI = (销售利润 \div 推广总投入) \times 100\%$$

二、推广数据分析

（一）流量来源分析

流量来源是指客户进入店铺产品页面的流量入口。跨境电商卖家在未完全了解客户画像之前，往往采取组合式、多渠道推广模式，以此检验各渠道的推广效果。流量来源分析有助于卖家了解目标客户群，调整推广方向和预算，开展精准营销。流量入口众多，以下主要根据渠道和投入两个方面进行分类。

1. 根据渠道划分

流量来源根据渠道划分为站内流量渠道和站外流量渠道。

（1）站内流量渠道，即跨境电商平台内的流量渠道。其中，基于平台的流量渠道包括平台首页、搜索页、导购频道、主题促销会场、算法推荐等；基于店铺的流量渠道包括店铺页面、热销产品页面等；基于客户的流量渠道包括自主搜索、收藏夹、购物车等。

（2）站外流量渠道，即跨境电商平台以外的流量渠道，主要包括搜索引擎、联盟网站、社交媒体三大渠道。其中，搜索引擎以 Google 等国际主流搜索引擎和目标地主流搜索引擎为主，巨大的流量池成为广告投放的首选。当前，亚马逊、AliExpress 等主流跨境电商平台均有自己的联盟营销计划，如亚马逊的操作方式是向符合条件的卖家、博主、"网红"等提供链接构建工具，鼓励其将受众引导至推荐产品页面，对实现转化交易的订单支付 10% 的营销费。社交媒体渠道则以当前国际化程度高、活跃用户基数大的 Facebook、YouTube、TikTok 等为主。

2. 根据投入划分

流量来源根据投入划分为免费流量渠道和付费流量渠道。免费流量是深耕渠道规则、不断优化产品和店铺的结果，其渠道如店铺页面、产品页面、搜索页面等，资金投入小、见效慢，但效果稳定。付费流量渠道以广告为主，通过购买展示位、提高关键词出价等获得产品曝光机会或提高产品搜索排名。

资金投入大、见效快，后期效果的稳定性取决于前期推广的质量和获客精准度。分析流量来源需要结合多个指标，见表 7-3。在卖家推广周期内，站外引流数据明显优于站内流量数据，在客户转化方面，站内渠道的转化率远远高于站外渠道。其中，购物车、产品页面、自主搜索的支付转化率分别高达 65.17%、42.72%、34.53%，成为客户转化的主要渠道，说明卖家自身的产品优化到位，与目标客户群的匹配度高。据此，卖家需做出两方面的调整：一方面是调整广告预算侧重站内渠道投入，持续做好产品优化；另一方面是了解站外渠道的运营规则，通过逐一、多次试验，深度洞察目标客户群的特质，找到精准匹配的切入点。

表 7-3　分析流量来源需要结合的指标

流量来源	访客数	访客数占比	支付客户数	支付客户数占比	支付转化率
平台首页	3 213	8.55%	537	16.20%	16.71%
自主搜索	307	0.82%	106	3.20%	34.53%
购物车	89	0.24%	58	1.75%	65.17%
导购频道	9 807	26.09%	913	27.55%	9.31%
产品页面	508	1.35%	217	6.55%	42.72%
Google	10 891	28.98%	729	22.00%	6.69%
Facebook	9 705	25.82%	681	20.55%	7.02%
Instagram	3 062	8.15%	73	2.20%	2.38%

（二）转化能力分析

不同跨境电商平台设置的转化率指标不同，包括流量转化率、注册转化率、加购转化率、收藏转化率、下单转化率、成交转化率、广告转化率、客服转化率等。从企业盈利的最终目标来看，其中最重要的指标为成交转化率，然而要促成最后的成交，其他阶段的转化工作同样不可或缺。客户处于不同的购买行为阶段，对产品的关注点不同。客户"四看"与成交转化漏斗模型如图 7-10 所示，卖家只有把握每个阶段的关键要素，完成阶段性转化，才能促成成交转化。

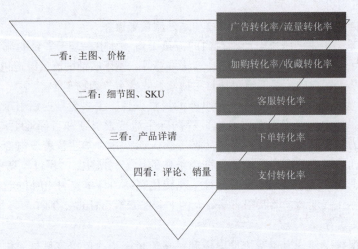

图 7-10　客户"四看"与成交转化漏斗模型

当广告转化率或流量转化率较低时，卖家需从关键词、主图、价格三个方面进行优化。关键词优化包括关键词选词和关键词出价。关键词，尤其是核心词，与客户搜索匹配度越高，曝光量就越高，反之则会影响产品的系统排名。采用广告推广的产品，关键词出价决定产品排名，因此当流量指标不理想时，卖家需调整预算分配和核心词的出价。当曝光量高、点击率低时，原因多半在于产品主图或产品价格没有吸引力。此时，卖家需优化产品主图，同时结合成本利润、竞品定价、客户心理等调整产品价格。

加购转化率或收藏转化率低，说明产品款式或产品细节未能打动客户。为此，卖家需进一步提炼产品卖点，采用目标客户群乐于接受的产品展示方式。

跨境电商买家一般"重产品详情页、轻咨询"，他们通常只会针对产品详情页未涉及或有涉及但存疑的事项进行询问。当前，跨境电商平台对卖家的回复时效要求为 24 小时内，要求并不高，但高效、全面专业的反馈能明显增加客户好感，卖家可就此提升服务、促进转化。

当下单转化率高、支付转化率低时，一般有两类原因。一是客户的订单支付出现困难，此时需要卖家及时关注、提供帮助。二是客户对产品细节仍存有疑问，购买决心不大，此时卖家需主动问询买家，并帮助其打消顾虑，促成交易。

（三）盈利能力分析

采取何种方法评估推广活动取得的销售业绩，通常取决于卖家的预期和眼下的市场环境。以"目标"和"竞争"为分析轴，可以采用图 7-11 所示的四种分析方法评估推广成果。

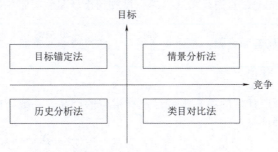

图 7-11　盈利能力分析

（1）目标锚定法，即以预期销售目标为唯一评估标准的业绩评价方法，目标通常设定为销售额、毛利润、净利润等指标。该分析方法"重目标、轻竞争""重基数、轻增长"，优点是简便易行，缺点是忽略了外部竞争要素，尤其当行业平均增长较快时，该分析方法很难判断企业在行业中所处的位置。

（2）历史分析法，即与历史业绩相比较的业绩评价方法。只要销售规模、竞争排名优于历史成绩，均视为达标。该分析方法的优点是顺应企业自身发展规律，缺点是容易错失宝贵的市场机会。行业周期并不是固定不变的，行业容量在技术创新、贸易政策、不可抗力等因素的影响下也时常变动，若企业始终以历史业绩作为参照，容易忽略市场环境变化所带来的爆发式增长机会。

（3）情景分析法，即将企业置身于眼下的市场环境、竞争环境，科学设定目标并考核的业绩评价方法。该分析方法"重目标、重竞争""重眼下、轻过去"，优点是紧密对接行业，难点是设定目标时需要企业对市场、竞争对手和自身实力有全面、客观的评估。

（4）类目对比法，即将同类目竞争对手业绩作为目标的业绩评价方法。所设指标领先于竞争对手，即视为达标。该分析方法"重竞争、轻目标"，优点是目标明确、激励效应强，缺点是容易忽略市场大环境和自身实力，过度竞争下容易造成资源浪费。

每一种分析方法各有利弊，卖家需结合自身实力、市场判断、预期目标等综合选定分析方法，多维分析，科学研判推广活动的业绩达成情况。

技能实训

实训一　新建速卖通直通车推广计划

新建直通车推广计划实操

实训目标：新建速卖通直通车推广计划。

实训情境：速卖通平台卖家李先生最近购进了一批中长款棉服，质量过硬。李先生想先通过直通车将这批棉服投放到市场上，打造一款爆款，快速吸引买家的注意力。

实训任务和步骤：在速卖通平台上新建速卖通直通车推广计划。

一、准备产品

新建速卖通直通车推广计划的第一步就是选择推广的产品。一般情况下，需要进行速卖通直通车推广的产品有两种情况。

（1）提高已有出单产品的销量。这些出单产品有一定历史积累，点击量不错、转化率高，买家在产品页面平均停留时间长，且普遍对这类产品较为信任，因此进行直通车推广可以进一步提高其销量。

（2）测试新产品。如果卖家对新产品的质量有信心，那么可以用直通车将其展现给买家，再通过速卖通直通车推广反馈的数据来评价产品价格是否合适，或者产品功能是否受欢迎。

二、新建推广计划

步骤1：登录速卖通账户，进入卖家后台，在顶部的导航栏中单击"营销活动"按钮；然后在打开的下拉菜单中选择"速卖通直通车"选项，进入直通车设置页面，最后单击"新建推广"按钮，如图7-12所示。

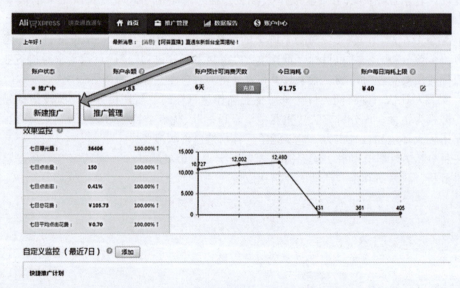

图7-12　新建推广计划

步骤2：在弹出的新建推广计划页面中，有"重点推广计划"和"快捷推广计划"两个选项供卖家选择。这里选择"重点推广计划"选项,然后在下面填写推广计划的名称为"长款棉服重点",最后单击"开始新建"按钮。

小知识:"重点推广计划"与"快捷推广计划"具有不同的作用。两种推广计划适用于不同的场景,具体如下。

重点推广计划。

特点:集中火力、打造重点。

适用场景:①主图测试;②打造新品、爆款;③已出订单产品、活动品推广。

快捷推广计划。

特点:海量引流、高性价比。

适用场景:①店铺类似产品较多,不知道该选哪一款来主推;②在大促、平台活动期间为店铺整体引流。

步骤3:选择产品。在跳转的页面中选择需要进行推广的产品,此处可通过"产品分组"和"按发布时间降序"等功能进行查找,然后选中目标产品,单击"下一步"按钮,如图7-13所示。

图7-13 选择产品

步骤4:在跳转的页面中为推广计划选择关键词。此处需要注意的是,系统推荐中的关键词是针对卖家推广的产品推荐的,建议全部添加。单击对应关键词右侧的"添加"按钮,然后为其设定出价。如果对选择的关键词不满意,可以单击"全部取消添加"按钮;如果确认添加完毕,可以单击"下一步"按钮,如图7-14所示。

小知识:在选择关键词时,除了添加系统推荐的词,还可以自己从产品标题中进行提炼,或者按照第四章介绍过的方法,使用"数据纵横"工具查找关键词。

步骤5:至此,速卖通直通车推广计划就新建完毕了。如果需要对出价进行调整,可以单击"修改关键词出价"按钮,如图7-15所示。

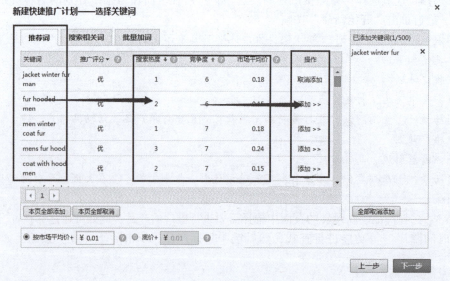

图 7-14　确认添加完毕

图 7-15　调整出价

小知识：新建推广计划后，若单击"修改关键词出价"按钮，将进入关键词管理页面。在该页面中，系统会对该产品下的所有关键词进行评分。如果跟产品相关性很高的词被系统评分评为良或无评分，那么说明产品的标题没有取好，可以考虑对产品标题进行优化。

三、修改出价

步骤：修改关键词出价。在关键词管理页面，逐个审视关键词的相关性，进行逐个出价。相关度高，要敢于出高价；相关度低，要谨慎出价或将该关键词删除，如图 7-16 所示。

图 7-16　修改关键词出价

至此新建速卖通直通车推广计划全部完成。

实训二　速卖通平台直通车广告的投放地域选择

实训目标：速卖通平台直通车广告的投放地域选择。

实训情境：直通车广告的投放有一个很关键的问题，就是广告的投放地域问题。如果卖家不考虑不同地域买家对不同产品的需求，盲目进行撒网式的直通车广告投放，最后取得的效果肯定是不理想的。通过"搜索词分析"探索投放地域，可以找到合适的投放地域，从而达到比较理想的推广效果。

实训任务：按照上述方法，在"数据纵横——搜索词分析"页面选择行业，并设置时间为"最近 30 天"，单击"搜索"按钮后，得到与关键词相关联的结果，扫二维码下载 Excel 文档可见数据表，对这个文档进行数据处理，并总结规律。

实训步骤：具体操作如下。

（1）对 Excel 数据中的"搜索人气"进行降序排序，保留前 10 行数据。

（2）对前 3 名热搜国家或地区进行分列。

（3）统计各个国家或地区出现的次数（COUNTIF 公式）。

（4）观察结果，选取出次数最多的 3 个国家，进行直通车投放区域分析。

直通车广告
投放地域
数据表

实训成果：总结出适合投放直通车广告的国家。

实训评价：会对分析过程进行 Excel 操作，能得出适合投放直通车的正确国家或地区，能理解任务的目标和分析思路。

同步训练

拓展阅读

认知最直接的营销方式——平台付费营销

与搜索引擎营销和社交媒体营销相比，交易平台的付费营销是最直接的营销方式。借助平台付费营销，卖家的产品可以得到最直接的展示，帮助卖家广泛获取流量。本环节以速卖通的付费广告为例进行分析。

一、竞价广告

竞价广告

竞价广告与搜索引擎营销中的竞价排名类似，当买家在跨境电商交易平台中搜索某产品时，如果有卖家购买了与这个产品相关的关键词，那么这些卖家的展示位广告将以价高者优先的原则显示在搜索结果页的产品列表中。当买家点击展示位广告时，平台将出价向卖家收取广告费用；若没有点击，则不收费。

各个平台的竞价广告虽然名称不同，但服务和展现形式大同小异，比较知名的有速卖通的直通车、敦煌网的金橱窗等。下面以速卖通直通车为例，进行简单介绍。

（一）速卖通直通车的开通流程

速卖通直通车是速卖通平台上一款"按点击收费"的站内引流工具，其开通流程如下：登录卖家后台→单击营销活动→单击速卖通直通车→单击开通立即充值→阅读协议确认订单→设置推广计划。

（二）速卖通直通车推广费用

（1）开户费用：首次开户可根据需要选择缴纳500元或1 000元。开户费用会直接用于推广消耗。

（2）消耗费用：推广费用按点击付费，每次点击费用取决于卖家为关键词设定的出价、关键词推广评分和排名情况，最高不会超过卖家为关键词所设定的出价。有海外买家点击才扣费，因此，卖家可以获得免费展示产品的机会。

（3）续充费用：续充金额一般为500元、1 000元。

（三）速卖通直通车广告展示位置

当前，通过速卖通直通车推广，产品主要展示在两种区域。

（1）右侧推广区：在买家进行搜索或类目浏览时，每一页的结果列表的右侧区域可供同时展示最多5条直通车产品（推广位与自然位并排）。搜索页第一页的第12、第20、第28、第36位由中国好卖家竞价（优词）；搜索页第二页及以后页的第8，第16，第24，第32，第40位可由其他卖家竞价（优词）。

（2）底部推广区：在买家进行搜索或是类目浏览时，每一页的结果列表的下方区域供同时展示最多4条直通车产品，不管何种性质卖家都可竞价（良词）；除此之外，在产品详情页下方及行业首页下方还可同时展示5条直通车产品推荐展现位。

小知识：速卖通直通车推广产品需要同时满足以下条件才能正常展现在买家面前：①账户状态正常且当前账户的余额（现金+红包）大于0元；②账户当日的实际花费在每日推广预算额之内；③推广产品本身以及产品所属推广计划为"已激活"状态；④推广产品和关键词的推广评分满足要求，即推广评分至少达到"良"或"优"。

二、联盟广告

联盟广告就是指联盟营销（affiliate marketing），又称联属网络营销，是一种按营销效果付费的网络营销方式，即卖家（又称广告主，在网上销售或宣传自己产品和服务的厂商）利用专业联盟营销机构提供的网站联盟服务，拓展其线上业务，扩大销售空间和销售渠道，并按照营销实际效果支付费用的网络营销模式。通俗地说，就是由网站联盟各成员的站点为卖家店铺引流，卖家为其中实际成交的流量支付广告费用。由于是无收益无支出、有收益才有支出的量化营销，因此联盟营销已被公认为最有效的低成本、零风险的网络营销模式，在北美、欧洲及非洲等地区深受欢迎。很多跨境电商平台都会提供联盟广告服务，其中具有代表性的有速卖通联盟。

联盟广告

（一）速卖通联盟的开通流程

速卖通联盟是速卖通平台上的一款"按效果付费"的站外引流工具。参与联盟营销的卖家，只需为联盟网站带来的成交订单支付联盟佣金。速卖通联盟的开通过程如下。

(1) 卖家登录速卖通账户后，进入"我的速卖通"页面。
(2) 在顶部导航栏单击"营销活动"按钮。
(3) 在下拉列表中选择"联盟营销"选项。
(4) 进入"联盟营销"页面后确认服务协议，单击"下一步"按钮，如图7-17所示。

图7-17 确认服务协议

(5) 在跳转的页面中，首先设置默认的佣金比例，然后单击"加入联盟计划"按钮。至此，卖家就成功加入了联盟计划，如图7-18所示。

小知识：所有速卖通的注册卖家都有参加联盟营销的权利。不过，如果卖家曾经选择退出联盟营销，那么只能在退出当天起15天之后才能再次加入。卖家一旦加入联盟，那么店铺所有产品都会变成联盟产品，同时，系统会自动根据卖家设置的默认联盟佣金比例为卖家所有的产品设置联盟佣金。如果卖家希望推广的效果更好，可以根据产品的利润空间调整联盟佣金比例。

图7-18 设置佣金比例并加入联盟计划

(二)速卖通联盟推广费用

加入联盟营销无须卖家预先支付任何费用,速卖通联盟的推广过程完全免费。只有当买家从联盟网站通过特定格式的推广链接,访问到速卖通时,平台才会识别这些买家;在15天之内,如果买家向卖家店铺中的产品下单,并且这笔订单最终完成交易,就算作一个有效订单,联盟佣金的扣除在联盟订单交易完成时进行结算。联盟产品的佣金比例主要分如下几挡。

(1)如果产品未做过任何佣金设置,那么会按照默认佣金比例进行计算。

(2)如果卖家对该产品对应的类目进行了佣金设置,则按照该产品所属的类目联盟佣金比例进行计算。

(3)如果某个产品已设置为主推产品,则按照主推产品的联盟佣金比例进行计算。联盟佣金的生效优先级为主推产品佣金比例>类目佣金比例>店铺默认佣金比例,一个订单中的多个产品,将单独计算联盟佣金。订单中的运费不算在联盟佣金之内。

下面用一个实例对联盟佣金的扣费过程进行讲解。

速卖通卖家王先生于2022年3月30日加入速卖通联盟计划,加入时,设定了默认佣金比例为5%。2022年4月1日,他为了提高产品的竞争力,为"珠宝""钟表"类目设置了6%的佣金比例。根据佣金生效时间,佣金比例将在3个工作日后生效。

2022年4月1日,为了更好地推广自己的热销单品,他选择了一款项链作为"主推产品",并设置了10%的佣金比例。同样,佣金比例将在3个工作日后生效。

2022年4月2日,买家Janet通过联盟网站A看到了王先生的项链,下单购买了一件,其金额58.78美元,运费为20美元。虽然王先生设置了"珠宝"类目的6%的佣金比例和该项链10%的主推佣金比例,但因为购买时尚未生效,所以佣金比例是默认的5%,王先生需要支付的联盟佣金为58.78美元×5%=2.94美元。

2022年4月5日,买家Tom也通过联盟网站A看到了王先生的项链(价值58.78美元),进入店铺后又购买了2件其他珠宝产品(金额55美元/件),运费30美元。因为王先生设置了"珠宝"6%的佣金比例,而项链作为主推产品有10%的佣金比例,所以王先生需要为这笔198.78美元的订单支付58.78美元×10%+55美元×2×6%=12.48美元的联盟佣金。

(三)速卖通联盟广告展示位置

加入联盟的产品除了在原来的渠道进行曝光外,在针对联盟产品设置的专门位置还可以获得额外曝光机会,包括但不限于一些专门针对联盟产品的活动推广页面。

与速卖通直通车只能提供站内曝光不同，速卖通联盟还提供站外曝光的渠道。每个加入联盟营销的产品都有向站外目标客户曝光的机会，平台会以各种方式向联盟网站提供这些卖家的产品。在站外，买家可以通过联盟网站推广的搜索引擎、付费广告、社区论坛、邮件营销渠道看到产品广告。

三、定价广告

定价广告是一种按展示计费（在每一千人面前展示广告所需的费用）的站内引流工具。定价广告分布于网站的各个高流量页面，占据了页面的焦点位置，以图片或橱窗等形式展示。以敦煌网为例，其平台上的定价广告分为以下三种类型。

定价广告

1. Banner 广告

展示位置：主要分布在网站首页、各类目频道首页、产品列表，以及买家后台首页等高流量页面，且广告位于页面的醒目位置，有很好的展示效果和点击率。

投放形式：以图片形式展示。

适合场景：适合进行店铺宣传、品牌推广和大规模促销，如图 7-19 所示。

图 7-19　Banner 广告

2. 站内展示

展示位置：主要分布在网站首页和各类目频道首页等高流量页面。

投放形式：专门的单品和店铺展示橱窗。

适合场景：适合进行店铺宣传和打造单品爆款，如图 7-20 所示。

图 7-20　站内展示

3. 促销展示

展示位置：分布在网站的各种促销活动页面，具有较明显的季节性和主题性，针对最适合的群体展示。

投放形式：按类目和产品特性定制化打造的展示页面和橱窗展位。

适合场景：适合进行新品促销和打造单品爆款，如图7-21所示。

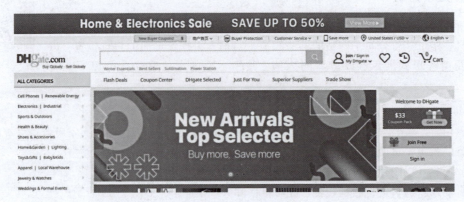

图7-21　促销展示

（一）敦煌网定价广告的开通流程

敦煌网定价广告的开通流程如下。

（1）登录敦煌网卖家后台，单击"推广营销"按钮，在下拉列表中选择"敦煌产品营销系统"选项，如图7-22所示。

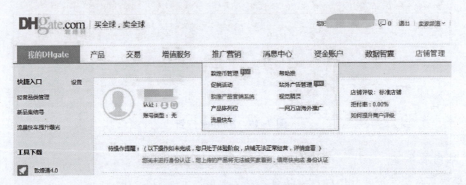

图7-22　敦煌网卖家后台

（2）在跳转的页面中，单击"定价广告投放"按钮，打开定价广告投放页面，如图7-23所示。在页面中可以看到有"Banner广告位""站内展位""促销展位"几个选项，单击相应区域的"立即投放"按钮可开通相应的广告服务，如图7-23所示。

（二）敦煌网定价广告推广费用

敦煌网定价广告根据展示资源的位置报价从5万元/周到1 800元/2周不等。除了单个购买广告位之外，还有一些定价广告促销礼包可供卖家选择，见表7-4。

项目七 拓展市场——学会跨境电商营销

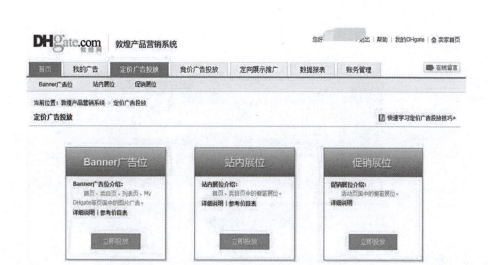

图 7-23 定价广告投放

表 7-4 定价广告价格

资源位置	位置名称	广告位数量	可售周数	周度价	起售周数	卖家限制	币种限制
页焦点Banner	首页1/5轮播	1	23	50000/周	1周	店铺页/店铺首页	敦煌金币
	首页2/5轮播	1	23	30000/周	1周	店铺页/店铺首页	
	首页3/5轮播	1	23	10000/周	1周	店铺页/店铺首页	
	首页4/5轮播	1	52	10000/周	1周	店铺页/店铺首页	
	首页5/5轮播	1	52	7500/周	1周	店铺页/店铺首页	
首页Bestsell	首页单品展位	5	52	7500/周	1周	单品	
首页Seller	首页卖家/店铺	5	52	3800/周	1周	店铺页/店铺首页	
DCP 页	导航页1/6轮	1	39	4500/4周	4周	店铺页/店铺首页	
	导航页2/6轮	1	39	4500/4周	4周	店铺页/店铺首页	
	导航页3/6轮	1	39	4500/4周	4周	店铺页/店铺首页	
	导航页Brand	15	39	2800/4周	4周	店铺页/店铺首页	
	导航页第一屏	3	52	2800/4周	4周	单品/店铺页/店铺首页	
	类目导航页	5	52	2800/4周	4周	店铺页/店铺首页	
	类目列表页	2	26	3600/2周	2周	店铺页/店铺首页	
	一级类目列	2	52	3600/2周	2周	店铺页/店铺首页	
	二级类目列	2	26	1800/2周	2周	单品/店铺页	
买家后台	买家登陆账户	3	52	4500/2周	2周	单品/店铺页/店铺首页	

（三）敦煌网定价广告展示位置

1. Banner 广告展示位

Banner 广告展示位主要分布在网站首页、类目首页、产品列表页、买家后台首页 4 种页面。

（1）网站首页。敦煌网买家首页上的 Banner 广告展示位主要是轮播图，如图 7-24 所示。

（2）类目首页。敦煌网的大部分一级、二级类目都会有频道首页，每个类目首页上都有轮播图广告位和 Banner 广告展示位。各类目首页之间独立出售广告，二级类目首页不会继承其上级类目首页的广告。

（3）产品列表页。通过类目进入产品列表页，可以看到列表页的两种 Banner 广告展示位——列表页横幅 Banner、列表页左侧 Banner。

（4）买家后台首页。买家后台首页是买家登录后的 My Dhgate 首页。买家后台首页共有三个 Banner 广告展示位。

167

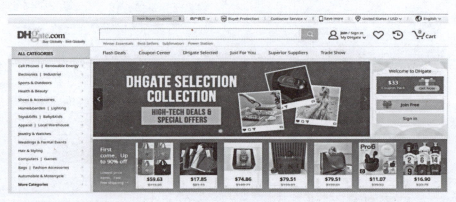

图 7-24 轮播图

2. 站内展示位

站内展示位主要分布在网站首页、类目首页两种页面。

（1）网站首页。专指敦煌网的买家首页，首页共有 11 个站内展示位，集中在 Best Selling Items 和 Featured Sellers 两个栏目中。Best Selling Items 栏目如图 7-25 所示。

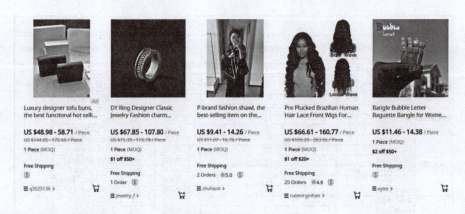

图 7-25 Best Selling Items 栏目

（2）类目首页。每个类目首页上的 Best Sellers 栏目中的 5 个展示位和品牌专区中的 15 个展示位均为站内展示位广告。

3. 促销展示位

促销展示位是指敦煌网各种促销页面上的橱窗展示位。促销展示位根据促销活动主题推广类目而定，都需通过定价广告投放方式报名，多为单品推广，符合活动规定并通过工作人员审核和筛选后即可参加。按照促销方式，促销展位分为以下 4 类。

（1）新品促销。以应季新奇特产品为主题的推广活动页面展示。

（2）热卖促销。以爆款、出单多的产品为主题的推广活动页面展示，卖家申请时平台会审核产品的近期出单量。

（3）折扣促销。以降价、打折产品为主题的推广活动页面展示，卖家只有同意活动要求的折扣后，才能申请此展示位。

（4）邮件促销。平台会给买家发送 E-mail 促销邮件，申请此展示位的产品会出现在该促销邮件中。

项目评价

学习评价见表7-5。

表7-5 学习评价

评价指标		评价得分	未掌握情况记录
知识	了解跨境电商营销的概念		
	了解数据对于营销的作用		
	掌握站内营销的方法		
技能	能理解营销在跨境电商中的作用,会使用站内营销方式进行营销活动		
	会使用站外推广方式进行营销活动		
	会运用数据化思维分析营销效果		
素养	具备规则意识		
	具备保密意识		
	具备法制道德意识		
总分			
自评人:		教师:	

注:评价得分区间为0~10分,0分为完全未掌握,10分为完全掌握,数字越大代表掌握程度越深,评价者依据自身实际情况进行评分。未满10分的评价指标在最右一列陈述未掌握的具体情况,并据此向老师或同学提问

项目八

畅通全球——借助跨境电商物流与供应链

知识目标
1. 了解跨境电商 B2C 进口物流的模式。
2. 了解跨境电商 B2C 出口物流的模式。
3. 了解海外仓的相关知识。

能力目标
1. 掌握各出口物流模式的优劣势，可以根据实际情况选择合适的物流模式。
2. 能够计算各不同物流模式的运费。
3. 能够计算海外仓的头程费用及仓储相关费用。

素养目标
1. 通过物流过程的学习树立法治观念。
2. 通过物流技术的学习树立大国自信。
3. 通过供应链内涵的学习增强合作意识。
4. 通过供应链风险的学习增强风险意识。

知识导图

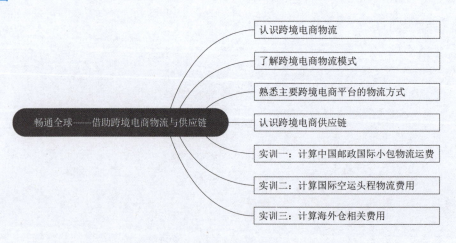

前言

在跨境电商的交易过程中，物流扮演着重要角色，它对产品成本和客户体验均有着重要的影响。目前，市场上有多种物流模式，要想从各种各样的物流解决方案中选出最适合的，就需要卖家对主要的跨境物流方式及其运费有所了解。

运营故事

中国物流的海外"双十一",如何打通"最后一英里①"

在全球消费者忙于在"双十一"购物节挑选各种好物时,中国高效的物流不仅给消费者带来极佳的购物体验,也引发国内外媒体的广泛关注。媒体报道,中国政府正推动中国变成物流强国。随着中国电商和技术巨头进军配送和快递领域,它们或将推动全球物流业发生巨变。

近年来,随着中国电商平台跨境业务的发展壮大,中国物流企业也顺势得到快速发展,并不断打开国际市场,加速出海步伐。顺丰、菜鸟国际、京东物流等快递服务迅速崛起,不仅成为快递业务快速发展的一个缩影,也使得中国的快递业务开始在国际市场展开,并占有一席之地。相关数据显示,海外某发达国家快递行业的包裹量不足200亿件,而中国是其的5倍多,占全球包裹量的1/2以上。

中国快递业务的出海步伐在"双十一""6·18"等购物节中可窥见一斑。2023年11月2日,菜鸟国际启动全球首个跨境物流实况直播。48小时内,菜鸟全国最大跨境物流园区、最大自动化航空货运中心、规模最大的智能分拣流水线等"黑科技"首次亮相,让全球百万人通过直播的方式观看大量中国跨境包裹从仓库打包、分拣、出库到运输、登上国际货机的全流程。而全程只需5天,产品就能送到国际消费者手中,展现史上最快海外"双十一"的拳头产品"全球5日达"的效率。

美洲、欧洲、东南亚……越来越多的国际市场见证了中国速度的魅力,中资物流企业不仅带动中国贸易的发展,也成为助力全球外贸增长的重要力量。如何看待中国物流进入"出海时代"?随着中国物流的不断发展,世界物流格局将会有哪些新的变化?

中国物流企业加快出海

其实,早在"双十一"之前,中国物流企业就在加快出海的步伐。在"6·18"购物节,菜鸟跨境包裹从以往在内地等待中欧班列,变成从新疆阿拉山口随到随走模式,极大地提升了物流时效。而使用菜鸟本地自营末端配送,最快可实现次日达,不仅实现中欧物流提速超过10天,而且让物流成本也减少70%。

除了菜鸟,阿里巴巴、京东物流等都在加大国际货物仓储及物流配送服务的升级,提升出库效率和发货效率。2023年5月,阿里巴巴国际站上线物流跟踪平台,提供物流查询、发货异常主动预警等服务,让物流的出海质量得到保障。同时,阿里巴巴国际站也加大和全球物流企业的合作,覆盖从头程揽收到后端清关、本地运输等一站式跨境物流服务。阿里巴巴国际站通过不断扩大物流服务,目前在全球220多个国家和地区拥有超过26 000条运力专线。其他重要物流企业如顺丰也在2022年10月开通了新马泰物流线的服务。

第52次《中国互联网络发展状况统计报告》的数据显示,中国跨境电商货物进出口占整体外贸的比重由5年前的不到1%上升到5%左右,跨境电商主体的数量已经达到10万家以上,进出口额超过1亿元的已有大约7 800家。而2023年前9个月,跨境电商进出口额高达1.7万亿元,实现同比增长14.4%。

国内快递业务市场已经在多个快递品牌的竞争下趋向饱和的状态。国内激烈的价格竞争让不少小规模物流企业面临巨大的压力。因此,持续的整合成为国内物流市场的常见现象,规模较小的物流企业被规模较大的集团收购。随着国内物流市场被瓜分得所剩无几,国际市场不断增

---

① 1英里=1 609.344米。

跨境电子商务

长的快递业务需求让越来越多的中国物流公司看到了新的希望。

在政府的一系列刺激措施、完善的交通运输基础设施、广泛的仓储和存储设施网络及强大的互联网基础设施等因素的共同作用下，中国正逐渐成为全球运输和物流的重要参与者。早在新冠疫情暴发之前，亚太地区就已在国际货运代理市场发挥主导作用。在所有亚太国家中，中国是最大的物流服务市场，为全球物流产业的发展助力。随着电商的不断发展，中国物流系统的升级换代和物流企业不断出海，中国物流企业将在国际市场中扮演越来越重要的角色。

最后一英里

近年来，中国不断加大对物流基础设施的投资，并为此持续不断地制订宏伟计划。通过在国际大规模投资基础设施，中国不仅在物流市场上处于世界重要地位，而且在积极向其他国家提供物流解决方案技术。中国不仅劳动力资源丰富、成本相对较低，而且物流自动化程度也非常高，尤其是在电商领域。

新的消费趋势和物流服务也带来了新的挑战，如国际全流程服务的有效协调和管理。由于物流要迎合日益多样化的国际客户偏好，物流供应商不仅要努力处理各种各样的需求，而且还需要及时处理不同渠道之间的信息差。随着网上购物的常态化，国际消费者也对物流服务提出了更高的要求，不仅希望物流品牌有更大的知名度，而且希望有后悔和退货的权利，这意味着物流供应商必须加强他们的逆向物流能力。

对于物流公司而言，另一个重要的挑战是境外地区的末端配送和服务。这对物流公司提出了更高的要求，国际物流服务仅覆盖跨境运输链路还远远不够，物流全链路的顺畅是国际物流的关键，因此发展海外本地化业务非常重要。"最后一英里"成为物流企业需要解决的难题。

对于"最后一英里"，很多企业通过和国际企业合作，在海外建仓等方式简化流程，提升效率，实现在海外进一步扩大影响力。未来，随着物流基础设施的进一步完善，"最后一英里"或许将不再是中国物流的难题，出海也将成为越来越多企业的选择。

任务一　认识跨境电商物流

一、跨境电商物流的概念

（一）国际物流概念

通常说的国际物流（international logistics，IL）指的是当生产和消费分别在两个或两个以上的国家或地区独立进行时，为了克服生产和消费在空间距离和时间距离方面的障碍，对物品进行移动从而完成交易的一项活动。

（二）跨境电商环境对物流提出更高要求

随着跨境电商的高速发展，适应跨境电商的新型物流衍生了出来。跨境电商对物流提出了更高要求，具体表现在以下几个方面。

（1）跨境电商"多品种、小批量、多批次、周期短"的运营方式对物流的敏捷性提出了更高的要求。跨境电商网上交易后，要对物流信息进行快速更新，这就需要国际物流配合提升反应速度，使库存产品实现快速分拣和配送，从而满足跨境电商的时效要求。

（2）对于跨境电商卖家来说，国际物流不仅只有运输的功能，终端客户的产品体验也包括了国际物流的时效体验，甚至国际物流的成本也决定了卖家产品的竞争力。

(3) 跨境电商强调物流整合化和全球化。在跨境电商零售模式下，订单小而多，销售地分布范围广泛，如何将小订单按照区域或产品性质进行整合来实现规模效应，是国际物流应当思考的问题。

(4) 跨境电商要求物流注重 IT 系统化、信息智能化。在跨境电商的推动下，以信息技术为核心，国际物流全过程进行优化。现代各大国际物流服务商均致力于开发技术领先的物流 ERP 系统，以期提供更全面便捷的物流信息操作模式，实现跨境电商网上购物的一体化和智能化。

(三) 物流与跨境电商的关系

1. 从属关系

跨境电商产业链主要包括跨境电商平台、国际物流及跨境支付三个部分，其中国际物流是跨境电商在整个产业链中不可缺少的部分。在整个跨境电商环节中，物流成本占整个成本的 30%~40%，因此，物流在跨境电商贸易中扮演着非常重要的角色。

2. 相互促进

跨境电商的迅速发展对国际物流提出了高效化的要求，物流效率甚至成为二次订单转换的关键。反过来，高效的国际物流体系给跨境电商带来了更好的客户体验，国际物流的全球化也促进了跨境电商发展范围的扩大。

3. 相互竞争

在境内电商环境下，物流更多地依赖于电商的流量，议价能力相对较弱。但在跨境电商环境下，因为"跨境"二字赋予了物流企业更多的职责——通关，行业有了更高的门槛，所以相关企业的议价能力更强，占据的市场份额也更高。

(四) 国际物流特点

1. 存在通关环节

相比于国内物流，国际物流存在通关环节，国际物流的过程受到各国海关及相关法律法规的约束，所以国际物流从业人员应当掌握相关法律知识，树立法治观念。

2. 存在国家或地区之间的差异

国际物流涉及两个及两个以上的国家或地区，不同国家或地区之间存在法律、文化、政治、地理、科技等方面的差异，跨境物流从业人员应当关注这些差异，并制定应对措施。比如，中国具有较为完善的信息基础设施，国内快递能够做到全追踪、少丢件，但在国际物流过程中，会存在物流难以追踪或丢件的情况。

3. 存在流通品类差异

在禁运和限运物品品类上，国际物流和国内物流之间存在差异，物流从业人员应当掌握不同国家或地区对禁限售产品的规定，规避法律风险。

二、跨境电商物流常用的技术

在跨境电商的发展过程中，信息技术发挥了重要作用，如条码技术、GPS 技术、RFID 技术等，较大地提高了物流流通和管理效率。下面选取部分技术进行简单的介绍。

(一) 条码技术

条码是一种数据载体，它在信息传输过程中起着重要作用。采用条码作为物流过程中信息传递的载体，可以有效避免人工输入可能出现的失误，较大提高了入库、出库、制单、验货、盘点的效率。

常见的条码有一维条码和二维条码，一维条码是在一维空间中使用条、空进行编码；二维条码需要在水平方向和垂直方向识读全部信息。二维条码符号有矩阵式和行排式两种，具有检错与纠错特性。

（二）GPS 技术

GPS 是一种以人造地球卫星为基础的高精度无线电导航定位系统，它在全球任何地方及近地空间都能够提供准确的地理位置、车行速度及时间信息。

中国北斗卫星导航系统（BeiDou navigation satellite system，BDS）是中国自行研制的全球卫星导航系统，也是继美国 GPS、俄罗斯 GLONASS 之后的第三个成熟的卫星导航系统。

北斗系统由空间段、地面段和用户段三部分组成。空间段由若干地球静止轨道卫星、倾斜地球同步轨道卫星和中圆地球轨道卫星组成；地面段包括主控站、时间同步/注入站和监测站等若干地面站，以及星间链路运行管理设施；用户段包括北斗兼容其他卫星导航系统的芯片、模块、天线等基础产品，以及终端设备、应用系统与应用服务等。

（三）RFID 技术

射频识别（radio frequency identification，RFID）技术又称无线射频识别，俗称电子标签，是一种无线通信技术，可以通过无线电信号识别特定目标并读写相关数据，而且无须在识别系统与特定目标之间建立机械或者光学接触。射频识别系统最重要的优点是非接触识别，它能穿透雪、雾、冰、涂料、尘垢和条形码无法使用的恶劣环境阅读标签，并且阅读速度极快，大多数情况下用时不到 100 毫秒。

（四）大数据技术

物流行业联系着企业、商家、家庭和个人，所涉及的数据量非常大且具有一定价值，而大数据恰恰能对这些数据进行快速高效的处理，得到正确有用的信息，因此，大数据对物流行业发展具有重大意义。

大数据涵盖了许多高新技术，主要包括大数据存储、管理和检索使用（包括数据挖掘和智能分析）等技术。这些技术对物流行业发展的各个环节都有重要的影响，如采集信息端中的识别、定位和感知，信息传输中的移动互联网技术，以及数据的应用和开发，这将会使越来越多的数据中心出现。通过在行业发展环节中对大数据的充分利用，物流企业可以有效地管理公司员工，快速制定高效合理的物流配送方案，确定物流配送的交通工具、最佳线路并进行实时监控，这在很大程度上降低了物流配送的成本，极大地提高了物流配送的效率，给买家提供高效便捷的服务，实现买家与卖家之间的双赢。

素养小课堂

在跨境电商行业，合作意识对于确保供应链效率、适应市场变化、降低运营风险、跨文化交流及提高客户满意度至关重要。有效的合作可以帮助企业更好地管理复杂的国际业务，保持全球竞争力。

任务二　了解跨境电商物流模式

根据贸易模式，将跨境电商分为批发业务和零售业务，也就是 B2B 和 B2C 模式。对于批发业务，因交易具有少品种、大批量的特点，其物流模式与传统的国际贸易类似；对于零售业务，因交易具有多品种、小批量的特点，其物流模式较传统国际贸易发生了较大变化。跨境电商贸易模式和物流方式的对应关系如图 8-1 所示。

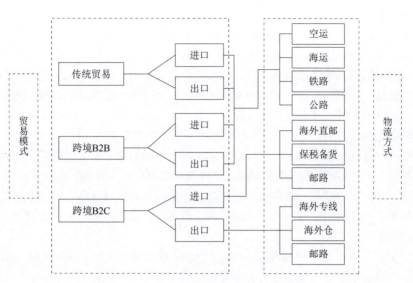

图 8-1 贸易模式和物流方式的对应关系

一、跨境电商 B2B 物流模式

跨境电商批发业务，因其交易对象多为大批量货物，其物流模式与传统国际贸易采用的国际多式联运相似。

（一）国际多式联运的概念

国际多式联运是采用两种或两种以上不同运输方式进行联运的运输组织形式，这里所指至少两种运输方式可以是海陆、陆空、海空等。

（二）各种运输方式的特点

各种运输方式均有自身的优点与不足，由于国际多式联运严格规定必须采用两种或两种以上的运输方式进行联运，因此这种运输组织形式可综合利用各种运输方式的优点，节省运输成本。不同运输方式的对比见表 8-1。

表 8-1 不同运输方式的对比

运输方式	优点	缺点	适用物品
海运	运量大、运费低、续航能力强	灵活性差、受天气影响大、速度慢	运费负担能力小的大宗货物
空运	速度最快、不受地形限制、基建周期短	运量小、成本高、受天气影响大	价值高、紧急需要的货物
公路	灵活、速度快、门到门	运量小、成本高、安全性差	近距离、小批量的货物
铁路	运量较大、受天气影响小、费用较低	前期投资大、基建周期长	价值低的大宗货物

（三）典型国际多式联运介绍

由于国际多式联运具有其他运输组织形式无可比拟的优越性，因而这种国际运输形式已在世界各主要国家和地区得到广泛推广和应用，其组织形式包括以下几种。

1. 海陆联运

海陆联运（sea-land service）是国际多式联运的主要组织形式，也是远东/欧洲多式联运的主要组织形式之一。目前组织和经营远东/欧洲海陆联运业务的主要有班轮公会的三联集团、北荷、冠航和丹麦的马士基等国际航运公司，以及非班轮公会的中国远洋运输公司、中国长荣航运公司和德国那亚航运公司等。这种组织形式以航运公司为主体，签发联运提单，与航线两端的内陆运输部门开展联运业务，并与陆桥运输展开竞争。

2. 陆桥运输

陆桥运输（land-bridge service）是指采用集装箱专用列车或卡车，把横贯大陆的铁路或公路作为中间"桥梁"，使大陆两端的集装箱海运航线与专用列车或卡车连接起来的一种连贯运输方式。严格来讲，陆桥运输也是一种海陆联运形式，只是因为其在国际多式联运中的独特地位，故在此将其单独作为一种运输组织形式。在国际多式联运中，陆桥运输起着非常重要的作用。

3. 海空联运

海空联运又称空桥运输（air-bridge service）。在运输组织形式上，空桥运输与陆桥运输有所不同，陆桥运输在整个货运过程中使用的是同一个集装箱，不用换装；而空桥运输的货物通常要在航空港换入航空集装箱。这种联运组织形式以海运为主，只是最终交货运输区段由空运承担。

二、跨境电商 B2C 物流模式

跨境电商 B2C 物流模式

跨境 B2C 物流是跨境电商贸易中的重要一环，它主要解决了如何将产品送达买家手上的问题。由于跨境 B2C 物流相比国内物流的环节更多、价格差异更大、配送时间更长，因此需要卖家合理地利用和整合物流资源，以便降低交易成本及提高买家购物体验，最终提升产品的市场竞争力。

（一）跨境电商 B2C 进口物流

跨境电商 B2C 进口物流的常用模式有保税备货、海外直邮和邮路两种，如图 8-2 所示。

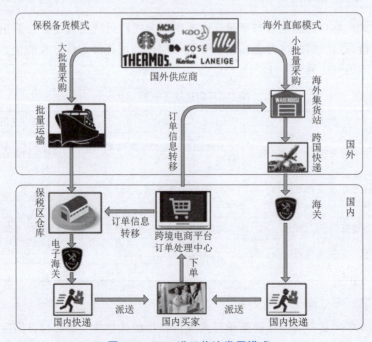

图 8-2　B2C 进口物流常用模式

1. 保税备货

保税备货的操作流程：跨境电商平台在海外大批量集中采购产品，然后将产品预先通过海运、空运或陆路等批量物流方式运送回国，产品入境后集中储存在保税区仓库。待销售后台接到订单后，利用电子清关，直接由保税区发货，通过国内快递将产品派送至买家手中。

保税备货的优势如下。

(1) 派送周期短，客户体验显著增强。
(2) 大批量运输，物流成本低。
(3) 通关能力强，全程信息可跟踪，可采用电子通关，渠道正规。
(4) 经销受到市场检验认可的爆款产品及大众产品时优势明显。

保税备货的劣势如下。

(1) 产品的品类比较单一。
(2) 资金回流速度慢。

适用平台：保税备货模式适用于品类单一、实力雄厚的大型国内代购平台。代表平台有天猫国际、唯品会、聚美优品、美悦优选等。

案例链接

"双十一"，刘小姐在天猫国际上的某店铺购买了一罐荷兰原装进口奶粉。下单后的第4天她就收到了包裹，快递费和收货时间与国内淘宝基本一样。

刘小姐不知道的是，为了缩短海外直邮时间，这罐奶粉是提前从荷兰空运回国，经海关备案后，运送至天猫国际保税仓。据该跨境店铺客服介绍，该店从当年5月份开始和菜鸟物流合作，店铺数据和保税区对接，付款后即可推送数据到海关，清关时间显著缩短，一般下单后3~7天内即可收到包裹，比海外直邮快捷方便多了。

2. 海外直邮

海外直邮又称海外直发，其操作流程：跨境电商平台从国外供应商处进行小批量的采购，然后将其集中存放在海外集货点（海外仓）。当国内买家下单（或集合多人订单）后，由集货点通过国际快递将产品直接邮寄给买家（跨国快递负责将产品递送到国内口岸，清关后合作的国内物流企业进行派送）。

海外直邮的优势如下。

(1) 产品品类丰富，能为买家提供稀缺、优质、新奇的全球产品，满足个性化购物需求。
(2) 没有任何第三方中转，避免"假货""掉包"现象。

海外直邮的劣势如下。

(1) 物流成本较高。
(2) 派送周期长。
(3) 必要时需要建设海外集货点。

适用平台：品类多样的大型综合类境外电商平台及综合类代购平台。代表平台有亚马逊、日本乐天、网易考拉等。

在海外直邮物流模式中，通常供应商和电商卖家会将跨境物流环节整体外包给专业的跨境综合物流公司（如递四方），最终由这些公司负责产品的全程门到门物流服务。通常B2C模式平台的卖家会选择海外直发物流模式，因为其销量不是很高，没有建立保税仓的必要性。以递四方旗下的跨境B2C进口产品转运四方为例，其核心线路能覆盖主要发达国家发往国内的线路，清关一般为1~3天。由于这些线路货量充足，基本能保证每周5次的发货频率，如美国专线14天以内到达的运费在 100 元以内，10 天以内到达的运费在 280 元左右。

3. 邮路物流模式

在邮路物流模式下，卖家将个人买家购买的产品通过快递和邮政渠道派送至国内。通过邮路从国外运输至国内的产品，一般是由卖家单件发货，视同个人行为，因此物流主体主要是邮政和国际快递公司（如 UPS、FedEx 和 DHL 等）。

邮政途径的国际物流模式主要通过"国际小包"实现。目前常见的国际小包服务渠道有中国邮政小包、新加坡邮政小包、荷兰小包、瑞士小包、俄罗斯小包等。相比于其他运输方式（如快递），国际小包服务有绝对的价格优势。采用此种发货方式可最大限度地降低成本，提升价格竞争力。国际小包物流服务价格包括邮费、处理费、挂号费及保险费等。

国际 e 邮宝是中国邮政为满足跨境电商物品寄递需要，与主要电商平台合作推出的速递产品，目前主要发往美国、澳大利亚、英国、加拿大、法国、俄罗斯等国家。其时效相对于国际小包较快。整体来看，采用邮政渠道寄送产品，具有如下特点：借用了万国邮政联盟（UPU）覆盖全球的庞大网络；顺畅的通关能力有效缩短发货时限；合理的资费；安全可靠的运输服务如提供仓储、理货、拣货、寄递一条龙服务；为国际电商市场提供整合的全球化运递服务；快捷多样的运输方式，拥有签约航班和签约货轮。

快递递送的国际物流模式主要是通过 EMS、DHL、UPS、FedEx、顺丰等快递公司的国际快递业务，将产品送至买家手中。快递递送的优点是速度快、递送及时，运输过程透明可查询；缺点是大部分快递物流费用较高。因此采用快递递送的跨境电商产品主要是一些价值高、重量轻的产品。

知识拓展

进口物流模式的选择

在多种进口物流模式中，一般认为，保税备货模式是未来发展潜力最大的一种，原因有以下几点。

（1）产品物美价廉。由于保税备货模式具有速度快、价格低、透明化的特点，因此卖家提供的产品物美价廉，适合中国现阶段的消费国情。

（2）电商化趋势下，提前备货可直接实现。从本质上来说，保税备货模式是依托大数据精准预测的仓库前置，而电商化的购物过程和大数据技术的发展使其成为可能。

（3）国家政策支持。在国家推出试点城市以后，保税模式下的跨境消费得到了极大的发展。

（二）跨境电商 B2C 出口物流

跨境电商 B2C 出口物流所进行的国际货运以快递包裹和各种专线方式为主，有实力的卖家还会在国外设立海外仓，提供更加便宜、快捷的物流派送服务。

1. 邮政物流

跨境电商 B2C 出口物流之邮政物流

跨境电商 B2C 出口业务 70% 的包裹都通过邮政系统投递，其中中国邮政（图 8-3）占据 50% 左右的市场份额。中国邮政提供的物流服务包括中国邮政小包和大包、e 邮宝、中国邮政速递物流分公司的 EMS。

图 8-3 中国邮政

邮政物流系统覆盖面非常广，基本上全世界的国家和地区都加入了万国邮政联盟，联盟成员均承诺提供基础服务并只收取较为低廉的费用。例如，中国发往美国的很多包裹运费都相当便宜，美国总统特朗普就曾公开批评，美国邮政蒙受巨额亏损，却在邮资收取上过于低廉。

（1）中国邮政小包。

中国邮政小包即中国邮政航空小包，又称中邮小包，是指中国邮政通过航空寄往国外的小邮包。

中国邮政小包分为两大类，一类是中国邮政平常小包（平邮），卖家只能通过条码用电话查询邮包在国内的状态，国外派送进程则无法追踪；另一类是挂号小包，卖家可以利用条码跟踪邮包在大部分目的国的实时派送状态。

①运费计算。

平邮和挂号小包的运费计算方式略有不同，具体表现为挂号小包要比平邮多支付一份挂号费。中国邮政小包的运费计算公式如下：

运费总额（平邮）= 标准运费×计费重量×折扣

运费总额（挂号）= 标准运费×计费重量×折扣+挂号费

小知识：卖家可以登录速卖通网站首页，依次进入"卖家入口"→"入驻须知"→"物流服务"页面；在"物流方案推荐"栏目下可以看到"中国邮政挂号小包"项目，单击中国邮政图标进入详情页面；在此页面可以查看中国邮政挂号小包的运送范围及价格。

此外，卖家还可登录中国邮政官方网站查询挂号小包的实时状态（挂号小包在大部分国家或地区可全程跟踪，但部分国家或地区只能查到签收信息，另一些国家或地区则不提供信息跟踪服务）；平邮小包不受理查询。

②包裹体积限重。

中国邮政小包货物体积限重规定见表8-2。

表8-2 中国邮政小包货物体积限重规定

包裹形状	重量限制	最大体积限制	最小体积限制
方形包裹	单件邮件包裹重量≤2千克（至阿富汗的包裹重量≤1千克）	单件邮件的长+宽+高≤90厘米，单边长度≤60厘米	至少有一面的长度≥14厘米，宽度≥9厘米
圆筒形包裹		圆筒形邮件直径的两倍+长度≤104厘米，单边长度≤90厘米	圆筒形邮件直径的2倍+长度≥17厘米，长度≥10厘米
注：方形包裹和圆筒形包裹在重量方面的限制一致，但是在体积限制上却不一致，在实践时一定要注意。			

③预计时效。

正常情况下，中国邮政小包的包裹会在16~35天送达；如遇节假日、政策调整或目的地属于偏远地区等特殊情况，包裹将在35~60天送达。在速卖通平台上，物流商承诺，除了不可抗力及海关验关之外，包裹自揽收日起60天内必达。

④适用情况。

总体来说，中国邮政小包属于性价比比较高的物流方式，其运费相对较低、递送范围非常广（基本覆盖全球）、清关能力强、可邮寄产品种类多，适合单个包裹重量较轻，价格要求实惠且对时限、跟踪查询要求较低的产品。

但是由于中国邮政小包属于民用包裹，而海关对个人邮递物品的验放遵循"自用合理数量"的原则，即以亲友之间相互馈赠自用的正常需要数量为限。因此，数量太大的产品不宜选用这种物流模式。

（2）e邮宝。

e邮宝即epacket，是中国邮政速递物流为满足国际电商轻小件物品寄递市场需要而推出的跨境国际速递产品。该产品以EMS网络为主要发运渠道，出口至境外邮政后，通过目的国邮政轻小件网投递邮件，可以向跨境电商平台和跨境卖家提供便捷、稳定、优惠的轻小件物流服务。目前e邮宝业务已通达俄罗斯、美国、巴西、西班牙、法国、荷兰、英国、澳大利亚、加拿大、以色列等35个国家或地区。

小知识：EMS是中国邮政提供的特快专递邮件服务。由于EMS的跨境物流是中国邮政与其他国家或地区的邮政合办的，所以在邮政、海关、航空等部门享有优先处理权，这也是EMS与其他商业快递的不同之处。

①运费计算。

e邮宝的运费根据包裹重量按克计费。根据最新报价，巴西、日本、新西兰、俄罗斯、美国按照50克起重计费，乌克兰按照10克起重计费，其他国家和地区无起重要求。

②包裹体积限重。

e邮宝的包裹体积限重详见表8-3。另外也要注意方形包裹和圆筒形包裹在重量方面限制一致，单件邮件重量≤2千克；但是在体积限制上却不一致。

表8-3 e邮宝的包裹体积限重表

包裹形状	重量限制	最大体积限制	最小体积限制
方形包裹	单件邮件重量≤2千克	单件邮件的长+宽+高≤90厘米，最长边≤60厘米	至少有一面的长度≥14厘米，宽度≥11厘米
圆柱形包裹		圆筒形邮件直径的两倍+长度≤104厘米，长度≤90厘米	圆筒形邮件直径的2倍+长度≥17厘米，长度≥11厘米

③预计时效。

e邮宝预计时效在正常情况下，目的地为俄罗斯、乌克兰、沙特阿拉伯等国时，包裹将在7~15个工作日送达，其他国家或地区则在7~10个工作日送达。如遇销售旺季（如"双十一"期间）、节假日、政策调整或目的地属于偏远地区等特殊情况，包裹将在15~20个工作日送达。

④适用情况。

跨境电商B2C出口物流之国际快递

e邮宝的优点主要是投递网络强大，价格合理，按实重计费；清关能力强，具有优先清关权，通关不过的货物可以免费运回国内（其他快递此服务一般是收费的）；可走敏感货物（如保健品、药品、化妆品、液体等）通道；在寄往俄罗斯及南美时有绝对优势。

e邮宝的缺点是派送速度比快递慢，适用于小件且对时效性要求不高的货物，大件货物的价格则显得过高；不受理查单业务；不承诺投递时限。

2. 国际快递

自TNT（天地快运）被FedEx（联邦快递）（图8-4）收购后，四大国际快递巨头只剩下了三家：UPS（联合包裹速递服务）、DHL（敦豪快递）（图8-5）和FedEx。这三家国际快递公司占据了中国国际快递业务80%的市场份额，虽然国内的顺丰、申通等也在开始慢慢布局海外市场，但仍然差距明显。

国际快递的特点是快但是贵，通常只有在寄送一些货值较高、时效性要求较高的货物时才会采用，如寄手机、样品等。

图8-4 联邦快递

图 8-5　UPS 和 DHL 快递

以 UPS 为例，其主要提供 4 种快递服务：全球特快加急、全球特快、全球速快和全球快捷。其中全球特快加急资费最高，速度最快；全球快捷价格最低，速度最慢。速卖通平台上主要采取全球速快和全球快捷两种快递服务方式。

（1）运费计算。

关于 UPS 的资费标准，卖家可以登录 UPS 官网查询。值得注意的是，国际快递寄递货物的总计费重量取包裹的实际重量和体积重量中较大的，不足 0.5 千克的按 0.5 千克计算，超过 0.5 千克的按 1 千克计算。

一般国际快递的体积重量计算公式如下：

$$体积重量 = 长 \times 宽 \times 高 / 5\ 000$$

式中，长、宽、高单位为厘米。

（2）体积限重。

国际快递具体的体积重量限制标准：每个包裹的重量不得超过 70 千克；每个包裹的长度不得超过 270 厘米；每个包裹的长度和周长（宽度加高度的 2 倍）之和不得超过 330 厘米。

（3）预计时效。

UPS 包裹一般在 2~4 个工作日送达（不包括海关通关时间）。买家可登录 UPS 官方网站查询包裹的实时状态。

（4）适用情况。

UPS 的主要优点是速度快，一般 48 小时可达美国；覆盖广，物流网络延伸至全球 200 多个国家和地区，尤其适合美洲路线；各项服务周到细致。

UPS 的缺点也很明显，一是运费较高；二是物品限寄要求多。

3．国际专线

国际专线与传统物流（包括邮政物流和商业快递）的不同之处在于一个"专"字，一般是通过航空包舱的方式将货物运输到国外，再通过合作的物流公司进行目的国内的派送。国际专线通过规模效应来降低物流成本，总体时效比邮政物流快，比国际快递慢。以速卖通平台为例，其主要采用的国际专线有 Aramex 中东专线（见图 8-6）、燕文航空挂号小包（special line - YW）、中外运－西邮标准小包（CORREOS PAQ 72）、中俄航空 Ruston（Russian Air）等。

国际专线

图 8-6　中东专线

下面以 Aramex 中东专线为例进行说明。

Aramex 中东专线服务目前支持中东、印度次大陆、东南亚、欧洲及非洲航线，在速卖通平台上的发货目的国共有 28 个，且均为全境服务。

(1) 运费计算。

Aramex 中东专线的运费包括基本运费和燃油附加费两部分，其中燃油附加费每个月都会有所变动，卖家可登录 Aramex 的官网进行查询。

Aramex 中东专线的运费计算公式如下：

运费总额=(首重价格+续重重量×续重价格)×燃油附加费(百分比费率)×折扣

与国际快递类似，Aramex 中东专线计费也同样取包裹的实际重量和体积重量中较大的。

(2) 体积限重。

Aramex 中东专线快递对包裹的体积和重量分别有限制：单件包裹的重量不得超过 30 千克，体积不得超过 120 厘米×50 厘米×50 厘米；若单件包裹重量超过 30 千克，则体积必须小于 240 厘米×190 厘米×110 厘米。

(3) 预计时效。

在目的地国家或地区无异常的情况下，包裹一般在 3~6 天送达。

(4) 适用情况。

Aramex 中东专线是跨境产品邮寄中东地区的首选，在价格上具有极大优势，且无须附加偏远费用。

案例链接

小周开店一个多星期，终于收到了速卖通平台上的第一个订单。然而，当他兴奋地打开订单的时候，却发现订单详情里面显示的物流费用居然高达 458.56 美元。这可把小周吓了一跳，他不得不反复核对相关信息。"产品重量是每件 4 公斤①，没错。产品包装尺寸是每件 55 厘米×65 厘米×55 厘米，每件……"小周默念着网上的信息，"天啊，不对，55 厘米×65 厘米×55 厘米是自己以前做外贸大单的时候一个标准箱的体积，实际来说可以装 6 件衣服。"

UPS、DHL 和 FedEx 等国际快递公司计算运费的时候，是按照体积重量和实际重量中较高的一个来算的，按照小周填写的包装尺寸，如果选择 UPS 发货，那体积重量就是 55 厘米×65 厘米×55 厘米/5 000=39.325 公斤，已经是产品实重的 10 倍，运费自然也就高得离谱。

小周从这件事情中吸取的教训就是要老老实实地了解国际快递公司计算运费的方式，另外，产品的包装尺寸一定要谨慎结合实际情况填写。

4. 海外仓

认识海外仓

在我国跨境电商走出国门，与国外供应商同台"竞技"的时候，直邮的物流缺陷（物流时间过长、包裹容易丢失、不能及时退换货等）是一个需要尽快破解的难题。"海外仓"正是在这样的市场诉求中应运而生的。

(1) 海外仓模式。

①海外仓的定义及流程。

海外仓是指由跨境电商平台、物流服务商单独或合作为卖家在物品销售目的地提供的货品仓储、分拣、包装、派送等一站式物流仓储服务。当该国或地区买家在线上下单之后，由当地的仓库直接向其派送包裹。这无疑大幅缩短了包裹配送时间，极大地提升了买家的购物体验。

---

① 1 公斤=1 千克。

一般来说，整个海外仓的流程包括头程运输、仓储管理、本地配送三部分，具体如图8-7所示。

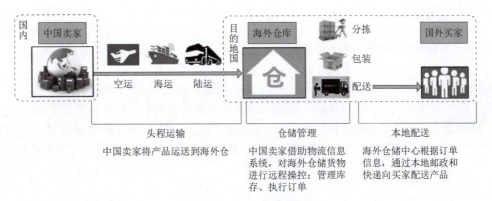

图 8-7 海外仓的流程

② 海外仓的分类和成本。

目前，海外仓主要有三种形式：亚马逊 FBA、卖家自建海外仓及与第三方海外仓服务商合作（分为租用和合作建设）。海外仓整体的使用成本由三部分构成，价位介于国际快递与 e 邮宝之间。

海外仓整体使用成本计算公式如下：

海外仓成本=头程物流费+仓储及处理费+本地配送物流费（尾程）

式中，卖家与第三方海外仓服务商合作时，只产生头程及尾程的物流费而无须仓储及处理费。

③ 海外仓的优缺点。

虽然海外仓对降低物流成本和提升买家购物体验均有较大益处，但是并非所有卖家都适合做海外仓。如果卖家的在售产品属于季节性产品或产品市场前景并不明朗，那么千里迢迢地备货到海外仓就存在着巨大的风险。

海外仓的优点如下。

• 产品所在地为目标市场所在国或地区，很多电商平台对当地发货的产品会给予流量倾斜，极大地提高了产品曝光率和转化率。

• 一般来说，若产品由当地发货，其报价可比由国内发货的产品报价高 30% 以上。卖家可提高产品售价，实现有竞争力的本土销售。

• 物流配送时效显著缩短，大部分都能配合跨境电商平台 5 天妥投的要求。

• 产品批量运输至目标市场所在国或地区，物流成本大幅降低。

• 拓展销售品类，某些大件产品或航空禁运的产品可以经由海外仓发货。

• 能够提供快速的退换货服务，提升买家购物体验。

海外仓的缺点如下。

• 仓储及处理费较高，也是最大的缺点。

• 需要囤货，有库存风险；资金回流慢。

• 不便于同时运营较多的产品品类，某些品类容易滞销。

小知识：对于很多中小卖家来说，货值小的产品采取海外仓形式，其仓储及处理费很可能使产品的利润归零；而在市场并不明朗的情况下，对货值大的产品进行囤货，又会占用大量的资金。为了解决以上痛点，第三方物流企业开发了"虚拟海外仓"服务。

虚拟海外仓是一个综合国内直发货和海外仓发货的出口物流模式，其操作流程为当卖家店铺产生订单后，先在国内打好国外尾程运输面单，在包裹上贴好面单后，通过各种快递渠道将包裹发到海外仓，由海外仓再进行本地派送。

虚拟海外仓最显著的优势就是不用备货到海外仓却能显示国外本土发货，时效只是多了头程2天左右的时间，不影响总体时效。此服务较大地提升了卖家的产品竞争力，同时还能享受跨境电商平台对本地发货产品的相关倾斜政策。

（2）亚马逊FBA。

亚马逊FBA

在亚马逊平台上，卖家向买家递送产品的物流方式有两种，一种是FBM（fulfilment by merchant）自发货（产品销售后卖家自己负责物流发货到买家）；另一种就是FBA（fulfilment by Amazon）物流。FBA的买家体验极佳，并且使用FBA发货的产品还能获得亚马逊平台的流量支持，因此，很多卖家选择使用FBA服务。

①FBA海外仓概述。

FBA是由亚马逊提供的包括仓储、拣货、打包、派送、收款、客服与退货处理的一条龙式物流服务。

使用FBA的卖家首先需要将库存产品运送到亚马逊海外仓库；然后亚马逊仓库会接收产品并编录卖家货物信息；随后在买家搜索并购买卖家产品后，亚马逊仓库利用先进的库存管理系统进行分拣、打包；最后亚马逊仓库会使用买家选择的物流商配送产品，并为买家提供订单跟踪信息、退换货等一系列的售后服务。对此，亚马逊会向卖家收取FBA服务费。

FBA拥有非常发达的全球物流网络，其海外仓分布在世界各地。截至2017年年底，FBA仓已建到了美国、英国、德国、法国、日本、加拿大、西班牙、意大利、捷克和波兰10个国家。

在将产品发往FBA仓库之前，卖家需要在亚马逊卖家后台进行FBA发货设置。以欧洲Amazon后台为例，FBA的后台设置流程如下。

步骤1：打开亚马逊卖家后台，单击inventory按钮，进入卖家库存管理页面，如图8-8所示。

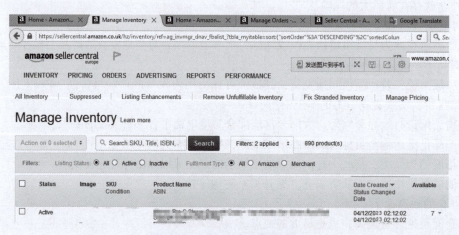

图8-8　FBA后台设置步骤1

步骤2：在页面中的产品列表下，勾选卖家需要采用FBA发货的产品，然后依次单击工具栏左上方的Actions on 1 Selected（对一个选定的对象进行操作）按钮和Send/Replenish inventory（发送/补充库存）按钮，如图8-9所示。

项目八 畅通全球——借助跨境电商物流与供应链

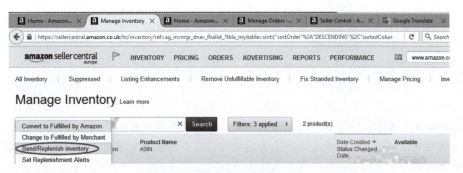

图8-9 FBA后台设置步骤2

步骤3：当页面跳转后，单击右下角的Convert & Send inventory按钮即可成功创建发货计划。

步骤4：创建发货计划完成后，选中continue to shipping plan左侧的单选按钮，选择卖家所需要发货的目的地。

步骤5：如果需要同时创建多个产品的发货计划，只需在第一步时同时勾选所有需要发货的产品，以同样步骤操作即可完成。

由于FBA不负责产品出口和进口的清关服务、代收关税及中国派送至亚马逊仓库的物流，因此，与一般的海外仓成本相比，FBA的费用少了头程物流费用，其费用计算公式如下：

$$FBA 费用 = 仓储费 + 产品处理费 + 本地配送费$$

②FBA头程物流。

FBA头程是指从中国将货物运至目的地亚马逊仓库的一个跨国物流流程。目前，市场上有以下几种发货方式可实现这种需求。

- 商业快递直发。

商业快递就是指通过DHL、UPS、FedEx之类的国际快递公司直接发货到亚马逊仓库，其优点是时效快、免预约入库（其他物流公司需要预约，只有在预约的时间内送货，仓库才会收货），适合紧急补货；缺点是价格较高。

值得注意的是，亚马逊不作为清关主体，不负责清关和缴税，卖家一定要做好申报和关税预付，并提前与当地清关公司进行协调。

- FBA空+派。

FBA空+派是指使用空运先将产品运送到目的地，再使用当地快递派送至亚马逊仓库。采用这种方式时效快，但略比商业快递慢。现在市面上第三方物流公司提供的FBA空+派服务一般是双清包税的（保证寄件国海关正常出口和保证目的地能清关，并且包关税）。

- FBA海运头程。

FBA海运头程服务包括产品从中国到目的国的出关及海运，目的国的清关和目的国派送。FBA海运头程时效长，一般要一个多月，通常需要入库预约，操作比快递麻烦，但是价格便宜，适合不紧急的补货。

(3) 速卖通海外仓。

由于速卖通没有自营的海外仓，因此需要其平台卖家自建海外仓或通过与第三方海外仓物流商合作来解决海外建仓的问题。

①速卖通海外仓概述。

虽然速卖通平台并没有自营的海外仓，但鼓励卖家使用海外仓发货，不但会

速卖通海外仓

对海外仓储的卖家进行特别标注,而且还会针对不同国家和地区开展专场推广服务,同时增加产品的曝光量,以提醒买家注意,促成双方达成交易。速卖通平台推荐的第三方海外仓物流商主要有"出口易""4PX递四方速递"等。

目前,速卖通平台只支持9个发货国家,分别是美国、英国、德国、西班牙、法国、意大利、俄罗斯、澳大利亚、印度尼西亚。

小知识:虽然速卖通平台规定只能设置以上9个海外发货国家,但是并不是说海外仓的产品只能发货到这9个国家。除了俄罗斯、澳大利亚、印度尼西亚之外,其他发货国都有相应的辐射范围,如设在美国的海外仓,发货国除了美国以外,还可以辐射到加拿大、墨西哥、智利、巴西等国。其他国家海外仓的辐射情况可登录速卖通官网进行查询。

②对于海外发货地的设置。

海外发货地首先是卖家已拥有备货的国家,同时也只有卖家已经备货到了海外,才能向速卖通平台申请成为海外仓卖家。海外发货地的设置流程如下。

- 备货到海外,即上面提到的9个国家。
- 报名成为海外仓卖家,平台会在7个工作日内完成审核。
- 开通海外发货地设置权限。
- 编辑运费模板,新增海外发货地,运费模板可包含多个发货地,分别设置运费及运达时间。
- 编辑产品,新增海外发货地。

卖家编辑海外仓运费模板的步骤如下。

步骤1:首先需要登录"产品管理"→"运费模板"→"管理运费模板"页面,然后在"管理运费模板"页面中单击"新增运费模板"按钮。

步骤2:卖家在申请开通海外仓功能后,平台一般会在几个工作日内完成审核,具体的审核时间可能会根据当前的申请量、需要审核的细节以及特定政策等因素有所变化,对通过审核的卖家发放设置海外发货地的权限。此时,通过审核的卖家可在"新增运费模板"页面中看到"增加发货地"按钮,如图8-10所示。

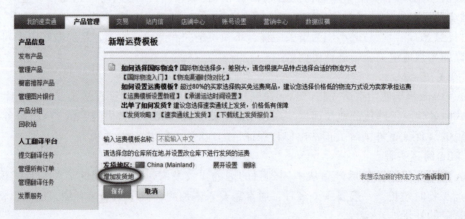

图8-10 增加发货地

步骤3:选择海外发货地。单击"增加发货地"按钮,然后勾选弹出页面中需要设置的发货国家和地区,最后单击"确认"按钮,如图8-11所示。

步骤4:单击发货地区后的"展开设置"按钮,可针对不同的发货地区及不同的物流方式分别设置运费及承诺运达时间,如图8-12所示。

项目八　畅通全球——借助跨境电商物流与供应链

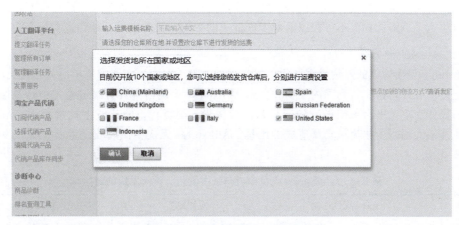

图 8-11　选择发货地所在国家和地区

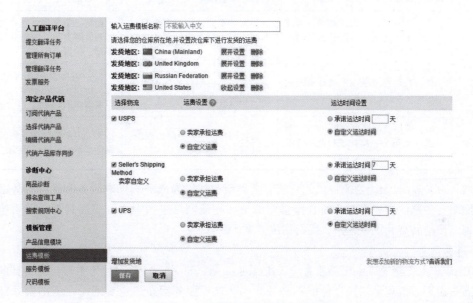

图 8-12　设置运费及承诺运达时间

步骤 5：设置完毕后单击"保存"按钮完成设置。

在运费模板设置完毕后，卖家就可以对已经发货到海外仓的产品页面进行编辑，为买家添加从"海外仓"发货的物流选择。

任务三　熟悉主要跨境电商平台的物流方式

在介绍海外仓知识点时，可以了解到亚马逊平台常推荐自己的 FBA 物流方式服务客户，其实 AliExpress、eBay 和 Wish 等跨境电商平台也都各显神通，为买家提供具有自己特色的物流方案以供选择。

一、AliExpress 无忧物流

AliExpress 无忧物流是速卖通和菜鸟网络联合推出的速卖通官方物流服务，能够为速卖通卖

187

家提供包括稳定的国内揽收、国际配送、物流详情追踪、物流纠纷处理、售后赔付等在内的一站式物流解决方案，降低物流不可控因素对卖家造成的影响，让卖家放心地在速卖通平台上经营。

（一）AliExpress 无忧物流与货代发货、线上发货的区别

AliExpress 无忧物流的发货流程和线上发货类似，都需要卖家在买家下单后先创建物流订单，再通过上门揽收或自寄交货到国内集货仓。而 AliExpress 无忧物流具有渠道稳定、时效性强、运费优惠、操作简单、平台承担售后和产品赔付等优势，与货代发货、线上发货相比，AliExpress 无忧物流能够大幅减少物流给卖家造成的困扰。AliExpress 无忧物流与线上发货、货代发货的对比见表 8-4。

表 8-4 AliExpress 无忧物流与线上发货、货代发货的对比

对比项	AliExpress 无忧物流	线上发货	货代发货
物流服务	稳定：官方物流，由菜鸟搭建，覆盖全球优质物流网络	稳定：与第三方优质物流商合作，平台作为第三方监管	不确定：货代市场鱼龙混杂，提供的服务不可控
人力成本	节省：一旦产生物流纠纷，卖家无须付出人力成本，而是由平台介入进行全流程处理	耗费：卖家需要花费大量的时间、财力和人力处理物流咨询、投诉	耗费：卖家需要花费大量的时间、财力和人力来处理物流咨询、投诉
资金成本	低：若因物流原因导致订单超出时限还未妥投，由平台承担赔款	高：因物流问题导致的损失可在线向物流商发起索赔	低：因物流问题导致的损失，由卖家自己承担，向物流申请索赔困难
卖家保护	有：因物流问题导致的 DSR（卖家评级）低分、高仲裁提起率、高卖家责任率均不计入考核	有：因物流问题导致的纠纷、DSR 低分不计入考核	无：因物流问题导致的纠纷将会影响卖家服务等级的考核

目前，AliExpress 无忧物流提供的物流方案类型包括简易服务、标准服务和优先服务都是通过菜鸟网络与多家优质物流服务商合作搭建的全球物流网络进行配送，菜鸟智能分单系统会根据目的地、产品品类和重量选择最优的物流方案。

1. 简易服务

AliExpress 无忧物流——简易服务（AliExpress saver shipping）是一种为小型包裹设计的物流服务，通常用于运送重量较轻且价值不高的产品。这项服务旨在为速卖通平台上的卖家提供一种经济有效的物流方案，特别是针对俄罗斯、乌克兰和西班牙等特定国家的小额订单。

2. 标准服务

AliExpress 无忧物流标准服务（AliExpress standard shipping）是速卖通平台推出的标准类物流服务。

3. 优先服务

AliExpress 无忧物流优先服务（AliExpress premium shipping）是速卖通平台推出的快速类物流服务。

（二）AliExpress 无忧物流的发货流程

卖家使用 AliExpress 无忧物流进行发货的流程非常简单，如图 8-13 所示。

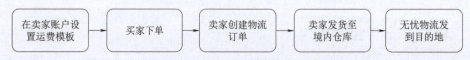

图 8-13 卖家使用 AliExpress 无忧物流进行发货的流程

二、eBay 的 SpeedPAK 物流

SpeedPAK 物流管理方案是 eBay 联合其物流战略合作伙伴橙联科技股份有限公司共同打造的以 eBay 平台为基础,为我国 eBay 跨境出口电商卖家量身定制的直邮物流解决方案。SpeedPAK 整合了目前市场上各项优质的国内揽收、国际空运及境外"last mile"派送资源,提供了高效的门到门国际派送服务。

小知识:last mile 的解释

术语"最后一公里"(last kilometer)或"最后一英里"(last mile)用于描述将货物从运输枢纽或配送中心运送到最终目的地(即客户手中)的过程。这是整个配送过程中最为关键且成本相对较高的一部分。"最后一公里"和"最后一英里"这两个术语在含义上是相同的,只是度量单位的差异——公里在使用公制单位的国家中更常见,而英里则在使用英制单位的国家(如美国)中使用。因此,eBay 的 SpeedPAK 物流提供的最后一段配送服务,无论称为最后一公里还是最后一英里,都指的是同一阶段的配送服务。

(一)SpeedPAK 的物流方案类型

1. SpeedPAK 标准型服务

SpeedPAK 标准型服务(standard shipping)已实现北美、欧洲、大洋洲的多方位覆盖,可到达的目的地包括美国、英国、德国、法国、意大利、西班牙、奥地利、比利时、瑞士、捷克、丹麦、匈牙利、爱尔兰、荷兰、波兰、葡萄牙、俄罗斯、瑞典、澳大利亚和加拿大。SpeedPAK 标准型服务提供门到门全程追踪服务,平均物流时效在 8~12 个工作日。

2. SpeedPAK 经济型服务

SpeedPAK 经济型服务(economy shipping)可到达英国、德国、法国、意大利、西班牙、葡萄牙、摩洛哥、爱尔兰、荷兰等 49 个国家。SpeedPAK 经济型服务提供门到目的地入境半程追踪的服务,平均物流时效在 10~15 个工作日。

3. SpeedPAK 经济轻小件

目前,SpeedPAK 已推出了英国路向的经济轻小件(SpeedPAK Lite)服务。英国轻小件只接受重量小于 750 克,厚度小于 2.5 厘米,且体积限制在 35.3 厘米×12 厘米×2.5 厘米之内的包裹(无压缩、无按压的状态下),若符合英国路向经济产品包裹的价格就会调整为轻小件价格。SpeedPAK 经济轻小件的平均物流时效在 10~15 个工作日。

(二)SpeedPAK 的特点

1. 平台保护

SpeedPAK 与 eBay 平台对接,推出的物流服务高度契合 eBay 的平台政策,因此享受相应的平台保护。

2. 合规

SpeedPAK 物流管理方案采取完全合法、合规的物流渠道进行货物运输,这就需要在国内分拣中心就对包裹进行安全扫描,并且拦截和退回违反进出口国海关规定或不符合空运安全规定的产品。这个合规操作流程虽然会导致小部分包裹被退回,但是确保了 SpeedPAK 在海关等各个渠道获得良好的信用记录,保障了绝大多数合规包裹可以获得较高的通关效率及较低的查验率。

3. 稳定

SpeedPAK 使用大数据系统对物流服务质量进行实时监控,建立了有效的预警机制,可以保障全年服务时效稳定。

三、Wish Express 物流

Wish Express（WE）是 Wish 为了更好地满足平台买家对配送时效的要求而推出的极速达项目，需要卖家提前将产品运到目的地国家的海外仓，当卖家收到订单后，产品会从海外仓直接配送至买家手中，从而实现快速配送。Wish Express 项目也俗称海外仓产品项目，对于项目中的产品，卖家要承诺在规定的时效之内交付给买家。

（一）Wish 海外仓介绍

Wish Express 是单个产品配送单个国家的解决方案，是 Wish 平台推出的旨在支持平台卖家开展海外仓业务的一种配送模式，是以买家体验为中心的标准化物流服务产品，平台承诺 5 个工作日妥投，并可实现全程物流追踪。FBW 是 Wish 平台提供的升级版海外仓储及物流服务，由 Wish 来履行订单。目前 FBW 在美国有 2 个认证仓，在欧洲有 1 个认证仓。FBW 也是 Wish Express 海外仓项目中的一部分，因此所有的 FBW 产品均享受 Wish Express 海外仓政策。FBW 和 Wish Express 作为 Wish 的重点项目，正在获得 Wish 平台越来越多的政策和流量倾斜。两者的不同之处在于，Wish Express 侧重于买家端，卖家可以选择 Wish Express 来妥投被选购的产品；FBW 侧重于卖家端的海外仓服务工具。

FBW 的运作流程如图 8-14 所示（以 FBW-US 为例）。

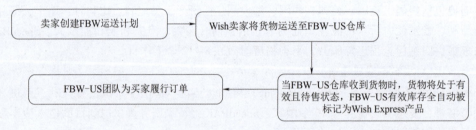

图 8-14　FBW 的运作流程

（二）加入 Wish Express 项目的优势

（1）加入 Wish Express 项目，产品会获得平均 3 倍多的流量，同时会有一些差异化的量入口，如 App WE Tab、Search WE Tab、详情页产品推荐栏等。

（2）产品会带有 Wish Express 徽章标识，此标识将告知买家能快速收到产品，从而极大地提高了转化率。

（3）加入 Wish Express 项目的卖家将获得 Wish 退货项目的资格，其产品可以退至设定的海外仓（目前只针对美国，其他市场正在开发该功能），从而降低退款率。

（4）加入 Wish Express，产品将会快速到达买家手中，从而提升买家对产品的整体评分和评价效率，缩短产品成长周期和回款周期。

（5）平台会针对 Wish Express 项目提供更多的产品支持，如营销、客服权限等。

任务四　认识跨境电商供应链

一、供应链的产生

在资源稀缺的市场环境下，企业掌握越多资源就越有话语权，因此，传统企业经营采用的是

纵向一体化管理模式。也就是，无论企业规模大小、实力强弱，从原材料的采购、成品的制造、市场的销售、客户的服务等，所有业务流程由企业独自承担，这样的管理模式存在一些缺陷。

（一）增加企业投资负担（资源约束）

企业要承担全流程业务，那么必然要在采购、制造、销售、客服等领域投入相应的资源，但企业的资源是有限的，在企业有限资源的约束下，很难做到每个领域都投入充足的资源，反而会因此背负沉重的财政负担。

（二）承担丧失市场时机的风险（船大难掉头）

企业涉足的领域越多，企业的规模就会越庞大，当市场发生转变时，企业很难快速调整经营策略，去适应市场的变化，就好比船小好掉头，船越大，惯性就越大，想转变航向就会比较困难，从而错失市场时机。

（三）迫使企业从事不擅长的业务活动

企业要独自承担全流程业务，但往往企业能力有限，很难在所有领域表现出色，这就迫使企业去从事不擅长的业务活动，从而出现短板。决定一个木桶盛水量的，往往是最短的那块板。

随着时间的推移，市场环境发生变化。如今，客户需求呈现出多样化、个性化的特点，企业想要控制的资源越多，反而越无法灵活地满足客户需求。企业开始意识到做大未必能做强，做强未必能做精，传统的纵向一体化管理模式已经不再适用，企业各自为政、独善其身的时代已经过去，只有团结合作，才能走得更远、发展得更好。

于是，企业开始建立合作联盟，将非核心的业务外包给合作伙伴，集中资源开展优势业务，借助合作伙伴的资源和能力对自身进行补充，实现协同发展。因此，横向一体化供应链管理模式应运而生。

二、供应链的概念

供应链是指围绕核心企业，通过对物流、信息流、资金流的控制，从采购原材料开始，制成中间产品及最终产品，最后由销售网络把产品送到客户手中，将供应商、制造商、分销商、零售商直至最终客户连成一个整体的功能网链结构。

其中，物流包括实质产品从供货商至客户的供应链管理和反向的产品退件及产品服务与弃置等；信息流包含需求测试、订单传递、产品运送状态的查询与告知等；资金流包含信用卡资料、信用管控、付款方式与计划，及委托销售等相关措施。

供应链（见图 8-15）涉及产品或服务从原材料采购、生产制造、配送到最终客户的一系列活动和流程。它涵盖了多个环节和参与者，构成了一个复杂的网络结构。以下是一个简单的供应链结构实例。

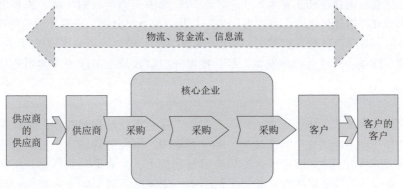

图 8-15　供应链结构实例

假设有一家生产和销售鞋子的公司,他们的供应链结构如下。

(1) 原材料供应商:这些供应商提供制造鞋子所需的原材料,如皮革、橡胶、鞋底等。公司与多个供应商建立合作关系,以确保原材料的稳定供应。

(2) 制造商:该公司拥有自己的鞋子制造工厂,可以将原材料转化为成品鞋子,包括设计、裁剪、缝制、质检等过程。制造商需要与原材料供应商进行紧密协调,确保原材料的及时交付和质量。

(3) 分销商:制造商将制成的鞋子交付给分销商,他们负责将产品分发到零售商或直接销售给最终客户。分销商可能是批发商、经销商或代理商,他们在供应链中起到连接制造商和零售商的作用。

(4) 零售商:零售商是最终将鞋子销售给客户的角色,可能是实体店铺、电商平台或其他销售渠道。零售商与分销商合作,购买鞋子并进行库存管理、促销活动及提供售后服务。

(5) 客户:最终的环节是客户购买鞋子并使用。客户的需求和反馈将影响整个供应链的运作和调整。

在这个供应链结构中,各环节之间需要进行信息和物流的流动,以确保产品的及时交付和质量控制。供应链管理涉及供应商选择、库存管理、生产计划制订、物流运输管控等方面的决策和协调,旨在实现供应链的高效运作和满足客户需求。

三、跨境供应链风险与协调

(一) 跨境供应链风险的种类和起因

供应链是环环相扣的紧密闭合链,任何一个环节出现问题,都会使这条连续的链断裂开,影响整个供应链的正常运作。因此,供应链管理者必须密切关注供应链风险,及时发现并采取应对措施。

供应链风险有些是由"天灾"造成的,即不可抗力的自然风险,如地震、火灾、台风和暴风雨雪等。例如,在台风期间,港口城市常常遇到因货轮不能进港、物料不能上岸,而无法进行装配生产的麻烦。人类目前普遍面临着环境恶化的挑战,天灾爆发的频率也越来越高,作为一种不可抗力,它将成为供应链的致命杀手。还有些是"人祸"引起的,相对于天灾而言,人为因素更加复杂多变。其中包括政治风险,如业务所在国家的政局动荡、罢工、战争等;经济风险,如从事国际物流必然要发生资金流动而产生的汇率风险和利率风险;技术风险,如独家供应商问题、IT技术的缺陷问题和信息传递方面的问题等;另外,还有其他不可预见的因素,如交通事故、海关堵塞、停水停电等都会影响供应链作用的发挥和正常运作。

(二) 跨境供应链风险的防范

为了保证供应链的稳定和正常运行,企业必须针对供应链运行的环境、成员之间的合作关系等,找出可能存在的任何风险,并对各种风险及其特征及时分析,采取不同的防范策略,保证供应链的运行时刻处于有效的监控状态,防止风险的发生。同时,企业还应针对潜伏的天灾人祸制定相应的应对措施,一旦有灾难发生,尽量将损失控制在最小范围内。常用的几种防范方法如下。

1. 采取柔性化策略

供应链合作中存在需求和供应方面的不确定性,这是客观存在的规律。企业采取柔性化策略是消除由外界环境不确定性引起变动的一种重要手段。供应链的成员,特别是主要成员采用这种策略,则可以将由不确定因素引起的风险限制到最小。企业采取柔性化策略首先是可以实现设施转移,在设计供应链结构时,如果采用了柔性化策略,就可以很容易地转移供应链的设施，如工厂、配送中心等，在低转移成本的情况下充分利用各地区具有的变化趋势和不同优势屏蔽风险；其次是可以实现产品转移，由于柔性化策略使生产工厂分布在世界各地，可以根据生产环境将某些成本高、收益低的产品生产转移到环境好的工厂去，同理也可以根据产品在市场上受欢迎的程度来对产品的生产地点进行调整，转移风险，以获取最佳的效益；最后是在可以实现市场转移，柔性化策略下的供应链运作由于其设施分布范围广、涉及多个地区与市场，可以获得广泛的市场信息，能及时预测市场变化，发现新的商机，这就是通常所讲的"东方不亮西方亮"，常常可以在某些风险到来之前就将经营中心转移到无风险或小风险的区域市场中去。

2. 与供应链成员建立战略合作伙伴关系

为确保供应链中供应渠道或产品供应的稳定，企业需要努力与供应商结成战略伙伴关系，建立一种信任、合作、开放性交流的供应链长期关系，加强企业与供应商之间的信息共享，实现利益共享、风险同担。为了预防风险，企业还需要发展多种供应方式，扩展多地域的供应渠道，加强对供应商供货情况的跟踪与评估，一旦发现某个供应商、供应渠道出现问题，应及时调整供应链战略，以防范可能发生的风险。

3. 制定应急措施和备选方案

供应链是多环节、多通道的复杂系统，它的风险防范和应急工作也是一项复杂的工作，必须从多方面、多层次上加以考虑。平时，企业需要预先制定处理突发事件的对策和紧急处理办法，对于一些偶发但破坏性大的风险，可预先制定应变措施，避免临渴掘井，减少乃至避免给供应链及其成员带来严重后果。预警系统作出警告后，企业可以对突发事件有所准备，通过预先制定的方法和步骤来化解风险和减少突发事件造成的损失。

同时，企业不能单单依靠某一个供应商，或过分依赖某些材料或部件，这些做法都存在着风险隐患，一旦某一个环节出现问题，势必会影响整个供应链的正常运行。因此，企业要居安思危，在供应和运输等业务中要留有备选方案，并与这些备选供应商和承运商建立正式的合作机制，防范风险于未然。

4. 加强日常风险管理

为了减少风险的发生，企业必须在日常业务中加强对风险的防范，并持之以恒。企业要建立有效的风险防范体系，就必须建立一套预警评价指标体系，将可能会发生的风险因素都放到该体系中去，采用预定的方法和手段对它们进行监控。这样在风险发生之前，预警系统就能够及时、可靠地发出预警信号。在日常业务运作过程中，如果预警系统中的某项指标偏离正常水平并超过特定的"临界值"时，系统就会发出预警信号，通知企业按照预先制定好的防范措施对事件进行处理和补救。

素养小课堂

从上面内容可以看到，合作产生了1+1>2的效果，合作使企业共赢未来，这是时代的选择。对于个人来说，合作同样重要。假如要开一个跨境电商店铺，你会选择独立完成选品、上架、财务分析、营销推广、客服等所有工作，还是和他人合作进行分工呢？

（三）跨境供应链的协调

1. 跨境供应链的失调现象

（1）需求变异放大现象。

需求变异放大现象是对需求信息在供应链传递中被扭曲的一种形象描述。其基本含义是当供应链的各节点企业只根据来自其相邻下级企业的需求信息作出生产或供给决策时，需求信息的不真实性会沿着供应链逆流而上，对订货量逐级放大；当订单信息传递到源头供应商时，其获得的需求信息和实际消费市场中的客户需求信息产生了很大的偏差，需求变异放大效应将实际需求量放大了。由于存在订单的需求变异放大效应，因此上游供应商往往维持比下游供应商的需求更高的库存水平。需求变异放大现象反映出供应链上需求的不同步。如果将供应链上不同环节的订单信息变化曲线从市场端到供应商端依次首尾相连，连接起来的图形很像美国西部牛仔使用的赶牛长鞭，所以将需求变异放大现象形象地称为长鞭效应（bullwhip effect）。

(2) 曲棍球杆效应。

曲棍球杆效应（hockey-stick effect）又称曲棍球杆现象，是指在某一个固定的周期（月、季或年）中前期销量很低，到期末销量会有一个突发性的增长，而且在连续的周期中，这种现象会周而复始，其需求曲线的形状类似于曲棍球杆，因此在供应链管理中被称为曲棍球杆效应。

曲棍球杆效应的存在给企业的生产和物流运作带来了很多负面的影响。首先，在这种情况下，企业在每个考核周期的期初几乎都收不到经销商的订单，而在临近期末的时候订货量又大幅增加。对运用备货型生产模式的企业来说，为了平衡生产能力，必须按每期的最大库存量而非平均库存量建设或租用仓库，从而使企业的库存费用比需求均衡时高很多。其次，曲棍球杆现象的存在使企业的订单处理系统、物流作业人员和相关设施、车辆在每个考核周期的期初因订单太少而处于闲置状态，造成资源浪费。而到了期末，由于订单量剧增，超出了正常工作能力的限度，这时，企业为了按单出货，不得不向外部寻求支援，而无论出现哪一种情况，企业都必须付出额外的加班费和物流费，不仅费用上升，而且由于订单太多，工作人员的差错率也大幅增加，送货延误的情况也时有发生，企业的服务水平显著降低。对运用按订单生产和准时制生产模式的企业而言，曲棍球杆效应的危害更大，甚至会影响部分经销商对某些产品的正常需求，从而导致部分终端客户的流失。

(3) 双重边际效应。

在影响供应链协调运作的问题中，更为隐蔽的一种不协调现象是双重边际效应（double marginalization）。双重边际效应是供应链上下游企业为了谋求各自收益最大化，在分散的、自独立决策过程中确定产品价格高于其生产边际成本的现象。与前面介绍的两种很明显的不协调现象不同，双重边际效应是一种更加隐蔽的供应链不协调现象。如果供应链上的企业各自为政，每个企业都从自身利益出发开展供应链业务进程，就会影响供应链总体收益。例如，如果下游企业（如零售商）的定价过高，必然会造成市场需求萎缩，导致供应链总体收益下降，致使供应链达不到整体协调。

2. 跨境供应链失调产生的原因

导致跨境供应链失调产生的主要因素包括体制（institution）、信息传递（information）、运作（operation）和组织协调（organization），称为IIOO模型。体制解决的是供应链各环节参与者的目标问题，决定了其出发点；信息传递是供应链传递的客观基础，其过程中的扭曲和障碍决定了供应链失调的程度；供应链各环节中的运作问题为供应链提供了具体场景；供应链组织协调问题是信息流动的主要通道，为各个具体运作的问题提供共同的支撑。

体制包括两个方面：一是硬的考评制度；二是软的潜移默化的文化。供应链参与者采取的行动很自然会以对自己的绩效评估指标最优化为目标。如果给予跨境供应链内不同环节或参与者的考评制度不合理，供应链需求波动性就会加大，供应链利润降低，那么就会出现跨境供应链失调。

信息传递中，如果需求信息在跨境供应链中的各环节之间传递时出现扭曲，那么就会发生信息传递障碍，导致跨境电商供应链中订单的波动增大。

运作过程中下订单和履行订单的行动会导致供应链失调的加剧,主要有以下三个表现:生产问题、仓储运输问题和价格促销问题,它们又将导致出现订货批量过大、补货提前期过长等问题。

组织协调解决的是管理好供应链网络的问题,处理好企业与企业之间的关系。企业在实际合作中往往存在一些问题,包括以下三个方面。

(1) 投机主义。

投机主义是指跨境供应链的每一个环节都只从自身出发考虑自己的行为,而无视对其他环节的影响。跨境供应链合作伙伴之间缺乏信任,会导致他们经常作出以牺牲整条供应链绩效为代价的投机行为。

(2) 行为短视。

行为短视是指跨境供应链的不同环节只针对眼前的局部状况作出反应,只注重短期利益如采购时极力压价,不考虑对方的接受程度及今后的合作关系。跨境供应链的不同环节基于局部分析,彼此推脱造成波动的原因使得跨境供应链相邻的环节成为敌人而不是合作伙伴。

(3) 相互推诿。

相互推诿是指因为跨境供应链中各个环节采取的行动所造成的最严重后果由其他环节承受,长期以来供应链中没有一个环节会从中吸取教训,这将形成恶性循环,各个环节一般都会将自身行为失误造成的问题归咎于其他环节。

3. 解决跨境供应链失调的措施

了解了跨境供应链失调的影响因素及其带来的影响后,现在着重讨论跨境电商管理者可以采取哪些行动来帮助跨境供应链解决问题,实现供应链的协调。下列管理行为可以增加跨境供应链总利润。

(1) 体制:目标与激励保持一致。

跨境电商管理者可以通过使目标与激励保持一致来改进跨境供应链,使跨境供应链活动的每一个参与者共同努力,力争实现跨境供应链总利润的最大化。跨境电商管理者可以从协调跨境电商供应链内各环节的目标、协调各职能部门间的目标、协调定价三个层面来考虑。

(2) 信息传递:提高透明度和准确性。

跨境电商管理者可以通过提高供应链中各个环节获得信息的透明度和准确性来实现协调。提高信息共享的程度,可以通过电子数据交换技术(EDI)、共享销售终端数据、实施协同预测、连续库存补充计划(CRP)、供应商管理库存(VMI)、协同式供应链库存管理(CPFR)六个手段来实现。

(3) 运作:提高绩效。

跨境电商管理者可以通过提高运作绩效和针对产品短缺情况设计适当产品分配方案来抑制信息扭曲。

从管理产能层面,企业可以利用工人的弹性工作来应对需求的波动;还可以使用转包企业将旺季的部分生产转包出去,保持内部生产的水平恒定,使固定成本相对低廉;同时企业可以兴建专用设施,以高效的方式提供相对稳定的产出,而弹性设施则以相对较高的单位成本生产品种多样、数量各异的产品。

从管理库存层面,企业可以采取多种产品共用零部件、为高需求产品或可预测需求产品建立库存、计算机辅助订货(CAO)、整车运输(FTL)、集货配送、采用简化收发货流程和降低收发货成本等手段。

从管理需求层面,为了减轻信息扭曲,作为制造商和品牌发展商,跨境电商企业可以通过设计限量供应方案来防止代理商在供应短缺的时候人为提高订货量。根据以往的销量进行分配可以消除代理商虚增订单的动机，在需求淡季促使零售电商企业尽可能多地出售产品来提高自己在需求旺季产品供不应求时可以获得的产品配给比例。

（4）组织协调：构建战略伙伴和信任关系。

当跨境供应链内构建了战略伙伴和信任伙伴关系时，可以更容易地利用前面介绍的解决办法来实现协调。共享各环节都信任的准确信息可以更好地匹配供应链内的供给和需求，并降低成本。更为融洽的关系还有助于消除重复工作，降低供应链中各环节的交易成本。一般可以通过下面的策略来增强组织协调。

①连续库存补充计划。

为了快速响应客户降低库存的要求，供应商可以通过与零售电商企业缔结伙伴关系，主动向零售电商频繁交货，并缩短从订货到交货之间的时间间隔，从而降低整个货物补充过程中的存货，降低存货和生产量的波动。

②供应商管理库存。

在一个共同的框架协议下把下游企业的库存决策权代理给上游供应商，由上游供应商行使库存决策的权利并且允许第三方物流参与供应商管理库存系统，同时通过对该框架协议进行经常性的监督和修改，以实现持续改进。

技能实训

实训一　计算中国邮政国际小包物流运费

实训目标：锻炼计算中国邮政国际小包物流运费的能力。

实训情境：一位俄罗斯买家在速卖通平台的某店铺购买了一套护肤品，包装后重量为1.32千克。

实训任务：若俄罗斯买家选择中国邮政国际挂号小包运输，请计算运费。当前中国邮政国际挂号小包报价（部分）见表8-5。

国际小包物流运费实操

表8-5　挂号小包报价

国家列表	配送服务费/（元·千克$^{-1}$）	挂号费/元
JP（日本）	69.0	8
KR（韩国）	69.0	8
DE（德国）	73.0	10
RU（俄罗斯）	75.0	8
US（美国）	87.5	8

注：每1克计重，限重2千克。

实训步骤：具体操作如下。

步骤1：若选择速卖通平台在线发货，按照物流运费计算公式：产品运费=产品重量×配送服务费+挂号费，可得

产品运费=1.32千克×75元/千克+8元=107元

步骤2：若选择与国际货运代理合作，则能够享受一定的折扣（如85折）。按照物流运费计算公式：产品运费=（产品重量×配送服务费）×折扣+挂号费，可得

产品运费=1.32千克×75元/千克×0.85+8元=92.15元

小知识：选择线上发货时，若产生由于物流原因引起的"纠纷提起""仲裁提起""卖家责任裁决率"，平台会对该笔订单的这3项指标进行免责（即不计入相关平台考评）。此外，因物流问题产生的纠纷（如妥投地址错误，但卖家填写地址无误），卖家可发起线上发货投诉。

国际货运代理会要求卖家每天提供一定的订单量，订单数决定了折扣的高低。一般挂号费不参与打折。

实训二　计算国际空运头程物流费用

实训目标：锻炼计算国际空运头程物流费用的能力。

实训情境：某贸易公司拟空运一批玩具（200只）从杭州到德国仓，每只玩具重0.2千克，包装尺寸为21厘米×8厘米×8厘米，那么每只玩具的国际空运头程运费是多少？某货代公司的空运报价见表8-6。

计算国际空运头程物流费用实操

表 8-6 空运报价

转运方式	重量区间/千克	德国仓/元	英国仓/元	最低起运量/千克	时效
空运	5~21	45	45	5	5~7个工作日
	22~45	32	33		
	46~99	30	32		
	≥100	29	30		

实训任务：请计算每只玩具的国际空运头程运费。

实训步骤：具体操作如下。

步骤1：按照国际商业快递运费的公式，首先计算这批玩具的体积重量为

$$体积重量 = 长 \times 宽 \times 高 / 5\,000$$

式中，长、宽、高单位为厘米。

$$玩具的体积重量 = 20 \times 6.5 \times 8.5 \times 200 / 5\,000 = 44.2\ 千克$$

步骤2：接着计算这批玩具的毛重为

$$玩具毛重 = 0.2\ 千克 \times 200 = 40\ 千克$$

步骤3：通过上述计算可知，体积重量大于毛重，所以运费必须按照体积重量计算。根据表8-6的数据，可计算这批玩具的国际空运头程运费为

$$头程运费 = 44.2\ 千克 \times 32\ 元 = 1\,414.4\ 元$$

步骤4：故每只玩具的国际空运头程运费为

$$1\,414.4\ 元 / 200 = 7.072\ 元$$

实训三　计算海外仓相关费用

实训目标：锻炼计算海外仓相关费用的能力。

实训情境：芝加哥的一位买家在速卖通平台的A店铺购买了一款电子配件，重量为132克。A店铺在芝加哥的海外仓准备打包发货，拟选择标准型物流服务。相关报价见表8-7、表8-8。

表 8-7 相关报价1

重量	价格/元	计量单位	备注
0~7盎司①	5	每单	—
7.01盎司~2磅②	6.5	每单	—
2磅以上	6.5+0.65/磅	每单	—
复核订单（每增加一项）	1.5	每单	每日订单量在100以上，有折扣

表 8-8 相关报价2

计费重量/盎司	经济型（7个工作日）/元	标准型（5个工作日）/元	快速型（3个工作日）/元
0~1	12.76	14.39	16.01
1~2	13.28	14.65	16.01

① 1盎司=28.35克。
② 1磅=453.6克。

续表

计费重量/盎司	经济型（7个工作日）/元	标准型（5个工作日）/元	快速型（3个工作日）/元
2~3	13.93	14.97	16.01
3~4	16.08	16.86	17.58
4~5	16.73	18.03	19.27

实训任务：分别计算海外仓订单操作费和海外本地派送费。

实训步骤：具体操作如下。

步骤1：首先计算海外仓订单操作费为

$$132 克/28.35 = 4.66 盎司$$

步骤2：根据订单操作费报价表8-7，重量在7盎司以下，每单的操作费是5元。

步骤3：然后计算海外当地派送费。根据报价表8-8，重量在4~5盎司的货物，若选择标准型物流服务，派送费为18.03元。

同步训练

素养加油站

【新形势】中国海外仓，该如何走

近年来，随着中国跨境电商已经成为我国外贸发展的新动能、转型升级的新渠道和高质量发展的新抓手，海外仓正在逐步成为外贸企业和跨境物流企业制胜的核心。

我国跨境电商深受北美、欧洲、东盟、日韩、南美等市场的追捧，中国出海企业演绎了中国制造的魅力，为我国外贸增长提供新动能的同时，也将跨境物流的高效服务带给了目标市场。其中，海外仓作为跨境电商重要境外节点和新型外贸基础设施，不仅成为我国出口企业开拓市场的"新通道"，而且极大地缩短了跨境物流的配送周期，再次向全球彰显了中国速度与温度。

全球布局海外仓现状

在跨境物流的多种模式中，海外仓一直是最热门也是最受追捧的模式。这种新的跨境物流形式有利于解决发展跨境电商的种种痛点，吸引了越来越多的企业争相布局。为了接住跨境电商市场这"泼天的富贵"，众多企业通过不断加大海外仓在物流技术规模化应用和物流基建升级方面的投入，提升了跨境物流配送的时效。

数据显示，中国的海外仓数量已经超过1 900个，总面积超过了1 350万平方米，业务范围辐射全球，其中北美、欧洲、亚洲等地区海外仓数量占比将近90%，成为海外仓布局首选地。

截至目前，从海外仓面积来看，谷仓海外仓、万邑通和递四方的仓储面积均超过100万平方米，已成为行业第一梯队的企业，西邮智仓、艾姆勒海外仓、风雷国际等企业则在积极努力提升自己的地位，而海派国际、无忧达、乐歌海外仓等企业也正在积极准备，蓄势待发。

据统计，在全国城市中深圳和宁波走在前列，两市的海外仓企业数量也最多，截至目前，深圳企业在全球建设运营的海外仓数量超300个，建设面积超过335万平方米；而宁波已有近70家企业在全球23个国家和地区建立海外仓209个，总面积达293万平方米，占全国的1/6。

跨境电子商务

各市企业积极进行海外仓布局的同时,各地政府也积极出台政策举措,支持跨境电商和海外仓的发展。

数字化海外仓未来

跨境电商是全球化的贸易方式,也带动了跨境物流和海外仓的全球化发展,随着物流运输链条和仓库数量及规模的扩大,管理难度也增加。针对跨境电商渠道和价格的下沉、运送时效的革命及新兴电商市场的崛起趋势,海外仓的竞争也进入白热化,如何能在海外仓 SKU 和库存持续增加的情况下,运作管理好海外仓是难点和痛点,由此,海外仓管理系统应势而生!

海外仓管理系统是什么?说到底,海外仓管理系统其实就是数字化应用的具体载体,通过海外仓系统,可以将货品及相应的作业过程全部数据化、信息化,让基层操作人员流程化、标准化,极大地降低人员压力,提升作业效率,降低错误率。

因此,对于优秀的海外仓来说,配套的智能高效海外仓管理系统是必不可少的,只有实现从入库、库内操作再到出库派送整个作业流程的高效管理,才可以更好地为跨境卖家服务,从而与全球物流巨头争锋,取得国际物流的话语权。

随着海外仓企业越来越多,服务同质化越来越严重,海外仓如果单是比拼仓库面积是难以在竞争中脱颖而出的,海外仓企业需更注重服务效率和客户体验的提升才能赢在未来。未来的海外仓,难点不是"建仓",而在于"管仓",也就是如何实现对海外仓的数字化管理。

小启示: 当面对数字化海外仓未来的挑战时,不要害怕,而是将其视为成长和学习的机会。在数字化海外仓的领域,不断探索和实践新的方法和技术,就能够开创自己的职业发展之路。

(资料来源:微信公众号——中国物流供应链与博览会,2024-01-05,15:20)

项目评价

学习评价见表 8-9。

表 8-9 学习评价表

	评价指标	评价得分	未掌握情况记录
知识	了解跨境电商 B2C 进口物流的模式		
	了解跨境电商 B2C 出口物流的模式		
	了解海外仓的相关知识		
技能	掌握各出口物流模式的优劣势,可以根据实际情况选择合适的物流模式		
	能够计算各不同物流模式的运费		
	能够计算海外仓的头程费用及仓储相关费用		
素养	具备法治观念		
	具备大国自信		
	具备合作意识		
	总分		
自评人:		教师:	
注:评价得分区间为 0~10 分,0 分为完全未掌握,10 分为完全掌握,数字越大代表掌握程度越深,评价者依据自身实际情况进行评分。未满 10 分的评价指标在最右一列陈述未掌握的具体情况,并据此向老师或同学提问			

项目九

勇往直前——处理订单及报关报检

知识目标
1. 了解订单处理的基本流程。
2. 掌握不同状态下的订单处理技巧。
3. 了解跨境货物打包相关的知识。
4. 了解跨境电商产品报关报检相关名词的含义。
5. 了解跨境电商产品报关报检的常用单证。
6. 了解我国和国外一些国家的清关规定。

能力目标
1. 能够根据订单的不同状态进行相应的处理。
2. 能够在跨境电商平台上进行线上发货。

素养目标
1. 增强规则意识。
2. 增强法律意识。
3. 增强诚信意识。

知识导图

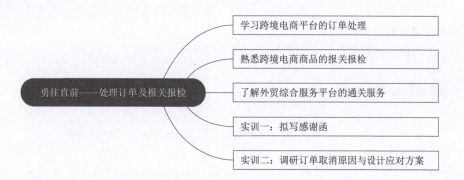

前言

处理订单是跨境电商卖家最重要的日常工作之一。完整的订单处理流程包括与客户进行沟通协商确认订单、在买家付款后打包产品、进行线上或线下发货、在平台上填写发货信息、跟踪物流信息等。

此外,卖家还应正确提供报关报检材料,提高产品的通关成功率。正确处理以上工作,可以有效提升交易的成功率,并且减少产品寄递的时间,从而改善买家的购物体验。

跨境电子商务

运营故事

张明是一位中国的卖家，他在速卖通平台上销售手工艺品。最近，他收到了一个来自美国的订单。

订单生成：买家在速卖通平台上浏览并选择了一件手工艺品，并将其加入购物车。在结账时，买家提供了收货地址、付款方式和其他必要的信息，并提交了订单。

支付确认：消费者选择了支付方式（如信用卡），并完成了支付。速卖通平台验证支付是否成功，并发送支付确认给买家和卖家。

订单确认：张明收到订单后，核对手工艺品的库存和价格。如果产品有足够的库存并且价格正确，张明确认订单，并将订单状态更新为"待发货"。

出库准备：张明将订单信息传递给他的合作伙伴，合作伙伴负责从库存中取出手工艺品，进行质量检查和包装。

物流安排：张明选择合适的物流服务提供商，安排将手工艺品从中国发运至美国。他生成物流订单，并提供物流追踪号给买家。

运输和清关：手工艺品在国际物流过程中运输至美国，同时需要进行海关清关手续。张明需要确保手工艺品符合相关法规，并提交必要的文件。

配送到达：一旦手工艺品通过海关并到达美国，"最后一英里"的配送将由本地物流公司或邮政服务提供商完成。买家会收到通知，并等待手工艺品的送达。

确认收货：一旦买家收到手工艺品，并确认其完好无损，订单状态将更新为"已完成"。买家还可以对产品和卖家进行评价和反馈。

案例分析：在这个案例中，张明作为卖家在跨境电商平台订单处理方面遵循了一般的流程。他与速卖通平台合作，通过平台接收订单、管理库存和价格，并与合作伙伴进行协调。张明选择了合适的物流服务提供商，确保手工艺品顺利运输并通过海关清关。最后，他确保买家收到产品并满意，同时提供了评价和反馈的机会。

然而，在实际操作中，卖家可能会面临一些挑战。例如，处理海外订单涉及不同的时区、语言和文化差异，需要与买家和合作伙伴进行有效的沟通。此外，清关手续和关税支付也可能成为挑战，因为不同国家有不同的规定和程序。因此，卖家需要具备跨境电商知识和经验，以应对这些挑战，并提供良好的买家体验。

结合以上案例，你知道订单处理的基本流程了吗？

知识准备

任务一　学习跨境电商平台的订单处理

跨境电商平台的订单处理

在跨境电商平台上，买家在选中自己满意的产品后就会下单购买。卖家每天最主要的工作就是在交易后台处理这些交易订单。

一、订单处理的基本流程

以速卖通为例，其基本的订单处理流程如下。

（一）买家选购产品

在速卖通平台上，买家选择好产品后，在产品详细信息页面单击"Buy Now"按钮即进入创建订单页面。

（二）生成订单

在创建订单页面，买家将相关信息填写完整并提交后，即可在卖家后台生成交易订单，等待卖家处理。

（三）卖家查看订单

卖家可以在卖家后台中的"交易"管理页面中查询所有的订单信息。订单根据状态的不同有很多类别，其中等待付款订单、等待资金审核订单和等待发货订单最为重要，需要卖家优先处理。

小知识：在买家未付款之前，卖家可以调整价格。例如，买家要求降价，在双方达成协商之后，卖家可以在"等待买家付款"的订单分类中，选择需要修改折扣的订单，单击"调整价格"按钮，进入订单详情页面，对折扣信息进行修改。如果买家已经付款，则卖家无法再调整交易价格。

（四）买家付款

买家创建订单并确认之后，进入买家付款页面，目前平台支持买家通过Moneybookers（欧洲的一家网络电子银行）、信用卡、借记卡、T/T汇款等多种方式在速卖通平台在线支付货款。

这时如果卖家只设置了人民币收款账户而没有设置美元收款账户，则只能收到买家通过信用卡方式支付的货款；如果买家无法使用信用卡方式支付，则交易很可能无法完成。因此，建议卖家同时设置美元收款账户，提高成单机会。

（五）产品打包

买家付款后，卖家需要及时处理"等待您发货"分类中的订单，迅速将买家选购的产品打包，等待物流揽件。

（六）卖家发货

完整的发货流程除了物流商线下揽件，还包括卖家在后台进行线上发货操作，填写相关的发货及物流信息。

此时如果卖家未在交货时间内将货物发出并填写有效货运跟踪号，订单会自动关闭，订单款项将会退回给买家。这种情况称为"发货超时"，属于卖家"成交不卖"行为，在速卖通平台属于违规行为。当判定卖家"成交不卖"后，平台将根据违规的严重程度，按照速卖通卖家"成交不卖"行为规范对卖家进行处罚。

（七）跟踪物流信息

上述工作完成后，卖家还应该定期查看物流运输情况，进行物流跟踪，以便在出现运输问题或其他情况时能第一时间发现并解决。同时，发货后卖家应该提醒买家注意收货。最后就是等待买家收货并争取获得买家的好评。

二、订单处理原则

订单是卖家与买家在商业活动中互相签订的协议，涉及产品、资金、物流等信息。一个店铺要想保持良好的运营，就需要在平台规定时间内发货，且保证买家能及时收到购买的产品。买家有了好的购物体验，才会推荐身边的人购买，提升店铺口碑。如果订单不能及时处理，或者发生了其他突发状况，如发货延迟、包裹丢失、发错货等，会使买家的满意度下降，影响店铺的可持续发展。

运营人员对订单进行处理，往往需要遵循以下原则。

（一）遵循时间的先后顺序原则

一般情况下，可以按照订单的时间顺序来处理，提高订单处理效率。

1. 先付款的订单先处理

在速卖通平台，先收到买家付款，且资金通过平台审核的订单可以优先处理。因为跨境电商平台对订单有发货时间的限制，速卖通要求卖家至少保证 5 天内上传物流信息，如果能做到 48 小时/72 小时内上传，则可享受平台权益。考虑到买家体验度方面，先收到的订单必须先处理，这样店铺才能正常运作和发展。

2. 承诺优先发货的订单先处理

在与买家通过站内信沟通时，运营人员可能会承诺买家发货时间，或者买家在订单留言、站内信中明确要求发货时间，在订单处理的时候必须严格遵守承诺，在承诺的时间内完成订单发货，以保证买家的满意度，避免产生纠纷。

3. 同类物流的订单先处理

因为发货时需要选择物流模板，进行物流设置，如果买家在拍下产品时选择了相同的物流方式，运营人员在不影响其他订单发货时效的前提下，可以同时处理这类订单，有效提升操作效率。

（二）遵循订单信息的准确性原则

除了时效外，准确性也是订单处理的重要评价指标，因为就算及时发货了，如果出现发错货的情况，对交易的顺利完成也会有很大的影响。因此，卖家在处理订单之前，必须确保订单信息准确无误，才能确保产品按照买家的要求准确送达，从而保证买家的满意度及店铺好评率。在核对订单时，需要重视核对买家留言和物流信息。

1. 买家留言

买家在下单时，可能会因为信息错误或特殊要求而进行留言，如需要快速发货，修改收货人全名、地址、电话、邮编，更换颜色、尺寸等，这些留言都要在订单审核过程中进行修改，避免后期出现售后问题，导致买家的满意度降低。

2. 物流信息

在跨境电商平台，买家是可以在下单时指定物流方式的，因此，运营人员在订单处理时要关注买家的选择，匹配正确的物流方式进行发货，避免后期因物流方式引起的派送时间、派送方式或海关问题等纠纷，从而可以有效预防纠纷的发生并减少售后问题。

三、各种状态下的订单处理

在进行订单处理时，运营人员往往会遇到处于不同阶段的订单或异常订单，不同订单需要采取不同的处理方式。

（一）等待付款订单

等待付款订单是买家拍下产品，但由于各种原因还没有付款的订单。例如，买家拍下产品后无法及时与卖家取得联系，对细节问题还有疑问，因此暂不付款；买家下单后发现运费过高，停止付款；买家还需要与同类产品再次比较，暂停付款；买家在付款过程中出现困难，无法完成付款操作等。

对于这种状态下的订单，卖家可以通过站内信、邮件或 TradeManager（阿里旺旺国际版）及时和买家沟通，了解其没有付款的原因。如果买家在支付上遇到困难，卖家要主动帮助其解决支付问题，增加买家对店铺的信任和购买信心；还可以提醒买家折扣即将到期或库存不多，以刺激买家尽快付款。

举例如下。

阿华发现有一个订单迟迟没有付款，于是通过站内信给买家发送了如下信息。

Dear customer,

Please be noted that there are only three days left for the 10% discount. Since they are very popular, please kindly make the payment soon.

If you have any question, please contact us.

Thanks and best regards.

译文：亲爱的顾客，请留意，您的10%的折扣优惠只剩下3天期限。由于它们相当受欢迎，请您及时付款。如果您有任何问题，请联系我们。感谢并致以最诚挚的问候。

（二）买家申请取消订单

有时因各种原因，买家会申请取消订单，如买家下错单、重复下单、部分产品缺货、卖家未按照约定时间发货，联系不上商家等。

此类订单在处理时需要关注买家申请取消的原因，重视买家诉求，为后期制定运营策略提供依据。

（三）等待资金审核订单

等待资金审核订单是买家已经付款但是资金还在后台审核的订单。为了保证交易的安全性，降低后期因为盗卡等原因引起的买家拒付风险，速卖通平台会在24小时内对每一笔买家支付的订单（使用信用卡支付）进行风险审核；如果监测到买家的资金来源有风险（如存在盗卡支付的风险），支付信息将无法通过审核，订单会被关闭。

（四）等待发货订单

等待发货订单指买家拍下产品且付款资金通过速卖通的审核，即已经把资金付到国际支付宝的订单。如果买家付款，且资金审核通过后，卖家就可以进入发货状态。一般卖家的发货期为3~7天，速卖通平台规定卖家的发货期不得超出7天，卖家应根据自己的备货时间及库存的实际情况进行选择。

备货对于小卖家而言并非易事，那些本身没有囤货的代销卖家在供应商产品下架或缺货的情况下，要提前适当延长发货期，同时也可以在国内淘宝、1688、义乌购等平台寻找货源。如果在既定的期限内无法发出买家要求的产品，要尽可能争取买家的理解，让其申请取消订单。

这类订单的处理重点是核实订单信息，并在时效内发货。在核对订单信息时，要特别注意订单留言，如更改收货信息、尺码、颜色等，避免后期产生纠纷。

（五）等待买家收货

此时，运营人员已完成订单信息的确认、审核，并且产品也打包发出，生成对应的国际物流单号，等待买家最后确认收货。根据不同地区物流状况，有的地方可能偏远或者无法在合理的时限内完成妥投，如果买家还没有收到产品，卖家可以适当地延长妥投时间的期限。最长的收货时间为120天。

（六）已结束订单

已结束的订单包含以下4种。

（1）买家取消未付款订单，这类订单需要关注取消原因。

(2) 超过付款时间的订单,这类订单需要关注未付款原因。

(3) 买家的产品已收货并确认收货的订单,这类订单需要注重回访。

(4) 买家所付款项未通过资金安全审核的订单,这类订单需要关注资金安全未通过审核的具体原因。

(七) 含纠纷订单

订单在处理过程中,买家可能因物流、海关、产品、服务等问题,提起纠纷,这类订单需要及时进入纠纷处理流程。

(八) 冻结中订单

这类订单是买家拍下产品付款时选择信用卡付款,在订单未完成的时候,向支付银行提出拒付,导致资金冻结的订单。拒付又称退单、撤单,是指买家要求信用卡公司撤销已经结算的交易。

买家提出拒付可能由于这些原因:未收到货,货不对板,未收到退款,金额不符,重复扣款。对于拒付的订单,卖家需要及时积极联系买家和信用卡组织解决,解冻资金。

四、跨境货物的打包

成功创建物流订单后,就要着手将产品打包,等待揽货。一个美观大方、细致精美的包装既能保护物品安全到达,还能赢得买家的信任。

(一) 打包需要的材料和工具

1. 包装的材料

包裹的包装分为外包装和内包装两种。常用的跨境包裹外包装有纸箱、泡沫箱、牛皮纸袋、文件袋、编织袋、快递袋等,如图9-1所示。

图9-1 外包装

常用的跨境包裹内包装材料有泡沫塑料、废旧报纸、棉布、气柱袋等。

小知识:(1) 避免使用体积太大、表面有印刷物或图案杂乱的箱子。

(2) 避免使用劣质填充物。不要使用碎纸机里的废纸或其他劣质材料来填充箱子里的间隙，否则可能起不到缓冲的效果。

(3) 避免使用任何形状奇怪的包装。例如，圆筒状的包装盒极易在运输过程中滚动，可能导致产品受损。

2. 标签的打印与粘贴

在产品打包完成后，还需要给包裹贴上面单或标签。很多新卖家在订单不多时，可以用 A4 纸通过普通激光打印机打印标签，然后切割裁剪，最后用透明胶条粘贴；当订单逐步增加时，卖家可以考虑采购一台标签打印机，批量快速打印标签，使用不干胶直接粘贴。

小知识：在选购标签打印机时需要注意，国际货运面单一般以 10 厘米×10 厘米的居多，因此，务必选择装纸跨度在 12 厘米以上的标签打印机。

3. 订单管理系统的相关外设

(1) 计重秤：由于计算包裹运费一般精确到克，因此选购的计重秤也必须达到此精度，建议买家优先考虑采购带 USB 输入功能的计重秤。当订单较多时，免不了使用 ERP 系统（订单管理系统），当使用计重秤称重后，可以通过 USB 直接将数据输入 ERP 系统中，避免了手工填写带来的效率低下和误差。

(2) 扫码枪：对于很多卖家而言，扫码枪并非是不可或缺的，但其作用却非常大。例如，将无线扫码枪与 ERP 系统整合使用，可以迅速了解哪些包裹发送出去了，用的什么物流渠道，从而大幅提高了发货效率。

除了以上几种材料和工具之外，在产品打包过程中，气泡膜、气柱充气机、胶条、胶条切割器、美工刀、剪刀等也经常用到。

（二）产品包装的成本核算

如果包装重量超过一定限度，则会产生额外的物流运费。卖家必须在保证产品安全运输的前提下，降低包装重量。

例如，邮政国际小包必须弃用纸箱包装，考虑采用气柱袋加塑料快递包装袋的方式进行打包。这种包装方式可以轻松打包各类形状的产品，同时还兼具防摔功效，安全可靠。气柱袋的价格与纸箱的成本差不多，但重量会比纸箱轻不少。

而如果是国际快递和专线快递，则不宜采用气柱袋，因为这类物流渠道通常按照体积重量与实际重量中较大的计费，采用气柱袋会增加包裹体积，反而增加了运费成本。

一般来说，很多低值产品或外包装本身就是纸箱的产品，卖家可以使用编织袋或快递袋打包发出。从成本核算的角度来看，损毁产生的退件亏损和使用纸箱及气柱袋所产生的额外运费可能相差无几。只是对于买家来说，当产品损毁后，其购物体验将变得极差，对卖家的店铺形象有一定影响，需要卖家仔细权衡。

（三）跨境货物的物流单据

采用不同的跨境物流模式就会生成不同样式的物流单据，下面对中国邮政国际小包面单和 UPS 面单进行简单介绍。

1. 中国邮政国际小包面单

中国邮政国际小包在 2014 年下半年开始实施全国统一的面单一体化。所谓面单一体化，指的是将收货信息、货物明细、服务渠道信息、扫描条码等包含于一张标签或面单上，操作者需要在系统中录入收件信息、与货物信息匹配的单号，进行面单打印。

对于寄件人来讲，在面单一体化实施以后，以前需要贴多个标签（收件人地址、跟踪条码及报关单），现在仅需要贴一个一体化面单即可，既节省了时间，又提高了效率。

对于邮局来讲,跟踪条码的位置非常显眼,工作人员对快递的处理速度会加快,其整体派送时效也会有所提高。如图9-2所示,位于面单右上角的就是平邮单号和跟踪条码。

图9-2 中国邮政国际小包面单

2. UPS面单

UPS面单分两种,一种俗称红单,另一种俗称蓝单,是根据快递服务方式的不同而在面单上进行的标记。如图9-3所示,区域4的部分就是供寄件人选择的4种服务方式,前3种为全球特快加急、全球特快和全球速快,标记为红色,称为红单,其中以全球速快最为常用,红单也一般多指全球速快;第4种为全球快捷,标记为蓝色,也就是所谓的蓝单。蓝单的寄递时效较慢,价格自然也就相对便宜。

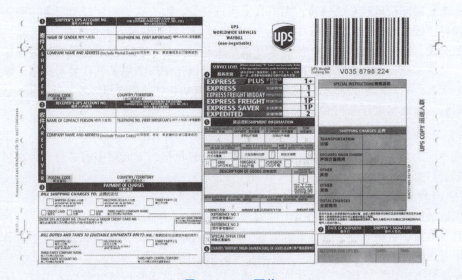

图9-3 UPS面单

任务二　熟悉跨境电商产品的报关报检

跨境电商包裹被物流商揽收后，就将踏上漫长的国际旅程。在出国和进入目的国时，产品必须通关，通关成功之后才会被送到卖家手中。报关报检是跨境产品通关所必不可少的环节，需要卖家认真对待。

跨境电商产品的报关报检

一、报关报检的名词释义

（一）海关

1. 定义

海关，最初是指商人在贩运产品途中缴纳的一种地方税，带有"买路钱"或港口、市场的"通过费""使用费"的性质。海关是依照本国（或地区）法律、行政法规监管进出境的一切产品和物品，检查并照章征收关税的国家行政机关。

2. 海关性质

（1）海关是国家行政机关。

我国的国家机关包括国家立法机关、国家司法机关和国家行政机关，海关属于国家行政机关，是国务院的直属机构，从属于国家管理体制，代表国家依法独立行使行政管理权。

（2）海关是国家进出境监督管理机关。

海关履行国家行政制度的监督职能，是国家宏观管理的一个重要组成部分。海关实施监督管理的范围是进出境的活动，海关实施监督管理的对象是所有进出境的运输工具、货物、物品。

（3）海关的监督管理是国家行政执法活动。

海关的监督管理是指海关依据本国（或地区）海关法律赋予的权利，对特定范围内的社会经济活动进行监督管理，并对违法行为依法实施行政处罚，以保证社会经济活动符合国家的法律、法规的行政执法活动。海关事务属于中央立法事权，立法机关为全国人民代表大会及其常务委员会，以及最高国家权力机关的执行机关——中华人民共和国国务院。

海关行政执法的依据如下。

一级执法依据：《中华人民共和国海关法》和其他相关法律、法规。

二级执法依据：国务院制定的行政法规。海关管理方面相关的主要行政法规包括《中华人民共和国进出口关税条例》《中华人民共和国海关稽查条例》《中华人民共和国知识产权海关保护条例》《中华人民共和国海关行政处罚实施条例》《中华人民共和国海关统计条例》等。

三级执法依据：海关规章及规范性文件。海关总署根据法律和国务院的法规、决定、命令制定规章，作为执法依据的补充。

省、自治区、直辖市人民代表大会和人民政府不得制定海关法律规范，其制定的地方性法规、地方性规章不能作为海关执法依据。

3. 海关的任务

（1）监管。

海关进出境监管是指海关运用国家赋予的权力，通过一系列管理制度与管理程序，依法对运输工具、货物、行李物品、邮递物品和其他物品的进出境活动实施的一种行政管理。

（2）征税。

海关税收是国家财政收入的重要来源，也是国家实施宏观调控的重要工具。海关根据《中华人民共和国海关法》《中华人民共和国进出口税则（2024）》《中华人民共和国进出口关税条例》及其他有关法律、行政法规对准许进出口货物、进出境物品征收关税及其他税（如增值税、消费税、船舶吨税等）。

（3）查缉走私。

查缉走私是海关为保证顺利完成监管和征税等任务而采取的保障措施，是在海关监管区和海关附近沿海沿边规定地区开展的一种包括调查、制止、打击、综合治理走私活动在内的调查惩处活动。《中华人民共和国海关法》第五条规定："国家实行联合缉私、统一处理、综合治理的缉私体制。海关负责组织、协调、管理查缉走私工作"。

（4）编制海关统计。

海关统计是指对国家进出口货物贸易进行统计调查、分析，准确地反映对外贸易的运行态势，进行进出口监测预警，科学、有效地实施统计监督。

4. 海关管理体制和组织机构

海关实行集中统一的垂直管理体制，其管理体制分为三个层面：海关总署、直属海关和隶属海关。海关总署是中国海关的最高领导机构，是国务院直属的正部级机构，统一管理全国海关。海关的组织机构如图9-4所示。

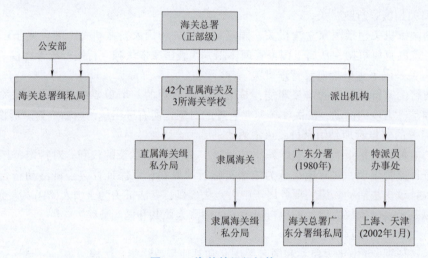

图9-4　海关的组织机构

1980年，海关总署下设广东分署，协调广东省内多个直属海关；2002年1月，上海和天津设立特派员办事处。直属海关是海关总署的下属机构，负责关区集中审单和贸易统计，处理基本的海关事务。除我国香港、澳门、台湾地区外，直属海关分布在31个省、自治区、直辖市。隶属海关则是直属海关的下属机构，是进出境监督管理职能的基本执行单位。

（二）通关

通关是出口跨境物流过程中必不可少的环节，产品通过海关查验并放行后才能顺利进入目的国（地），再通过物流送达买家手中。

1. 通关概念

通关又称清关、结关，是指进出口货物和转运货物进入或出口到一国海关关境或国境时，必须向海关申报，办理海关规定的各项手续，履行各项法规规定的义务；只有在履行各项义务，办理申报、查验、征税、放行等手续后，货主或申报人才能提货。货物在通关期间无论是进口、出口或转运，都处在海关监管之下，不准自由流通。

同跨境进出口物流模式相对应，跨境电商产品通关的途径分为邮政清关、快件清关和一般贸易清关。

邮政清关和快件清关就是采取邮政包裹和快递包裹的形式进出关境，通关时按照个人物品进行监管，适用行邮税的标准来征收税费（行邮税税率分为15%、30%和60%三挡），其清关服务一般由邮政系统和快递公司完成。

一般贸易清关多见于大批量跨国运输，通关时按照一般贸易产品进行监管，按有关规定进行关税的税费征收。对于跨境电商平台上的卖家来说，大多数的跨境电商产品通关都由相关物流和清关代理公司完成。跨境电商卖家的任务是提供正确的报关及报检资料，避免产品扣关。

2. 通关的基本流程

一般来说，出口跨境电商通关需要经过五个步骤。

（1）信息登记或注册。

跨境电商企业、物流企业等参与跨境电商出口业务的企业，应当向企业所在地海关办理信息登记或注册。

（2）提交信息。

跨境电商企业或其代理人、物流企业、支付企业通过"中国国际贸易单一窗口"或跨境电商通关服务平台向海关提交交易订单、支付、物流"三单"信息，并对信息的真实性承担相应法律责任。

（3）发送清单数据。

"中国国际贸易单一窗口"或跨境电商通关服务平台完成"三单"对比，生成货物清单，并向"中国电子口岸"发送清单数据。

（4）查验。

查验是指海关对实际货物与报关单证进行核对，查验申报环节所申报的内容是否与查证的单、货一致，并查证是否存在瞒报、伪报和申报不实等问题。查验可以对申报、审单环节提出的疑点进行验证，为征税、统计和后续管理提供监管依据。

海关查验货物后，需要填写验货记录，包括查验时间、地点、进出口货物的收发货人或其代理人名称、申报货物情况、货物的运输包装情况（如运输工具的名称、集装箱号尺码和封号）、货物名称、规格型号等内容。

需要查验的货物自接受申报起1日内开出查验通知单，自具备海关查验条件起一日内完成查验，除需缴税外，自查验完毕4小时内可办结通关手续。根据《中华人民共和国海关法》的有关规定，进出口的货物除另有规定外，均应征收关税。关税由海关按照海关进出口税则征收。需要征税费的货物，自接受申报1日内开出税单，并于缴核税单2小时内可办结通关手续。

（5）放行。

对于一般出口货物，发货人或其代理人要向海关如实申报，并如实缴纳相关税款和费用，海关会在出口装货单上加盖"海关放行章"，出口货物的发货人凭此装船起运出境。

若申请出口货物退关，发货人应当在退关之日起3日内向海关申报退关，经海关核准后方能将货物运出海关监管场所。

海关放行后，会在出口退税专用报关单上加盖"验讫章"和已向税务机关备案的海关审核出口退税负责人的签章，退还报关单位。报关单的有关内容必须与船舶公司传送给海关的舱单内容一致，才能顺利核销退税。

海关接受申报并放行后，由于运输工具配载等原因，部分货物未能装载原申报的运输工具的，出口货物发货人应当及时向海关递交《进出口货物报关单修改/撤销申请表》及更正后的箱单发票、提单副本，使报关单上的内容与舱单上的内容一致。

小知识：行邮税是行李和邮递物品进口税的简称，是海关对入境旅客行李物品和个人邮递物品征收的进口税。由于行邮税中包含了进口环节的增值税和消费税，故也是对个人非贸易性入境物品征收的进口关税和进口工商税收的总称。

灰色清关是指出口商为了避开复杂的通关手续，将各项与通关有关的事宜交由专门的清关公司处理的一种通关方式。

清关公司又称清关代理，是指专门从事国际代理报关纳税业务的企业，受进出口货物所有人及他们的代理人或税收发货人的委托，为其进出口货物、物品或运输工具的所有人承担办理海关各种手续，如填制进出口货物报关单、报关数据的预录入、代办向海关申请企业备案登记手续、陪同海关验货、对货物税则归类、计算税费、提货、咨询服务、代办申请减免税、关税保函手续、合同备案登记等。一般而言，清关公司均兼营与报关业务有关的业务（如货物运输、办理关税保函和保险），以形成配套的一条龙服务体系。清关代理既要向货物、物品或运输工具的所有人负责，又要向海关负责，属于双向负责的中介代理机构。

3. 通关的便利化改革

（1）分类通关改革。

分类通关改革是指海关通过运用科学风险管理的理念和方法，以企业资信状况为基础，通过H2010系统对报关单电子数据进行风险分析，按照风险高低对进出口货物实施分类管理的通关作业。该模式对诚信守法企业的低风险出口货物，实施计算机快速放行等管理措施，提高通关效率；对少数高风险的出口货物，实施重点审核、加强查验等管理措施，充分体现企业"守法便利、违法惩戒"的管理原则，推进海关管理从"以产品为单元"向"以企业为单元"转变。

（2）通关作业无纸化改革。

通关作业无纸化是指海关以企业分类管理和风险分析为基础，按照风险等级对进出口货物实施分类，运用信息化技术改变海关验核进出口企业递交纸质报关单及随附单证办理通关手续的做法，直接对企业通过中国电子口岸录入申报的报关单及随附单证的电子数据进行无纸审核、验放处理的通关作业方式。

（3）两步申报改革。

为贯彻落实国务院"放管服"的改革要求，适应国际贸易特点和安全便利的需求，海关总署决定在部分海关开展进口货物两步申报改革试点，改革自2019年8月24日起实施。海关通过将审核征税等环节移至货物放行之后，从而实现货物查验放行和审核征税相分离的模式。两步申报通关模式：第一步，企业概要申报后经海关同意即可进行货物提离；第二步，企业在规定时间内完成完整申报。两步申报基本流程如图9-5所示。

图9-5　两步申报基本流程

（三）报关报检

1. 报关的含义

报关是指货物、行李、邮递物品、运输工具等在进出关境时，由其所有人或其代理人向海关申报，交验规定的单据、证件，请求海关办理进出口有关手续的全过程。

报关是通关的流程之一，但与通关有所区别。报关是单向的，仅指申报人向海关进行申报的流程；通关是双向的，申报人向海关提出通关申请，海关在产品通关时会根据申请人提供的报关材料查验产品的实际情况是否相符，主要核对产品品名、规格、数量、重量、价格等，查验完毕并征税费后，对产品放行（海关查验本身不收取任何费用，但如果产品通关失败被退回，会产生物流费用）。

2. 报检的含义

报检是指出口产品的生产、经营部门，或进口产品的收货、用货或代理货运部门按照《中华人民共和国进出口产品检验法实施条例》的规定，向出入境检验检疫部门申请办理检验、鉴定手续的全过程。

报检先于报关，只有在出入境检验检疫部门检验完毕，并出具入境货物通关单，海关才接受报关申请。

与报关不同的是，并不是所有的进出口产品都需要报检。只有国家规定的产品才需要报检，而所有进出口产品（除自带绿色通道）都需要报关。

目前我国的海关和出入境检验检疫部门已合并，进出口企业可实现"一次申报，一次办理"。

二、报关报检的常用单证

在产品通关的过程中，货物的相关单证都是海关审核的最重要的依据之一。许多卖家在单证没有准备齐全的情况下匆忙报关报检，不仅浪费人力物力，还影响通关速度，所以提前了解清楚货物报关报检所需单证非常重要。

无论是在我国海关还是目的地国海关，进出口最主要的单证有四种：货物发票、贸易合同、提货单及装箱单。除此之外，根据产品的不同情况，还需要其他一些单证。

（1）报关需要：货物发票、贸易合同、货物产地证书、装箱单、提货单或装货单、商检证、出口许可证、出口收汇核销单、进出口货物报关单与其他有关单证。

（2）报检需要：货物发票、报检单、工厂检验单、出口包装证或出境货物运输包装性能检验结果单、贸易合同、装箱单、报检委托书与其他有关单证等。

在报关前，除了以上几种主要单证之外，还有某些特殊产品会要求提供特殊的单证，比较常见的有化学品安全技术说明书、商检危包证等。产品所需的特殊单证可以通过向货运代理咨询自行了解。

三、避免货物被扣关的注意事项

遇到货物被扣关时，卖家首先要了解被扣的原因，因为每个国家或地区的海关条例都不同，当遭受货物被扣关时，相关海关部门会向发件人或收件人出具一份说明，里面会说明货物被扣关的原因，发件人或收件人必须配合海关提供相关的文件。

一般来说，货物被海关扣关或不允许清关的原因有以下几种。

（1）货物的品名填写不详细、不清楚，须重新提供证明函，具体说明货物的品名及用途。

（2）货物申报价值填写过低，海关怀疑逃税。

（3）货物的相关单证不齐全，需要补充必需的单证，如进口许可证等。

（4）货物属于敏感货物，包括国家禁止或限制进口、出口的产品。

此外，卖家要做好相关工作，尽量避免产生海关扣货的情况。

（1）选择安全的递送方式，如航空挂号小包和EMS，而且如果EMS的包裹被海关扣货，还是能够免费退回到发货地点的。

（2）了解各国海关政策，如澳大利亚虽然通关容易，但是电池类产品是海关禁止通关的，因此电池或带电池的产品，尽量不要发往澳大利亚。如果产品带电池，可以与买家进行协商，只发产品，不发电池。

（3）尽量不要通过直邮寄递过重的产品，一是物流费用太高，二是过重的包裹被海关查验、扣货的可能性更大。

四、我国对跨境电商产品检验检疫的有关规定

我国对跨境电商产品检验检疫的有关规定主要包括以下几个方面。

（1）海关监管：根据我国海关总署发布的相关规定，所有进入中国境内的跨境电商产品都需要进行海关监管。这包括产品的申报、查验、清关等环节，以确保产品的合法性和符合相关标准。

（2）检验检疫要求：根据《中华人民共和国进出口商品检验法》的规定，跨境电商进口产品需要符合中国的质量、安全、卫生等标准。具体要求根据不同产品类别而有所差异，如食品、化妆品、医疗器械等都有相应的检验检疫要求。

（3）进口产品备案：根据中国国家互联网信息办公室发布的规定，跨境电商平台和卖家需要将销售的进口产品进行备案。备案要求包括产品的基本信息、生产企业信息、质量合格证明等，以确保产品的合法性和可追溯性。

（4）电商综合试点区政策：中国设立了一些跨境电商综合试点区，如杭州、上海等，对跨境电商进口产品的检验检疫、清关等方面给予一定的政策支持和便利。

需要注意的是，以上规定可能会根据国家政策和法规的变化而有所调整和更新。因此，卖家和跨境电商平台需要及时了解并遵守最新的相关规定，以确保产品能够顺利通过检验检疫，并符合中国的标准和要求。同时，建议卖家与专业的跨境电商服务提供商或物流公司合作，以获取更准确和具体的信息，确保合规运营。

以跨境电商形式出入境的产品必须遵守我国相关的出入境检验检疫规定，不合规的产品无法通关，下面对我国部分产品检验检疫的有关规定进行介绍。

（一）我国禁止以跨境电商形式入境物品的规定

2015年，国家质量监督检验检疫总局发布的《关于进一步发挥检验检疫职能作用促进跨境电商发展意见》明确提出，禁止以下8类物品以跨境电商形式入境。

（1）《中华人民共和国进出境动植物检疫法》规定的禁止进境物品。

（2）未获得检验检疫准入的动植物源性食品。

（3）列入《危险化学品名录》《剧毒化学品录》《易毒化学品的分类和品种名录》和《中国严格限制进出口的有毒化学品目录》的物品。

（4）除生物制品以外的微生物、人体组织、生物制品、血液及其制品等特殊物品。

（5）可能危及公共安全的核生化等涉恐及放射性等物品。

（6）废旧物品。

（7）以国际快递或邮寄方式进境的电商产品，还应符合《中华人民共和国禁止携带邮寄进境的动植物及其产品名录》的要求。

（8）法律法规禁止进境的其他产品和国家质量监督检验检疫总局公告禁止进境的物品。

（二）我国对跨境电商进口食品的相关规定

根据2021年4月29日第十三届全国人民代表大会常务委员会第二十八次会议的修正，《中华人民共和国食品安全法》（以下简称《食品安全法》）明确了跨境电商进口食品的相关规定。具体来说，《食品安全法》将网络食品销售纳入监管范围，确保跨境电商进口食品的安全性和合规性。

跨境电商进口食品的具体监管措施如下。

监管主体：国家出入境检验检疫部门负责进出口食品安全的监督管理，县级以上食品药品监督管理部门负责国内市场上销售的进口食品、食品添加剂的监督管理。

报检和检验：进口的食品、食品添加剂应当经出入境检验检疫机构依照进出口商品检验相关法律、行政法规的规定检验合格，并按照国家出入境检验检疫部门的要求随附合格证明材料。

信息收集和通报：国家出入境检验检疫部门应当收集、汇总进出口食品安全信息，并及时通报相关部门、机构和企业，确保信息的及时共享和利用。

这些措施确保了跨境电商进口食品从进口到国内销售的全过程监管，保障了消费者的食品安全。

五、其他国家海关的通关规定

其他国家
通关规定

（一）俄罗斯

俄罗斯海关关于商业快递清关的最新规定为自 2017 年 12 月 7 日起，俄罗斯公民网购产品入境，不仅需要提供护照信息，还需要提供个人纳税号及购买产品的链接。

（二）美国

美国海关对于申报价值在 200 美元以内的产品，不收取关税；对于价值在 200~2 000 美元的产品，海关出具关税收取证明，美国邮政上门投递邮件时收取；超过 2 000 美元的产品，需要第三方报关公司清关。

（三）阿根廷

阿根廷规定，本国公民每年可从国外购买 5 件产品，每件产品价值限额为 999 美元，总重量低于 50 千克，相同产品不得超过 3 件，且进口目的不是转卖。

（四）印度

印度海关规定，自 2017 年 4 月 1 日起，收件人需在货物到达当地的第二个工作日前提交所有清关文件，否则将会有延误附加费产生，由收件人承担。延误附加费用为前三天按 5 000 印度卢比/天收取，之后的将按 10 000 印度卢比/天加收，具体以当地海关收费标准为准。卖家需提醒收件人在货物到达当地前提供所有清关文件，避免因延误而产生罚款。

（五）印度尼西亚

印度尼西亚当地严禁进口化妆品及食物，否则将被退回，产生的费用由卖家（即寄件人）自行承担。如用于商业用途的，需要当地药物及食品局提供的进口许可证清关。如申报价值大于 1 500 美元的，需要提供原产国的检验证书。若货物在到达当地 30 天内未能完成清关，将按当地海关法规转自动处理，产生的一切费用也将由卖家承担。另外，当地将关税起征点由之前的 50 美元调整为 100 美元，即货物的总申报价值超过 100 美元的，将会有关税产生。

任务三　了解外贸综合服务平台的通关服务

学习外贸综合服务平台的通关服务，重点了解一达通、跨境一步达。

外贸综合平台——一达通

一、一达通

（一）一达通的历史及业务

1. 产生背景

一达通是阿里巴巴旗下的外贸综合服务平台，是服务于中小企业的外贸综合服务行业的开拓者，致力于推动传统外贸模式的革新。它通过线上化操作及建立有效的信用数据系统，整合各项外贸服务资源和银行资源，为中小企业提供专业且低成本的通关、外汇、退税配套物流和金融服务。

其原始公司深圳市一达通企业服务公司成立于2001年，是国内第一家面向中小企业的进口流程外包服务平台，通过互联网（IE+IT）一站式为中小企业和个人提供通关、物流、外汇、退税、金融等所有外贸交易所需的进出口环节服务。

2003年，它与中国银行深圳分行合作，开发出国内第一个进出口资金监管系统。

2008年，它与中国银行联合，开发出业内第一个贸易融资系列产品——"融资易"，国内首创设置中国银行外汇结算网点，为中小企业外贸的出口退税、进口开证和出口信用证打包贷款提供无担保、无抵押、零门槛的融资信贷服务。

2011年，它与中国银行深圳分行联合推出"中小企业外贸通宝"系列融资产品，不需要任何抵押和担保。

2012年，它与阿里巴巴联合推出的"一达通数据服务"，是全国首创的第三方数据认证平台，被国家发展和改革委员会列为国家电商试点平台。截至2012年年底，一达通数据服务中企业客户突破10 000家，年进出口总额突破20亿美元，在全国一般贸易出口企业百强榜中排名第九。

2013年，一达通全自助在线服务平台上线。2013年1月的最后一周，该平台每天进出口额超过2 000万美元，一周内完成了1亿美元的进出口额。

2014年，阿里巴巴集团全资收购一达通，并将一达通列为阿里巴巴打造外贸生态圈的重要组成部分。基于这些贸易大数据的应用，阿里巴巴开始打造信用保障体系，为境外卖家的生意保驾护航。

2. 外贸综合服务

一达通提供一站式外贸综合服务，产品包括基础服务和增值服务。

（1）基础服务。

基础服务存在两种形式：一种是出口综合服务"3+N"，"3"指代通关服务、外汇服务和退税服务；另一种是出口代理服务"2+N"，"2"指代通关服务和外汇服务。

①通关服务。以一达通的名义完成全国各口岸海关、商检的申报。

②外汇服务。中国银行首创在一达通公司内设置外汇结算网点，提供更方便、快捷的外汇结算服务。客户直享外管A级资质待遇，可灵活选择结汇时间。一达通还可为客户提供外汇保值服务，提前锁定未来结汇或购汇的汇率成本，防范汇率波动风险。

③退税服务。一达通可为企业与个人正规、快速办理退税，加快资金周转，同时提供个性化的退税融资服务，满足不同类型企业的退税融资需求。

下面对出口综合服务与出口代理服务做对比。

a. 出口综合服务。

基础服务：通关、外汇、退税。

准入条件如下。

- 出口产品非一达通出口综合服务禁止操作产品。
- 出口产品开票人须为生产型一般纳税人企业且满足特定要求。例如，浙江省企业须符合一般纳税人工厂资质，具备出口产品的生产线，具备最后加工的环节，且开票人须为一般纳税人且一般纳税人认定时间需满六个月。

税务操作：一达通代为退税。

垫付退税条件：同时满足下述三个条件后，在三个工作日内，一达通可先行垫付退税金额给实际开票方。

- 外汇款收齐。
- 若为一达通报关，则报关放行即可；若为客户自行报关，则报关状态须为已结关。

注：实施启运港退税政策的出口货物暂时仍需要提供纸质出口货物报关单证明联（出口退税专用），主要为南京市龙潭港、苏州市太仓港、连云港市连云港、芜湖市朱家桥港、九江市城西港、岳阳市城陵矶港、青岛市前湾港、武汉市阳逻港8个港口。

- 增值税发票核票无误。

b. 出口代理服务。

基础服务：通关、外汇。

准入条件如下。

- 出口产品非一达通出口代理服务禁止操作产品。
- 企业须具有出口退（免）税资格认定。

税务操作如下。

- 客户办理委托出口货物证明。
- 一达通办理代理出口货物证明。
- 客户自行进行退（免）税申报。

垫付退税条件：无。

(2) 增值服务。

①金融服务。

- 网商流水贷。网商流水贷面向使用一达通出口基础服务的客户，由阿里巴巴联合多家银行共同推出。它以一达通外贸综合服务平台的客户出口数据为授信依据，零抵押，零担保，简化了传统线下的复杂授信调查。申请人只要同时满足是企业法定代表人或个体工商户负责人，企业工商注册时间满半年，是阿里巴巴国际站付费会员或一达通会员三个条件便可申请网商流水贷。
- 超级信用证。由阿里巴巴专家团队审证、制单、交单，规避信用证软条款和不符点，同时对开证国家和银行做风险资质专业评估，全面把控风险。出货后，客户还可申请100%买断服务，将风险转让给阿里巴巴，提前收汇。
- 备货融资。备货融资是阿里巴巴联合网商银行推出的基于信用保障订单的低息短期贷款服务，可以满足出口商解决备货期间生产、采购资金问题的需求，提高企业的接单能力。客户在信用保障订单收齐预付款（或收到信用证正本）后即可申请放款，且支持企业/个人账户收还款。

②物流服务。

一达通可以完成全国各口岸海关、商检的申报，并且享受绿色通关通道，提供跨境物流服务海运整柜和拼箱、跨境快递仓到仓和门到门、集港拖车等服务。一达通可实现在线查询船期、订舱操作，费用透明。

3. 一拍档服务

一拍档，即一达通的拍档，是一达通基于外贸综合服务平台，为完善外贸服务生态而探索的新模式。该模式旨在使外贸生态链条上的各类第三方服务企业（如货代、外贸进出口代理、报关代理、财税公司等）成为一达通紧密的合作伙伴，为一达通客户提供本地化、贴身化、个性化的低成本出口配套服务。

（1）服务范围。

一拍档的服务范围包括为客户提供使用一达通出口通关、结汇、退税、金融、物流等服务的相关咨询，及制单、下单、跟单等外贸服务咨询，同时在这些过程中，合作伙伴可根据自己的业务优势提供配套的物流定制、指导办理商检等个性化定制服务，为客户提供更加系统的外贸服务。

（2）操作模式。

①一达通操作方面的咨询及实际操作工作由一拍档承接，客户需要在线上绑定一拍档并线上确认服务费，具体费用由客户线下自行结算给一拍档。若客户需要代开服务费发票，则一拍档会根据其在外贸服务市场的发票说明向客户开具。

②一拍档服务协助解决客户对阿里巴巴产品的问题（如一达通"3+N"、CGS、网商流水贷、P4P等），一达通运营顾问和客户经理也会协助一拍档解决同类问题。

③一拍档自营模式下的代理服务方式保持不变，但发票抬头和收款账户统一换成一达通。

（二）一达通入驻条件

一达通平台对申请入驻企业、出口产品及开票人资质均有一定的要求，只有符合要求才可申请一达通服务。入驻一达通平台的具体要求见表9-1。

表9-1 入驻一达通平台的具体要求

项目	具体要求
企业类型	非境外（中国香港、中国台湾地区除外）； 个人或非出口综合服务尚未覆盖地区的企业（如福建莆田等）
出口产品	在一达通可以出口的产品范围内

入驻一达通平台的开票人资质要求有以下几点。

1. 与一达通签约企业注册地在浙江省的

（1）生产型工厂，具有一般纳税人资格且一般纳税人认定时间大于或等于6个月。

（2）委托加工型企业，需具有一般纳税人工厂资格，具备出口产品的生产线，具备最后加工的环节。

2. 与一达通签约企业注册地在福建省的

生产型工厂，具有一般纳税人资格，一般纳税人认定时间大于或等于1年。

3. 与一达通签约企业注册地在河南省的

生产型工厂，具有一般纳税人资格，一般纳税人认定时间大于或等于2年。

4. 与一达通签约企业注册地在其他省份的

生产型工厂，具有一般纳税人资格，一般纳税人认定时间大于或等于2年，且开票人注册地非内蒙古赤峰巴林右旗、福建莆田、天津武清区（武清区的自行车及其零配件、电动车及其零配件企业除外）；HS编码在61章的产品开票人，要求一般纳税人认定时间满2年。

（三）一达通服务的开通

1. 开通的申请方法

跨境电商卖家可以登录一达通的官方网站进行申请。

如果卖家拥有阿里巴巴国际站账户，则可以在申请一达通服务时直接输入国际站账户和密码登录，根据页面提示留下自己的联系方式等信息，资料提交后会有客户经理联系卖家处理相关事宜。如果卖家没有阿里巴巴国际站账户，建议先注册一个阿里巴巴国际站账户，然后再登录一达通平台进行申请。

2. 需要准备的资料

签约一达通需要以下资料：企业营业执照、企业法人（复印件或原件）及授权人身份证（原件）、企业税务登记证、企业公章、合同、一达通出口服务规则知悉确认函及企业身份认证的支付宝。

（四）一达通通关服务流程

客户通过一达通通关的流程如下。

（1）首先联系一拍档/一达通对接人告知自己的需求。

（2）自行在下单系统自助下单或委托一拍档/一达通对接人辅助自己下单。

（3）核对下单及出货信息后选择"提交订单"。

（4）按系统指引签署"出口服务委托函"。

（5）随后一达通安排通关（或下载报关资料安排自行报关）。

（6）通关放行（自行报关部分需要卖家及时上传报关底单至订单系统）。

具体的服务说明及操作请登录一达通官网查询，此处不再赘述。

二、跨境一步达

（一）跨境一步达产生背景

跨境一步达是国家发展和改革委员会、海关总署首批认定的跨境电子商务通关服务平台，是浙江电子口岸协同杭州海关、国家外汇管理局浙江省分局、国家税务总局浙江省税务局、中国（杭州）跨境贸易电子商务产业园、杭州空港（萧山）跨境贸易电子商务产业园和杭州经济技术开发区跨境贸易电子商务产业园建设的杭州跨境贸易电子商务服务试点一站式平台，该平台旨在打破跨境电商"关、税、汇、检、商、物、融"之间的信息壁垒，建成产业园区的"单一窗口"平台。

2012年2月6日，国家发展和改革委员会、海关总署等8个部委办公厅下发的《关于促进电商健康快速发展有关工作的通知》（发改办高技〔2012〕226号）指出，"研究跨境贸易电子商务便利化措施，提高通关管理和服务水平。海关总署牵头，组织利用各示范城市的地方电子口岸平台资源，推动地方电子口岸开展跨境贸易电子商务服务，并在相关示范城市组织开展试点"。2012年5月8日，国家发展和改革委员会办公厅下发的《国家发展改革委办公厅关于组织开展国家电子商务示范城市电子商务试点专项的通知》（发改办高技〔2012〕1137号）指出，"对以快件或邮件方式通关的跨境贸易电子商务存在难以快速通关、规范结汇及退税等问题，由海关总署组织有关示范城市开展跨境贸易电商服务试点工作。重点支持电子口岸建设机构完善跨境贸易电商综合服务系统，为外贸电子商务企业建立在线通关、结汇、退税申报等应用系统。研究跨境电子商务相关基础信息标准规范、管理制度，提高通关管理和服务水平"。

2013年，全国首个跨境贸易电子商务产业园——中国（杭州）跨境贸易电子商务产业园下城区开园，这意味着杭州跨境贸易电子商务服务试点工作取得了阶段性成果，是试点工作成功迈出的第一步。2013年5月20日，浙江电子口岸建设的"跨境一步达"网站正式上线。2013年7月25日，浙江电子口岸建设的"电子口岸跨境一步达"微信公众号正式上线。

（二）阳光服务，一步即达

跨境一步达平台已入驻天猫国际、京东全球购、顺丰海淘、考拉海购、银泰网、中外运EMS、顺丰、支付宝、连连支付、财付通等数十家大型电商平台，并在杭州海关、国家外汇管理局浙江省分局、浙江省税务局、中国（杭州）跨境贸易电子商务产业园、杭州空港（萧山）跨境贸易电子商务产业园和杭州经济技术开发区跨境贸易电子商务产业园协同管控下运行，是功能完备、便利高效、阳光运行、规范健康的公共服务平台。

跨境一步达平台运用电子商务产业园的政策优势，采取直邮（一般进口）或备货（保税进口）模式，在进口报关、检验检疫、网上销售环节，实行全程阳光监管，避免出现传统"海淘"市场混乱、假冒伪劣产品充斥、产品追溯难等问题。产品依法入境销售，产品可溯源，品质更有保证。

跨境一步达平台所提供的服务为买家带来了以下便利。

1. 产品认证

跨境一步达平台上的产品，是由杭州跨境贸易电子商务试点卖家从境外采购的，它们以一般贸易方式批量进境并存储在杭州保税区，再由杭州保税区实行"境内关外"运作方式，统一进行派送。每批次货物出关前都经过杭州海关的抽查、检验检疫，确保每一件运送到买家手上的跨境产品都是正宗进口的，品质有保证的。

2. 精选产品

跨境一步达平台为买家精选并优先推荐保税区发货、价格更具竞争力的海淘热销产品。

3. 状态跟踪

买家通过跨境一步达平台可以实时掌握包裹运输状态，轻松查看海关清关、境内发货收货状态。

4. 税单查询

买家在跨境一步达平台上可以在线查询并打印海淘税单及个人物品申报单，如图9-6所示。

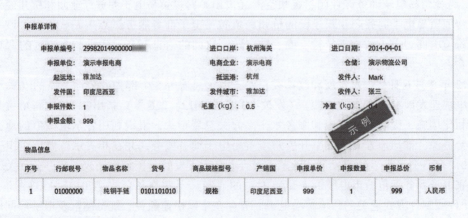

图9-6　税单查询

5. 产地追溯

从跨境一步达平台上购买的产品可扫码溯源，准确追溯产品的起运地、装载港，验明货物来源。

(三)卖家服务

1. 当前进出口电商的困境

由于进口电商未纳入进口货物通关模式的适用范围,境内电商在境外进行产品采购后,会面临难以进行付汇,产品国际配送周期长且由于主要采用空运方式,物流成本较高等困境;出口电商则面临电商品类繁多、出货频率高,每批次的交易以单件为主,正常报关会产生巨额报关成本,无法正常结汇,大部分销售货款都是通过灰色渠道回到境内的,企业面临着巨大的法律风险,无法正常退税等困境。

2. 跨境一步达平台服务解决方案

针对跨境电商进口困境,跨境一步达按照海关总署 2014 年第 56 号、第 57 号监管要求,全面支持"直邮进口"和"保税进口"模式,以"快速通关、便捷服务"为目标,引导境内消费者通过"阳光"通道进行跨境网购活动,全程电子化管理,实现产品溯源。

针对跨境电商出口困境,跨境一步达利用信息化手段优化通关流程,符合跨境贸易电商"9610"海关监管方式,通过"清单核放、汇总申报"的业务模式,解决小额跨境贸易电商企业存在的难以快速通关、规范结汇及退税等问题。

技能实训

实训一 拟写感谢函

接受订单
拟写感谢函

实训目标：训练在买家接受订单后，书写感谢函。

实训情境：小谢的店铺有一笔新的订单，某美国买家购买了一个滑动扶手，已经付款成功。目前订单资金正在审核中，小谢需要在24小时资金审核通过后再进行发货。在等待的间隙，小谢需要给买家发送一篇站内邮件，感谢他购买自己的产品。

这里提供一个样文，仅供参考。

Thanks for your order. The order number is ××××××××××.

We are now preparing the shipment for you. We will ship out the products in 2~3 working days by China Post Air Mail to you. We will keep you noted by the shipping tracking number sooner.

Keep in contact.

Thanks and best regards.

译文：感谢您在本店下单。订单号码是××××××××××。

我们正在为您准备货物。我们将在2~3个工作日内通过中国邮政航空邮件将货物发运给您。我们会尽快将您的货运跟踪号码记录下来。

保持联络。

感谢并致以最诚挚的问候。

实训二 调研订单取消原因与设计应对方案

实训目标：学会调研订单取消原因与设计应对方案。

实训情境：在店铺运营过程中，转化率永远是关注的重点。买家下单后又将订单取消，对于卖家来说是销售额的流失。获取买家取消订单的原因并积极应对处理，是降低订单流失的有效手段。

实训任务：请以跨境电商运营人员的视角，在各大国内外电商平台或论坛中获取买家订单取消的原因，并针对每个原因制定处理措施。也可以设计一个问卷，调研其他人在网购时取消订单的原因，并尝试思考挽回流失买家的方法。

实训步骤：具体操作如下。

（1）确定任务内容。

（2）围绕任务，对网络资源进行信息搜集与整理，得出买家取消订单的原因列表。

（3）设计问卷，进行问卷发放和回收，得出买家取消订单的原因列表。

（4）针对得出的原因列表，设计应对措施。

（5）整理任务成果，形成Word报告提交。

实训成果：Word形式的报告。

实训评价：见表9-2。

表 9-2 评价表

评价内容	分值	得分
订单取消原因整理的列表质量	40	
应对措施制定的列表质量	40	
报告内容丰富、格式规范	20	

同步训练

素养加油站

"偷梁换柱"，难逃法网

在 2023 年年底，深圳海关工作人员在审查一批标记为跨境电商进口的化妆品时，发现货物存在明显的低报价和瞒报总价行为。进一步检查发现，随附的快递单据和购买者身份信息均为伪造。这些违规行为引起了海关缉私部门的高度警觉，并迅速进行深入调查。

缉私人员通过仔细的调查摸排，揭露了一个背后操纵的走私团伙。该团伙通过冒用各种单据和身份信息，将本应通过一般贸易方式进口的化妆品伪装成跨境电商货物进行走私。他们将货物从口岸带入国内后，转运至佛山、广州从化等地区进行清关手续，并通过国内物流公司将货物送往深圳的最终收货人。

收到走私化妆品的买家会通过实体店铺、淘宝等线上线下渠道进行销售，以此获取非法利润。针对这一案件，深圳海关在深圳、广州、河源等多地同时展开了缉查行动，共抓获 17 名嫌疑人，并在现场查获涉嫌走私的化妆品共计 67 吨，案件价值超过 2 亿元人民币。

不法卖家企图"偷梁换柱"，赚取税差，终究难逃法律制裁。合规申报，依法纳税，不侥幸，才安全。

出口濒危植物，损国亦不利己

2021 年，黄埔海关所属常平海关在对出境包裹进行查验时，发现一票申报为"棉制女装上衣"的产品实际为 2 株植物，有明显伪报嫌疑，现场关员当即暂扣，并送至中国科学院华南植物鉴定中心进行鉴定。鉴定显示，2 株植物分别为兰科兜兰属杏黄兜兰和硬叶兜兰，有兰花中的"金童玉女"之称，具有很高的经济价值。杏黄兜兰为我国特有物种，硬叶兜兰仅在我国和越南有分布。两者已被列入《濒危野生动植物种国际贸易公约》附录和第二批公布的《国家重点保护野生植物名录》，属禁止国际贸易类的国家级重点保护濒危物种。按照《中华人民共和国濒危野生动植物进出口管理条例》《中华人民共和国野生植物保护条例》等有关法律规定，未合法取得国家相关管理部门核发的允许进出口证明等材料，任何单位或个人不得擅自通过货运、邮递、快件和旅客携带等方式进出口濒危野生植物及其制品，违法情节严重构成犯罪的将依法追究刑事责任。

违规出口濒危野生动植物不仅严重侵犯国家利益，而且严重影响个人名誉、商誉及事业前程，所有跨境电商从业者均需引以为戒。

项目评价

学习评价见表9-3。

表9-3 学习评价

评价指标		评价得分	未掌握情况记录
知识	订单处理的基本流程		
	不同状态下的订单处理技巧		
	跨境货物打包相关的知识		
	跨境电商产品报关报检相关名词的含义		
	跨境电商产品报关报检的常用单证		
	我国和国外一些国家的清关规定		
技能	能够根据订单的不同状态进行相应的处理		
	能够在跨境电商平台上进行线上发货		
素养	规则意识		
	法律意识		
	诚信意识		
总分			
自评人：		教师：	

注：评价得分区间为0~10分，0分为完全未掌握，10分为完全掌握，数字越大代表掌握程度越深，评价者依据自身实际情况进行评分。未满10分的评价指标在最右一列陈述未掌握的具体情况，并据此向老师或同学提问。

项目十

回收资金——明晰跨境电商支付

知识目标

1. 了解当前的跨境支付模式。
2. 了解跨境支付的主要方式。
3. 了解跨境电商平台收款的主要方式。

能力目标

1. 能够基本理解跨境支付的流程,了解跨境支付方式的优缺点。
2. 能够在跨境电商平台上设置收款工具。

素养目标

1. 通过了解支付监管培养法治观念。
2. 增强资金结算安全意识、风险意识。
3. 树立正确的消费观。

知识导图

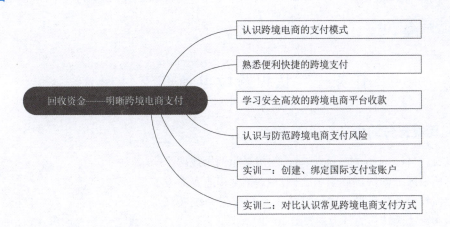

前言

如果做国内电商,可以用支付宝、财付通、微信支付、网银等方式收款,流程简单,到账时间也很快。但如果做跨境电商,涉及跨境转账、结汇售汇,问题就没那么简单了。卖家如果想要给买家提供方便快捷的支付体验,又能减少收款成本,那么对跨境电商平台上的支付与收款方式不能不了然于心。本项目将对各大跨境电商平台上的支付与收款方式进行简单介绍。

运营故事

提前识别风险，远离欺诈交易

为了给买家提供便捷的购物体验，跨境电商平台和卖家通常会在力所能及的范围内给买家提供尽可能多的支付选择，以保证交易流程的畅通。然而，随着订单和交易额的激增，欺诈性交易案件快速增加，其中62%的支付欺诈发生在移动设备交易中。境外研究机构Juniper Research的报告显示，2018—2023年，卖家因在线欺诈损失了1 300亿美元。

电商交易中常见的欺诈类型有盗卡欺诈、恶意欺诈、三角欺诈。盗卡欺诈是指欺诈者利用盗用的卡片完成网购付款的不法行为。一般情况下，盗卡交易的卡主在发现自己的卡片被盗刷后会找到银行，申请对交易进行拒付，如果此时卖家已经发货，则会面临钱货两空的情形。恶意欺诈是指买家在收到货后，以留差评、寄回不相关物品等手段拒付、免费获得产品的行为。三角欺诈是指诈骗者通过复制和抄袭其他品牌形象，伪装成品牌站，欺骗买家下单，从而获取信用卡信息的行为。

为防范欺诈风险，品牌商、制造商可以通过第三方支付机构和银行的风控系统识别风险，或专门建立自己的风控部门以规避损失。相对而言，跨境电商中小卖家可依赖和采用的手段少一些。为此，业内人士提醒，跨境电商的中小卖家最好建立自己的防诈骗数据库，定期排查可疑交易，将相关买家列入黑名单，同时在店铺运营过程中格外注意几类买家，即重复购买同一件产品的买家、消费金额突然增加至平时消费金额几倍的买家、休眠很久后重新产生购买行为的买家、不介意承担邮费且催促快速发货的买家、开卡地址和收货地址不为同一国家或地区的买家、持卡人信息和收件人信息毫无关联的买家、短时间内多次交易的买家，必要时还可更换和选择与风控技术水平更高的第三方支付机构合作。

案例分析： 风险防控是运营过程中的重要一环，功在平时，提前布局，方可降低损失。

知识准备

任务一　认识跨境电商的支付模式

一、跨境支付的含义

跨境支付（cross-border payment）一般是指两个或两个以上国家或地区之间因国际贸易、国际投资及其他方面发生的国际债权债务，借助一定的结算工具和支付系统实现资金跨国和跨地区转移的行为，如图10-1所示。

例如，中国买家在网上购买国外卖家的产品或国外买家购买中国卖家的产品时，由于币种不同，就需要通过一定的结算工具和支付系统实现两个国家或地区之间的资金转换，最终完成交易。

二、跨境电商的支付模式

跨境支付一般分为两种模式，一种是商业银行跨境汇

图10-1　跨境支付

款模式,常见于大宗跨境 B2B 交易,买卖双方在线上交易,在线下通过商业银行进行汇款支付;另一种是有第三方支付机构参与或主导的互联网线上支付,常见于跨境 B2C 交易中的小额支付。

(一)商业银行跨境汇款模式

商业银行跨境汇款是一种线下支付模式,主要指境外买家将资金存入境外银行(汇出行),然后申请将资金支付给卖家账户,境外银行指示境内银行(汇入行,一般为汇出行的分行或代理银行)将资金汇给境内卖家。商业银行跨境汇款模式的支付流程如图 10-2 所示。

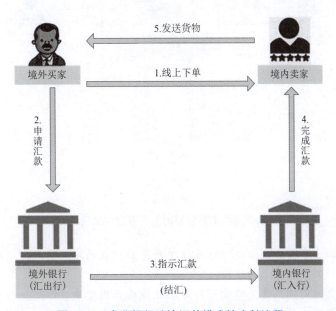

图 10-2　商业银行跨境汇款模式的支付流程

(二)第三方支付机构参与或主导的线上支付模式

互联网线上支付是跨境电商平台上买卖双方主要采取的支付模式。在我国,第三方支付机构需要取得国家外汇管理局跨境电商支付业务试点许可,又称跨境支付牌照,才能真正成为跨境支付交易的主体,直接对接买卖双方。

1. 第三方支付机构未取得跨境支付牌照

未获取跨境支付牌照的第三方支付机构一般作为付款方的代理人与境内外银行进行合作,为付款方代理购汇,其货币兑换和付款流程由与其合作的境内外银行完成。

值得注意的是,与国内买家支付习惯不同,国外买家普遍采取信用卡而非储蓄卡支付订单,因此,第三方支付机构往往也与国际卡组织进行合作,由国际卡组织进行资金清算和货币兑换,如图 10-3 所示。

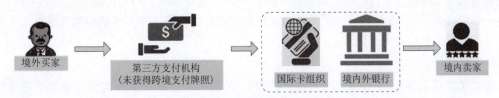

图 10-3　未取得跨境支付牌照的第三方支付机构的支付流程

2. 第三方支付机构取得跨境支付牌照

获得跨境支付牌照的第三方支付机构即被允许通过银行为小额电商交易双方提供跨境互联网支付所涉及的外汇资金集中收付及相关结售汇服务。在这种模式下，第三方支付机构可以直接对接付款方和收款方，真正成为跨境支付交易的主导，其支付流程如图10-4所示（图10-4中为跨境出口模式，跨境进口模式的流程与其方向相反）。

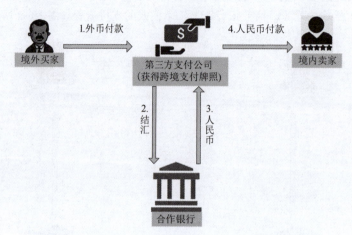

图10-4　取得跨境支付牌照的第三方支付机构的支付流程

小知识：收汇指出口企业在出口货物或提供服务后产生的应收货款，从境外汇入的外币到境内指定收汇银行的外币账户上的过程。

结汇是外汇结算的简称，就是将收到的外汇兑换成本国货币。结汇分为个人结汇与企业结汇两种情况，办理人可以前往银行办理结汇，也可以在网上银行办理。我国是一个外汇管制的国家，企业或个人收到外汇之后必须进行强制结汇，需要使用外汇的时候可以再到银行进行购买。

任务二　熟悉便利快捷的跨境支付

在跨境电商交易中，买家的支付方式多种多样，包括银行汇款支付、信用卡支付、借记卡支付、第三方支付等。下面介绍几种便利快捷的跨境支付方式。

一、银行汇款支付

传统跨境大额交易平台（大宗B2B）模式主要为中国外贸领域规模以上B2B电商企业服务，如为境内外会员卖家提供网络营销平台，传递供应商或采购商等合作伙伴的产品或服务信息，并最终帮助双方完成交易。跨境大额交易平台的典型代表有eBay、阿里巴巴国际站、环球资源、Made-in-China等。大宗交易平台仅提供买家和卖家信息，提供卖家互相认识的渠道，不支持站内交易。外贸交易以线下支付为主，金额较大。

（一）电汇

电汇T/T是最典型的一种商业银行跨境汇款，传统外贸中的大额跨境交易基本上都选择电汇方式。电汇主要依靠环球银行间金融电讯网络的电文来完成银行间的信息传递。

1. 费用承担

收付款双方各自承担所在地的银行费用。付款方在银行进行汇款时会被收取一道手续费，由付款方承担;收款方在提现时也会被收取一道手续费,由收款方承担。

2. 优点

收款速度快,一般为1~2小时,最晚1个工作日就能到账。

3. 缺点

有一定的交易风险,如先付款后发货,国外买家将承担违约风险;先发货后付款,国内卖家将承担违约风险。跨境电商平台上的买家多为个人或中小卖家,使用电汇的情况较少。

在跨境电商平台上,低于1万美元高于1 000美元的订单也可以选择电汇方式(前提是双方有较高的互信)。

4. 汇款流程

(1)汇款人委托汇出行办理电汇汇款,填写汇款申请书,注明"电汇",缴纳汇款金额和手续费。

(2)汇出行受理汇款业务,收妥汇款金额及费用,将汇款申请书第二联作为回执交汇款人从而确立双方的委托关系。

(3)汇出行根据汇款申请书的内容,以加密押的电报、电传或SWIFT系统发送电汇委托书至汇入行。

(4)汇入行核对密押,确认指示的真实性,缮制电汇通知书通知收款人。

(5)收款人凭电汇通知书及有效证件取款。

(6)汇入行核对相对凭证无误,解付款项。

(7)汇入行寄送付讫通知书至汇出行,告知款项付讫。

(二)西联汇款

西联汇款是西联国际汇款公司(Wesler Union)的简称,是世界领先的特快汇款公司,迄今已有150年的历史。它拥有全球最大、最先进的电子汇兑金融网络,代理网点遍布全球近200个国家和地区,在中国拥有超过28 000个合作网点。西联公司是第一数据公司(FDC)的子公司,中国光大银行、中国邮政储蓄银行、中国建设银行、吉林银行、哈尔滨银行、福建海峡银行、烟台银行、龙江银行、温州银行、徽商银行、浦发银行等多家银行是西联汇款的中国合作伙伴。西联汇款与中国银联子公司——银联电子支付合作,提供可靠的直接到账汇款服务,汇款可直达中国主要商业银行的有效银行账户。

1. 费用承担

收款人无须支付任何汇款手续费,手续费由汇款人负担,且均要低于银行普通国际汇款费用;支付需要买卖双方到当地银行实地操作;在卖方未领取款项前,买家随时可以将支付的资金撤销。

2. 优点

(1)到账速度快,10分钟之内就可以汇到。

(2)对于卖家来说最划算,可以先提钱再发货,安全性佳。

(3)不要求收款人预先开立银行账户,1万美元以下业务不需提供外汇监管部门审批文件。

(4)手续费由买家承担,卖家无须支付任何手续费。西联国际汇款公司的代理网点遍布全球各地,代理点包括银行、邮局、外币兑换点、火车站和机场等,方便交易双方进行汇款和收款。

3. 缺点

(1)收付款双方需要到银行柜台操作。

(2)对买家来说风险太大,需要卖家拥有较高的信誉度。很多时候买家会不相信卖家,担心自己第一次和卖家合作，如直接将款项打给卖家，卖家不发货，所以很多买家因此放弃交易。如果是个大买家，那么卖家的损失就非常大。

（3）汇款手续费按笔收取，对于小额收款手续费高。

（4）属于传统型的交易模式，不能很好地适应新型的国际市场。

4. 汇款流程

西联汇款流程具体如下。

（1）登录西联的官方网站。

（2）按照网上的在线转账流程支付，填写直接到账汇款表单，提供收汇人的必要信息包括收汇人名、收汇人姓、城市、国家、电话号码及银行卡账户信息（包括银行名称和银行卡号码），然后向合作伙伴出示由政府发行的身份证或其他证件，获得西联返回的汇款监控号码（money transfer control number，MTCN）。

（3）联系在线客服，告知汇款信息，网上验证。

（4）买家付款后，收款方到合作网点填写收汇表格并出示身份证件。

（三）中国香港离岸公司银行账户

卖家可通过在中国香港开设离岸银行账户，接收海外买家的汇款，再从中国香港账户汇往内地账户。适用于传统外贸及跨境电商，适合已有一定交易规模的卖家。

1. 汇款流程

（1）国外客户汇款到中国香港离岸公司银行账户（如中国香港汇丰银行、恒生银行、渣打银行等）。

（2）中国香港离岸公司银行即时电汇到其内地分行账户，并收取相关费用。

（3）中国香港离岸公司银行内地分行也可以再转账给卖家在内地的其他银行账户，并收取相关费用。

2. 优缺点

优点：资金调拨自由，接收电汇无额度限制，不需要像内地银行一样受5万美元的年汇额度限制，不同货币可自由兑换。

缺点：中国香港银行账户的钱还需要转到内地账户，较为麻烦。

小知识：通过以上学习，我们掌握了跨境电商中银行汇款这种支付方式的相关内容，其实生活中我们经常会接触汇款和转账，也会看到一些关于被诈骗进行汇款和转账的新闻，请课后对此进一步了解。可以查看国家反诈骗官网和App，进一步增强反诈骗意识，增强资产安全意识。

二、国际信用卡支付

跨境电商网站可通过与Visa（威士）、MasterCard（万事达卡）等国际信用卡组织合作，或直接与海外银行合作，开通接收海外银行信用卡支付的端口。目前国际上五大信用卡品牌包括Visa，MasteCard，America Express，Diners Club和JCB，其中前两个使用广泛。现在绝大部分的跨境电商平台通过与Visa和MasterCard合作，都允许买家使用信用卡支付。

信用卡又称贷记卡，是由商业银行或信用卡公司对信用合格的买家发行的信用证明。其实在欧洲和美国，买家最主流的付款方式还是信用卡。

信用卡的形式是一张正面印有发卡银行名称、有效期、号码、持卡人姓名等内容，背面有磁条（或芯片）、签名条的卡片。卡号由16位数字组成，4开头的是Visa卡，5开头的是MasterCard，有效期是指信用卡能有效使用的期限。持有信用卡的消费者可以到特约商业服务部门购物或消费，再由银行同卖家和持卡人进行结算，持卡人可以在规定额度内透支。

国际信用卡支付网关，就是指专业提供国际信用卡收款的银行支付接口。国际信用卡支付网关一般由第三方支付公司和银行一起合作开发。一般信用卡支付有两种通道。

（1）3D通道。3D通道是指持卡人付款时，需要到发卡行进行认证的信用卡支付方式。该通道涉及发卡行、收单行、卡组织、持卡人、第三方支付平台及身份验证的一种安全认证通道。

（2）非3D通道。无须3D认证，持卡人只需要输入简单的信息，即可进行支付，这符合国外买家的消费习惯。

常见信用卡组织有以下几个。

1. Visa

Visa是全球支付技术公司，运营着全球最大的零售电子支付网络，连接着全世界200多个国家和地区的用户。Visa的前身是1900年成立的美洲银行信用卡公司。1974年，美洲银行信用卡公司与西方国家的一些商业银行合作成立了国际信用卡服务公司，并于1977年正式改为Visa国际组织，成为全球性的信用卡联合组织。Visa国际组织拥有Visa、Electron、Interlink、PLUS以及Visa Cash等品牌商标。

2. MasterCard

万事达卡国际组织（MasterCard International）是全球第二大信用卡国际组织。1966年，美国加州的一些银行成立了银行卡协会（Interbank Card Association），并于1970年启用Master Charge的名称及标志，1978年更名为MasterCard。万事达卡国际组织拥有MasterCard、Maestro、Mondex、Cirus等品牌商标。

3. Diners Club

大来卡（Diners Club）公司于1950年由创业者Frank MCMamaca创办，是第一张塑料付款卡，后发展成一个国际通用的信用卡。1981年，美国最大的零售银行花旗银行的控股公司——花旗公司接受了Diners Club International卡。

4. JCB

JCB（Japan Credit Bureau）于1961年作为日本第一家专门的信用卡公司宣告成立，其业务范围遍及世界100多个国家和地区。JCB信用卡的种类有5 000多种，成为世界之最。

5. American Express

自1958年发行第一张美国运通卡（American Express）以来，美国运通卡已在68个国家和地区以49种货币发行，构建了全球最大的自成体系的特约卖家网络，并拥有超过6 000万名的优质持卡人。

6. 中国银联

中国银联是经中国人民银行批准的、由80多家国内金融机构共同设立的股份制金融服务机构，注册资本为16.5亿元。公司于2002年3月26日成立，总部设在上海。

小提示：以上信用卡组织中，银联是我们生活中最常见到的，作为后起之秀，银联在国内外使用范围越来越广。请思考，银联的产生对中国在国际支付中的地位提升有帮助吗？

三、借记卡支付

国外买家可以使用所持有的借记卡对订单进行在线支付。借记卡与信用卡基本一致，唯一的区别是，当买家使用借记卡时，没有可预支的信用额度，只能用账户里的余额支付。

四、第三方支付

（一）PayPal

PayPal 是目前规模最大的国际第三方在线支付公司，在线付款方便、快捷。PayPal 原先是 eBay 跨境电商平台的专用第三方支付工具，类似于支付宝与淘宝的关系。与 eBay 分家后，PayPal 的业务延伸到其他各大主流跨境电商平台。PayPal 的国外买家使用率占 80% 以上，并且买家只需要一个邮箱便能注册，开户免费。

1. PayPal 的优点

交易完全在线上完成；适用范围广，尤其受美国用户信赖；收付双方必须都是 PayPal 用户，以此形成闭环交易，交易风险小。PayPal 具有风控系统、全球用户、品牌效应强、资金周转快和安全保障高等优势。

2. PayPal 的缺点

在 PayPal 上，买家利益大于卖家利益，其每笔交易除手续费外还需要支付交易处理费，这些费用主要由卖家承担。此外，卖家账户容易被冻结，对卖家比较苛刻。

3. PayPal 的适用范围

跨境电商零售行业，几百美元的小额交易更划算。

PayPal 用于便捷的外贸收款、提现与交易跟踪，能够快捷支付并接收包括美元、加元、欧元、英镑、澳元和日元等 25 种国际主要流通货币。PayPal 账户分两种类型：购物账户和卖家账户（个体/企业）。用户可根据实际情况进行注册，购物账户可以升级为商家账户。

4. 开户方式

（1）登录 PayPal 官网页面，单击"注册"按钮。
（2）进入相关注册页面后，选择"个人账户"或者"企业账户"，单击"下一步"按钮。
（3）填写个人信息，包括邮箱地址、姓名、创建密码、确认密码，单击"下一步"按钮。
（4）完成注册。

5. 收费方式

PayPal 注册开户和付款都是免费的，但在进行收款、提现时会收取一定的费用。

（1）PayPal 收款手续费。

标准收费：3 000 美元以下，费率为 4.4%+0.30 美元；优惠收费：3 000～10 000 美元，费率为 3.9%+0.30 美元；10 000～100 000 美元，费率为 3.7%+0.30 美元；100 000 美元以上，费率为 3.4%+0.30 美元。使用美元收款时，固定费用为 0.30 美元，使用其他币种的固定费用可在 PayPal 官网查询。

（2）PayPal 提现手续费。

PayPal 提现有 4 种方式，相应的手续费如下。

①电汇至中国内地银行账户的手续费为 35 美元。
②提现至中国香港地区银行账户，提现 1 000 港币及以上免费；提现 1 000 港币以下每笔 3.50 港币。
③提现至美国银行账户手续费免费。
④通过支票提现手续费每笔 5 美元。

小知识

PayPal 账户冻结

PayPal 账户冻结是指账户的某笔交易被临时冻结，账户使用者不能对这笔交易进行退款提现等操作。先了解一下为什么账户会被冻结？一个账户从注册到收款然后到提现，Paypal 公司从来没有从用户手里得到过任何的资料，所以每个账户从开通到提现的过程中肯定要被冻结一次，然后要求账户使用者递交身份证明、地址资料等来证明使用者是真实存在并且遵纪守法的公民。出现以下几种情况也会被冻结。

（1）收款后立马提现，如账户收了 1 000 美元，收款后马上提现 900 美元，就可能存在这种情况，卖家收了款，货还没发就提现，难免引起怀疑，导致被冻结。

（2）提现金额过高。如收款 1 000 美元，发货后，卖家需要资金周转，把 1 000 美元全部提现，这种情况比较危险。一般提现金额为 80%，留 20% 首先是为了防止买家退单，其次是为了让 PayPal 放心。

（3）被用户投诉过多、退单过多。一般投诉率超过 3%、退单率超过 1% PayPal 就会中止合作。

（4）所售产品有知识产权问题。也就是仿牌或者假货，这些是 PayPal 禁止交易的。国外对知识产权的保护非常重视，一旦国际品牌商被投诉，后果是非常严重的，所以从事跨境电商业务的卖家，一定要重视知识产权问题。

小提示：以上阅读材料帮助我们梳理了 PayPal 账户被冻结的原因，从中可以意识到，需要重视第三方支付工具的使用规则和法律规定。在生活中，微信、支付宝已成为常用的第三方支付工具，请结合生活经验思考：这些支付工具有哪些使用规则？违反这些规则需要承担什么后果？

（二）国际支付宝

1. 简介

阿里巴巴国际支付宝（Escrow）由阿里巴巴与支付宝联合开发，是旨在保护国际在线交易中买卖双方交易安全的一种第三方支付担保服务。

国际支付宝的第三方支付服务是由阿里巴巴国际站同国内支付宝（Alipay）联合支持提供的。速卖通平台只是在买家端将国内支付宝改名为国际支付宝。使用国际支付宝有品牌优势、多种支付方式、安全保障和方便快捷等优势。

2. 开户方式

如果用户已经拥有国内支付宝账户，只需绑定国内支付宝账户即可，无须再申请国际支付宝账户。当用户登录 My Alibaba 后台（中国供应商会员）或"我的速卖通"（普通会员）后，可以绑定自己的国内支付宝账户来收取货款。如果用户还没有国内支付宝账户，可以先登录支付宝网站申请国内支付宝账户，再绑定即可。

3. 收费方式

国际支付宝注册开户、付款、提现都是免费的，只在交易完成后对卖家每笔订单收取 5% 的手续费。

（三）Payoneer

Payoneer（派安盈）简称 P 卡，成立于 2005 年，总部设在美国纽约，对接亚马逊、Wish、Lazada、Google、Cdiscount 等全球 3 500 家合作平台，在全球 200 多个国家和地区开展跨境支付服务，主要业务是帮助合作伙伴将资金下发到全球用户。Payoneer 批量支付服务，尤其专注于单资金额度小但是客户群分布广的跨境电商网站或卖家。同时，Payoneer 全球收款服务也为全球客户提供美国、欧洲等 7 个国家和地区的银行收款账户，支持美元、欧元、英镑等 7 种货币的结算。

Payoneer 是万事达卡组织授权的具有发卡资格的机构,平安银行是 Payoneer 在我国的合作机构。

1. 开户方式

(1) Payoneer 提供个人账户、企业账户两种身份类型。由于亚马逊欧洲站、Newegg、Lazada、京东海外站等平台只允许卖家以企业身份入驻,越来越多的电商选择注册企业账户。登录 Payoneer 官网网站,单击"注册"按钮。

(2) 进入相关注册页面后,选择"个人账户"或者"公司账户",默认是"个人账户"。单击"公司账户"按钮,依次以拼音填写相关信息:公司名称、联系人姓名,下拉菜单选择企业类型、联系人出生日期,填写邮箱地址。单击"下一步"按钮。

(3) 填写公司联系地址信息,详细到门牌号(以拼音填写)。单击"下一步"按钮。

(4) 填写密码和密码保护等安全信息。单击"下一步"按钮。

(5) 填写银行账户信息。单击"完成"按钮。

(6) 打开邮箱,找到邮件,有提示需要上传对公银行账户、股东居民身份证照片及公司营业执照扫描件等文件信息,单击"上传文件"按钮。等待账户审核通过,一般不超过 7 个工作日。

(7) 完成注册。

2. 收费方式

Payoneer 注册开户和付款都是免费的,注册时默认无卡账户,提现时收取 1.2% 的手续费,收款量大的客户可以申请将提现费降至 1% 甚至更低。同时,Payoneer 提供实体卡服务,即 P 卡,需另外收取 29.95 美元的年费。

2021 年 Payoneer 取代 PayPal 从 eBay 收款,免除了 PayPal 35 美元的提现费。

(四) PingPong

PingPong 成立于 2015 年 6 月,公司总部位于杭州跨境电商综合试验区,先后在美国、日本等业务区获得了相关业务牌照,并建立分支机构。PingPong 当前主要业务是为亚马逊、eBay、Wish 等平台的中国跨境电商提供跨境收款服务及企业信贷服务。PingPong 与中国银联、中国银行、中国跨境电商综合试验区(杭州)、上海跨境电商公共服务平台等机构联手,为中国卖家提供更合规、更安全的跨境收款服务以及多种重量级产品。

1. 开户方式

(1) 登录 PingPong 官方网站,单击"注册"按钮。

(2) 进入"创建账户"页面后,选择"个人信息注册"或者"企业信息注册"。填写个人信息,包括地区、手机号、创建密码、确认密码等,单击"立即创建"按钮。

(3) 注册完成,自动进入"完善账户"页面,设置邮箱与安全问题,单击"发送验证邮件"按钮。

(4) 打开邮箱,找到 PingPong 发送的验证激活邮件,打开并单击"继续注册"按钮。

(5) 登录 PingPong(注册手机号或邮箱都可以登录)。

(6) 如果是企业账户,需要填写卖家平台店铺信息及绑定平台。

(7) 完善实名信息。

(8) 实名认证审核。

(9) 完成注册。

2. 收费方式

PingPong 注册开户和付款都是免费的,提现费以 1% 为封顶费率。没有汇损,银行工作日 9:40—17:00 提现汇率参考的是中国银行的实时现汇买入价,非工作时间为固定汇率,提现时页面会显示交易汇率,所见即所得。

（五）连连支付

连连支付（LianLianPay）为连连集团旗下全资子公司，成立于2003年，注册资金325亿元，是专业的第三方支付机构。2017年，连连支付正式上线跨境收款产品。连连支付为跨境出口电商卖家提供收款、付款、多平台多店铺统一管理、VAT缴纳等一站式跨境金融服务。支持全球10多种结算货币（英镑、欧元、日元、澳元、加元等）的收款服务，免费缴纳五国的VAT税费。连连支付在美国、英国、欧洲、巴西、东南亚等地设立海外公司，拥有当地的海外金融牌照。在2018年上线的实时到账功能最快2秒即可提现。连连支付是第一家专注移动支付风控系统的公司，开发欺诈风控引擎系统，通过风险策略、数据模型，全方面、多角度实时对交易进行监控。风险控制能力行业领先，资损率低于十万分之一。

在2020年独立站崛起的风口，连连国际已经支持独立站平台Shopify、Magento、Bigcommerce、自建站、XShoppy、Shoppy收款服务，这是很多大收款品牌所不具备的。

1. 开户方式

连连支付提供个人账户、企业账户两种身份类型。由于亚马逊欧洲站、英国站、京东海外站等平台只允许卖家以企业身份入驻，越来越多的电商选择注册企业账户。

（1）登录连连国际官网网站，单击"注册"按钮。

（2）进入注册页面后，选择"手机注册"或者"邮箱注册"。如选择"手机注册"，填写个人信息，包括地区、手机号、创建密码、确认密码等，单击"创建"按钮。注册完成，自动进入下一步。

（3）申请境外收款账户。选择要收款的平台进入。如果暂时不想申请收款账户，也可以直接单击"跳过"按钮。如果没有找到自己可用的平台，可以单击右下角的"反馈"按钮。

（4）填写境外收款账户信息。根据自己的店铺，填写相关信息，单击"下一步"按钮。也可以选择"暂无产品售卖/暂无店铺"选项，或者直接单击"跳过"按钮。

（5）实名认证。根据第一步实名主体认证所在地进行选择，然后根据不同类型，填写信息提交资料，单击"提交"按钮进行认证。

（6）等待账户审核通过，一般1个工作日内完成审核。

（7）等待账户审核的时间，为了账户的安全和使用方便，可以选择右上角的图标，到个人中心完成邮箱绑定、登录密码设定、支付密码设定和保密问题设定。

（8）完成注册。

2. 收费方式

连连支付注册开户和付款都是免费的，采用每个平台不同的提现费率，比如，北美、加拿大的提现费率，亚马逊平台是0.7%，eBay平台是0.5%，AliExpress平台是0.7%。可锁定中国银行实时汇率，零汇损。

（六）WorldFirst

WorldFirst（万里汇）俗称WF账户，成立于2004年，是一家注册于英国的国际汇款公司，总部位于英国伦敦。2019年，万里汇被蚂蚁金服收购，成为蚂蚁金服全资的子公司。支持亚马逊、eBay、PayPal、Cdiscount等主流电商平台收款。WorldFirst目前支持10种货币，包括美元、欧元、英镑、加元、日元、澳元、新西兰元、新加坡元、港币和离岸人民币。

1. 开户方式

（1）登录WorldFirst官网网站，单击"注册跨境电商账户"按钮。

（2）进入注册页面，选择"注册个人账户"或者"注册企业账户"选项。如果选择"注册个人账户"选项，接着根据实际情况如实填写信息。

（3）单击"下一步"按钮，选择注册方式"支付宝极速注册"或者"标准注册"选项。建议使用支付宝极速注册，最快1分钟内即可完成注册。国内卖家基本有支付宝，使用"支付宝极速注册"较为简单。使用支付宝快捷登录，授权登录成功后，填写用户名和密码、电子邮件。资料提交后，等待审核。大概0.5小时内就会收到WorldFirst审核通过的邮件通知。客服也会把一些关于账户的基本操作发送到邮箱。

如果选择"标准注册"，还需要提交身份证材料用于身份审核，速度比较慢，需要1~2天。

（4）完成注册。

2. 收费方式

在WorldFirst上注册开户是免费的，单笔金额不超过250美元（或等值其他种类货币）的提现手续费为0.3%。

拓 展 阅 读

其他第三方支付工具

eNETs

eNETs是新加坡唯一的专业支付网络运营，支持90%以上新加坡本地银行的本地支付，在新加坡普及率极高。在全岛有超过3万个销售点允许使用eNETs支付。eNETs无拒付，系统安全，操作流程简便。

Boleto

Boleto是巴西占绝对主导地位的付款方式，买家可以到巴西任何一家银行、ATM机、网店或网上银行授权转账。使用Boleto单笔限额在1~3 000美元，月累计支付不可以超过3 000美元。每年约有20亿笔支付。

Itau

Itau（伊塔乌联合银行）是总部位于巴西圣保罗的上市银行。该行目前约占巴西零售银行业市场份额的11%，在巴西信用卡市场表现非常出色。

Webmoney

Webmoney创立于1998年，是俄罗斯最为普及的第三方支付方式。目前在包括中国在内的70个国家皆可使用，适用范围十分广泛。支持线上线下付款，手续费低；支付美元、卢布，无拒付，即时到账。

Giroplay

Giroplay创立于2006年，接受德国三大银行支付，允许网购时直接用网银转账进行支付，德国市场80%的网银用户使用该支付。在2013年与Safetypay合作，目前已有超过3亿的全球用户。

Vietcombank

Vietcombank是越南第三大银行——越南外贸股份商业银行建立的越南本地在线网银支付。网银转账实时到账，最小限额为2 000越南盾，离境税为10%。

Sofortbanking

Sofortbanking是成立于2005年的在线网银转账支付方式，覆盖澳大利亚及欧洲主要国家，超过3万家卖家使用，月均处理交易量为200万笔以上。

EPS

EPS 于 2005 年由奥地利几个主要银行共同建立。EPS 是奥地利常用的在线支付方式，目前已有 300 多万终端用户。

任务三　学习安全高效的跨境电商平台收款

跨境电商收款是跨境电商交易流程中的一个重要环节，是指卖家在跨境电商平台中实现销售后取得资金的过程。选择收款方式是跨境卖家最为关心的问题之一，其中安全和费用是核心。下面将对各平台的主要收款方式进行简单介绍。

跨境电商平台收款

一、亚马逊平台收款

在亚马逊平台上，目前市面上已知的收款方式有 P 卡（Payoneer）、WF 卡（WorldFirst）、CD 卡（currencies direct）、PingPong、DTAS（帝塔思）、环球捷汇、iPayLinks（启赟）、中国香港银行账户（实体卡）、美国银行账户（实体卡）。

中国香港银行账户等的开通成本高，且收取其他货币时会有 3% 左右的汇损，因此卖家使用得不多，主要使用的还是 P 卡和 PingPong，不过近年来不少国内的新兴跨境收款平台也在逐渐发展，受到很多人的关注，如连连支付、收款易（Skyee）、万唯（OnerWay）等。

卖家可以将第三方支付平台上的货款直接提现到国内外的银行账户，见表 10-1。

表 10-1　直接提现到国内外的银行账户

收款工具名称	Payoneer	WorldFirst	iPayLinks	PingPong	连连支付
官方费率	1%~1.2%	1%~1.2%	0.7%封顶	1%	0.7%
结算汇率	中国银行实时汇率	内部汇率	中国银行实时汇率	中国银行实时汇率	中国银行实时汇率
提现银行类型	任意个人银行卡和任意公司银行账户	只能提现到对公账户和法人银行卡	任意银行卡	任意个人银行卡和任意公司银行卡账户	任意个人银行卡和任意公司银行卡账户
实际入账时间	2~4 天	3~5 天	1~2 天	2~4 天	3~5 天
提现到国内银行所需时间	最快当日，最迟次日	最快当日，最迟次日	支持 7×24 小时提现，1 小时内到账	最快当日，最迟次日	最快当日，最迟次日
支付牌照	美国、中国香港、日本等国家和地区合作商有支付牌照	美国、中国香港等国家和地区合作商有支付牌照	美国、中国香港等国家和地区直接和银行合作	美国、中国香港等国家和地区合作商有支付牌照	美国、中国香港等国家和地区自有支付牌照
公司总部	美国	英国	中国上海	中国杭州	中国杭州
增值服务	代缴 VAT 税款（欧洲增值税）、提前结算、各账户之间可以互相转账	代缴 VAT 税款（欧洲增值税）、可收 VC 店铺的资金	代缴 VAT 税款（欧洲增值税）、提前结算、贷款	代缴 VAT 税款（欧洲增值税）、贷款、代理出口退税	无
支持的电商平台	几乎所有主流跨境电商平台	几乎所有主流跨境电商平台	Amazon、eBay	Amazon、Wish、Newegg	Amazon

续表

收款工具名称	Payoneer	WorldFirst	iPayLinks	PingPong	连连支付
是否支持店铺操作	一个主账户可以绑定多个店铺	一个主账户可以绑定多个店铺	一个主账户可以绑定多个店铺	一个主账户只可以绑定10个店铺	一个主账户只可以绑定10个店铺
支持货币种类	欧元、美元、英镑、日元、澳元、加元	欧元、美元、英镑、日元、澳元、加元	欧元、美元、日元、澳元（未来还将支持英镑）	欧元、美元、英镑、日元	欧元、美元、英镑、日元

二、速卖通平台收款

速卖通平台上卖家的收款主要由国际支付宝（Escrow）来完成。国际支付宝是由阿里巴巴与支付宝联合开发的第三方支付担保服务，全称为 Escrow Service。

（一）国际支付宝的支付流程

国际支付宝的服务模式与国内支付宝类似，交易过程中先由买家将货款打到国际支付宝账户中，使用账户资金对订单进行付款，付款后平台通知卖家，请卖家发货，买家收到产品确认后，平台再将货款发放给卖家，至此完成一笔网上跨境交易。

（二）国际支付宝的收款与提现

国际支付宝支持多种支付方式入账：信用卡、电汇、电子钱包（Moneybookers）、第三方支付和借记卡等。卖家需要开通国际支付宝的人民币账户和美元账户，速卖通平台会根据买家不同的支付方式，由不同的收款账户接收交易款项。

（1）当买家通过信用卡（人民币通道）进行支付时，国际支付宝会按照买家支付当天的汇率将美元转换成人民币支付到卖家的人民币账户上（此情况较少）。

（2）当买家通过 PayPal、信用卡（美元通道）、西联汇款、电子钱包、T/T 银行电汇等方式进行支付时，国际支付宝会直接将支付的美元转到卖家的美元账户。

当货款进入国际支付宝账户后，人民币账户提现无手续费；美元提现账户可以设置个人账户或企业账户，个人账户对应的银行卡须为借记卡，国内的企业银行账户需要有进出口权，同时，应确保银行账户能接收第三方电商公司委托海外新加坡花旗银行以公司名义进行的美金转账（具体信息咨询开户银行）；美元账户提现每次会扣除 15 美元的手续费（无论提现金额大小），所以卖家最好将账户资金积累到一定程度后一次性提现；人民币账户提现正常 3 个工作日内到账，美元账户提现正常 7 个工作日内到账。

（三）使用国际支付宝的注意事项

（1）使用国际支付宝交易必须符合以下两项条件：一是卖家通过速卖通所支持的物流方式发货；二是每笔订单金额不超过 1 万美元（含运费）。

（2）卖家的美元账户和人民币账户必须两者兼备，仅有美元收款账户而不设人民币收款账户是不行的；卖家创建的美元收款账户如果有错误，是不能进行修改的，这时，卖家可以删掉该账户，然后重新创建一个新的美元收款账户。

（3）买家使用 Visa 信用卡和 MasterCard 信用卡支付交易货款，是无法核销退税的；但如果买家通过 T/T 银行汇款支付时，卖家在报关后可以核销退税。

小知识：由于速卖通订单采用的是担保交易方式，所以货款进入卖家国际支付宝的前提条件是买家确认收货和物流妥投。速卖通平台会对此进行系统审核和人工物流审核。为了提高放款成功率，卖家要尽量上传有效的"妥投凭证"，如物流官方网站上查到被签收的信息截图（需要能看清具体的运单号和相关签收信息）、订单留言中买家确认收货的截图；物流审核部门发送的邮件中明确要求提供的其他凭证，如发货底单、物流运费凭证等。

如果订单的物流信息没有妥投记录，那么该订单的款项将会从买家付款成功开始算起，被平台暂时冻结 180 天。

三、eBay 平台收款

目前在 eBay 平台的收款方式主要是 Paypal，提现分为电汇和支票两种。

（一）电汇提现

电汇提现具有速度快、安全性高的特点。从 PayPal 进行电汇提现，国内卖家可以选择提现至中国国内银行账户、提现至中国香港银行账户或提现至美国银行账户。

电汇提现费用包括提现费、银行收费（具体咨询各银行）、退还费（如果款项到达银行，而银行拒绝入账，具体原因建议卖家咨询银行，这个过程需要一定的手续费）。

另外，不同币种有不同的最低提现金额。

（二）支票提现

卖家可在 eBay 后台通过 Other Options 选项向 PayPal 申请邮寄支票。通过支票提现费用较低，但这种方式等待周期长且邮件可能在邮寄过程中丢失。支票提现的费用分为提现费和退还费两部分，各币种的相关费用和最低提现金额也有所不同，具体要看相关货币的实际情况。

四、Wish 平台收款

当前，Wish 平台主要使用的收款方式有三种。

（一）Payoneer

2014 年，Wish 与 Payoneer 达成了合作。Wish 的放款政策虽然经常变化，但一旦放款，Payoneer 账户能在 2 小时内到账，且没有入账费。提款到国内银行需 1~2 个工作日，无限制；提款手续费在 1%~2%，其费率会根据卖家在 Payoneer 的累积入账额自动下调。

（二）易联支付

2014 年与 PayPal"拆伙"之后，Wish 也在积极寻找其他合作伙伴，易联支付就是其中之一。易联支付直接用人民币结款，款项可直接到国内账户，因此使用易联支付无须 PayEco 账户，但需要一个中国的银行账户。通常在 5~10 个工作日内能入账，时间长短取决于银行处理流程。从 2015 年 5 月起，易联支付的手续费下调到 1%。

（三）Bill.com

申请 Bill.com 的账户有资质要求，必须是美国境内的个人。如果卖家选择使用 Bill.com，就必须输入美国国内的个人姓名、企业名称、邮政地址、电子信箱、手机号码等信息。当 Wish 平台收到款项时，Bill.com 将会发邮件提醒。Bill.com 既可以提供电子转账也可以提供支票（再次提醒，Bill 的电子转账服务对象仅限于美国境内的个人）。

五、敦煌网收款

敦煌网平台收款只需一张国内银行卡。卖家可根据自身经营的需要设置人民币账户和美元账户，或者只设置其中一个币种的账户，并不影响提现。国内发行的储蓄卡（借记卡）一般都是默认多币种的，具体选择哪家银行，卖家可以自行查询手续费，或者向银行咨询。

需要注意的是，平台要求卖家在设置人民币账户时，输入的银行账户必须与平台身份认证的姓名一致，否则会导致提现失败。

任务四 认识与防范跨境电商支付风险

跨境电商支付是以互联网为载体、交易双方为主体的一种支付结算手段，其伴随着电商和互联网的蓬勃发展而发展。但随之也产生了一系列潜在风险，对整个支付行业的秩序和人们的财产安全带来冲击，严重者可能影响整个金融行业的稳定和安全。因此，有效防范跨境电商支付风险，成为亟待解决的问题。

一、跨境电商支付存在的风险

在中国，跨境电商产业越发红火的同时，跨境支付发展过程中逐渐显现的风险已经成为制约中国跨境电商产业更好、更快发展的重要因素。

（一）跨境交易真实性的识别风险

交易的真实性是跨境电商运行和发展的生命线，是跨境电商平台必须守住的底线。若非如此，跨境电商平台会沦为欺诈盛行之地，各种犯罪滋生的温床，成为逃避监管的法外之地。同时，交易真实性也是国际收支申报、个人结售汇管理、反洗钱义务履行的前提和保证。

交易真实性包括交易主体的真实性和交易内容或背景的真实性。与一般进出口贸易相比，跨境电商支付的真实性更加难以把握。

第三方支付机构缺乏身份识别的有效手段，很难做到"了解你的客户"，如由于第三方支付机构目前尚未使用公安部的身份联网核查系统，难以确保个人身份信息的真实性；而且对于重号身份证、一代身份证、虚假身份证、转借身份证等情况也缺乏有效的甄别措施；境外客户的身份审查困难；对法人客户身份信息的审核存在漏洞等。

第三方支付机构在交易内容或背景的真实性审核方面同样存在困难。由于第三方支付平台获取境外客户的实际控制人、股权结构等信息存在困难，难以判断客户的财务状况、经营范围与资金交易情况是否相符，所以无法核实跨境交易金额和交易产品是否匹配。

加之对境外客户进行尽职调查的成本相对较高，造成审核工作流于形式。支付机构可以通过比对订单信息、物流信息、支付信息等方式，确认现金流与货物流或服务流是否匹配。但这同样存在一定的困难：从信息获取渠道角度来讲，电商平台和支付平台是两个不同的主体，支付机构仅负责支付事项，并不掌握订单信息和物流信息；从信息质量角度看，支付机构从电商平台和物流公司获取的信息可能滞后，信息的准确性也受影响。总之，第三方支付机构审核跨境交易内容真实性和主体真实性都存在不少困难，跨境电商支付存在交易真实性识别风险。

（二）资金非法流动风险

如何甄别资金非法流动缺乏可靠的手段，对于同一个跨境交易主体既在境内注册成为第三方支付机构客户，又在境外注册成为境外卖家，或者境内机构客户通过在境外设立关联公司的方式，自己与自己交易，绕过国家外汇管理限制，进行跨境资金转移等行为，第三方支付机构目前缺乏有效的甄别手段。

（三）逃避个人结售汇限制的风险

我国目前实行资本项目下的外汇管制，经常项目基本可自由兑换。但对于个人结售汇实行年度限额管理，年度限额不超过等值5万美元。通过第三方支付机构进行的跨境支付，境内消费者在完成订单确认后，需要向第三方支付机构付款，再由第三方支付机构向银行集中购汇，银行再按照第三方支付机构的指令，将资金划入目标账户。

一方面，第三方支付机构只能获取交易双方有限的交易信息，如订单号、银行账户等，银行无法获取个人信息，这样就很难执行个人年度结售汇管理政策。另一方面，如何认定分拆结售汇也存在着一定的困难。从国家外汇管理局前期试点监测情况来看，试点业务多为C2C个人"海淘"等小额交易，平均结售汇金额不足60美元。对于境内消费者一天之内几次或十几次小额购物是否认定为分拆结售汇，并没有明确规定。大多数银行并没有按照国家外汇管理局颁布的《关于进一步完善个人结售汇业务管理的通知》的规定进行业务办理，就是说默认了PayPal使用虚拟电子账户来识别用户，对银行账户和信用卡账户保密，屏蔽资金的真实来源与去向。这将影响国际收支核查工作的有效性，使银行无法正常履行相关部门的规定，不利于跨境电商支付在国际收支方面的申报。

（四）国际收支的申报管理监测风险

首先，支付机构成为国际收支申报主体既存在"越位"又存在"缺位"的难题，支付机构的定位不甚明确。按照规定，支付机构应当报送相关业务数据和信息，并保证数据的准确性、完整性和一致性。银行应按照国际收支申报及结售汇信息报送相关规定，依据支付机构提供的数据进行相关信息报送。但支付机构在跨境的外汇收支管理中，实际上承担着与银行类似的职责，既要执行外汇管理政策，又要监督交易行为，也就是说支付机构既是运动员又是裁判员。支付机构是以盈利为目的的商业企业，让其承担一定的管理职责存在着义务的冲突，容易滋生监管缺位和监管腐败问题。另外，由于《中华人民共和国外汇管理条例》没有规定跨境支付结售汇的具体内容，支付机构的法律地位也缺乏上位法的依据。

其次，外汇收支统计中存在问题。由于支付机构直接充当跨境电商的收付款方，境外交易主体不发生直接的资金收付行为，因而国际收支申报的收付款主体是支付机构，而不是实际的交易对象，申报时间与资金实际的跨境收支时间不吻合，增加了监测难度，并为以后调查审核工作带来了不可估量的难度。

最后，实名认证系统不完善。一方面，国家外汇管理局对支付机构的用户（包括跨境电商企业和个人）没有进行实名认证管理，无法核实企业是否具有对外贸易经营权。并且，部分从事跨境电商交易的企业未办理外汇收支企业名录登记，这样就增加了后续管理的难度，可能造成货物贸易总量核查出错。国家外汇管理局仅对支付机构进行了实名认证管理，但是，认证后这些用户名单并没有直接进入外汇监管系统，给监管带来不便。另一方面，支付机构对企业和个人用户没有进行区别管理。而实际上，个人名下资金流动相应的申报和审核标准有别于企业。如果两种主体的资金没有进行严格区分，监测和监管的难度同样会加大。

（五）跨境支付交易的风险

跨境支付交易欺诈预防最大的挑战就是缺乏统一的市场交易规范机制。跨境交易量不断增加，也给欺诈预防带来很大的困难。各国和地区的欺诈预防工具也有很大的差异。语言障碍和将货物跨境发往单一客户的复杂流程，都让跨境交易欺诈更加难以防范。

由于跨境支付的整个交易流程涉及各方主体的交互，跨境电商的卖家或多或少都遭遇过支付欺诈；而网络支付安全问题又给用户带来了隐私信息被盗、账户被盗、银行卡被盗用、支付信息丢失等风险。

二、跨境电商支付风险的防范

（一）履行相关责任，保证交易真实

在跨境支付交易的过程中，支付机构应严格按照相关法律法规，并遵循有关部门发布的指

导意见，审核交易信息的真实性及交易双方的身份。支付机构可适当增加交易过程中的信息交互环节，并留存交易双方的信息备查，对有异常的交易及账户进行及时预警，按时将自身的相关业务信息上报给国家相关部门。国家相关部门也应定期抽查并审核交易双方的身份信息，对没有严格执行规定的第三方支付机构进行处罚。同时应制定科学的监管方案对支付机构进行监管，并促进支付机构和海关、工商、税务部门进行合作，建立跨境贸易信息共享平台，使跨境交易的监测更加准确和高效。

在加强监管的同时，支付机构也应加大技术的研发力度，提升跨境支付过程的安全性，增强跨境支付交易数据的保密程度，利用大数据及云技术的优势对跨境交易的双方进行身份审核并分级，为境内外客户提供更加安全、有保障的购物环境。

（二）遵守知识产权，合法进行申诉

随着跨境电商的快速发展，以及国家的大力推动，跨境电商从原来的粗放模式慢慢向精细模式发展。跨境电商在成长的路上会不断付出代价，吸取教训。从事跨境电商的卖家要真正解决跨境交易的资金风险，首先要做的就是合规经营，以知识产权为公司核心，同时注重企业产品品质，并且要努力、持续地学习各个跨境电商平台的规则和条款，尤其是涉及资金安全的条款；其次在遭遇跨境电商交易纠纷的时候，中小跨境电商卖家应该认识到个体的力量是弱小的，遭到资金冻结的卖家一方面应积极了解相关法律法规，另一方面也可以聚拢起来，通过抱团的方式，利用行业协会的优势，积极应诉，取得诉讼的主动权，保证自己的资金安全。

（三）加强监管个人结售汇业务

国家外汇管理局下发过《关于进一步完善个人结售汇业务管理的通知》，规定个人不得以"分拆交易"等方式规避个人结汇（将外币换为人民币）和境内个人购汇（将人民币换为外币）的年度总额管理。

根据规定，5个以上不同个人，同日、隔日或连续多日分别购汇后，将外汇汇给境外同一个人或机构；个人在7日内从同一外汇储蓄账户5次以上提取接近等值1万美元的外币现钞；同一个人将其外汇储蓄账户内存款划转至5个以上直系亲属等情况均会被界定为个人分拆结售汇行为。

国家外汇管理局会对全国范围内的个人结售汇、汇款等交易进行分拆甄别，将符合分拆规则的客户纳入"关注名单"管理。

（四）修订《国际收支统计申报办法》

为确保国际收支统计申报数据的及时性、准确性和完整性，我国修改了《国际收支统计申报办法》（以下简称新《办法》）。目前，我国的国际收支统计工作已经形成一套比较完整、有效的管理体系。新《办法》实施后，国家外汇管理局将在此基础上，通过以下措施确保数据的及时性、准确性和完整性。

一是进一步完善配套法规。在新《办法》的基础上，通过实施细则、规范性文件，对国际收支统计数据内容、采集渠道等进行规范，明确相关机构和个人的申报义务和途径。近期，国家外汇管理局已根据新《办法》所明确的"对外金融资产、负债"统计范围，修订了《对外金融资产负债及交易统计制度》。未来，国家外汇管理局会继续根据外汇业务发展和统计需要，及时对具体申报规范和细则进行补充和完善。

二是加强数据采集系统建设，为全面提高统计数据质量夯实基础。加快开发与新《办法》相配套的数据报送系统，向银行和其他申报主体提供便利的申报渠道。在数据的采集、汇总和处理方面，尽快实现由基本电子化向全面电子化的转变。

三是加强培训与核查。各级外汇管理部门将对银行等数据报送机构定期开展业务培训，提

高国际收支统计人员的业务能力；对报送的国际收支统计数据进行非现场核查，及时跟踪数据质量，必要时进行现场核查。

（五）建立风险管控，开展数据监控

建立起一套完整的风险管理架构无论是对跨境电商还是对支付机构都非常重要。面对不断发生的跨境电商欺诈交易，企业可以通过账户安全、交易安全、卖家安全、信息安全、系统安全五大安全模块的组合来实现风险管理架构的搭建，从而防止账户盗用和信息泄露，并最终借助管控交易数据等手段降低交易风险欺诈的可能性。

除了搭建风险管理架构外，企业还可以通过建立以数据驱动为核心的反欺诈系统来进行风险管控。不同于传统的反欺诈系统，通过签名识别、证照校验、设备指纹校验、IP 地址确认的审核方式，跨境支付反欺诈系统拥有强大的实施模型、灵活的风险规则和专业的反欺诈判断。第三方支付机构还应该加强行业内部的风险共享和合作机制，因为一股犯罪分子在盗取一批信用卡信息之后会在多个交易平台上反复使用，实现价值的最大化，且往往把风控能力最弱的一方作为突破口，所以建立风险共享及合作机制就显得非常必要且非常紧急。只有大家齐心协力，才能从根本上有效提升跨境支付交易的整体风险防控能力。

素养小课堂

随着互联网的发展，网络诈骗呈现多样化的特点，支付存在种种风险，我们应该如何树立正确的消费观，如何提升自己明辨是非的能力，从而规避各类支付陷阱？

网警同志提醒大家:"未知链接不点击、陌生来电不轻信、个人信息不透露、转账汇款多核实！"

技能实训

实训一 创建、绑定国际支付宝账户

实操——创建、绑定国际支付宝账户

实训目标：掌握创建、绑定国际支付宝账户的操作方法。

实训情境：由于业务需要，跨境电商运营专员正在为公司的速卖通店铺进行跨境支付账户设置。

实训任务：假如你是这名运营专员，请你选择国际支付宝来进行跨境支付账户的设置。

实训步骤：具体操作如下。

步骤1：登录"我的速卖通"。单击顶部快捷栏中的"交易"按钮进入交易管理页面，展开左侧快捷栏中的"资金账户管理"列表，选择"支付宝国际账户"选项，如图10-5所示。

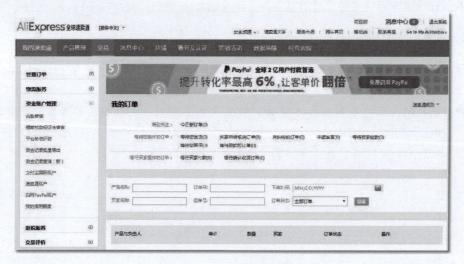

图10-5 登录"我的速卖通"

步骤2：绑定手机号码。进入Alipay账户设置页面，在进入页面的同时，系统已经向卖家注册手机号码发送了一条验证短信，输入校验码为支付宝国际账户绑定手机。完成后单击"下一步"按钮，如图10-6所示。

步骤3：设置国际支付宝密码。在跳转的页面中输入自己设定的账户密码，设置完成后单击"确认"按钮，如图10-7所示。

步骤4：跳转的页面中显示"你的支付宝国际站账户已设置完成"，表示账户开通成功，单击"进入支付宝国际站"按钮进入账户。

步骤5：进入账户后，选择顶部导航栏中的"资产管理"选项卡，在跳转的页面中继续选择"提现账户"选项卡，然后单击"添加国内支付宝账户"按钮，在弹出的对话框中单击"确定"按钮。

步骤6：进入支付宝登录页面，输入账户名和登录密码后，单击"登录"按钮，如图10-8所示。

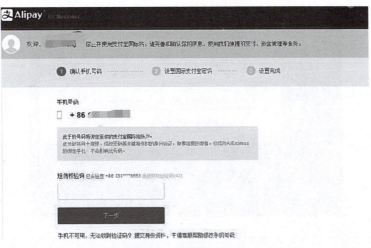

图 10-6 绑定手机号码

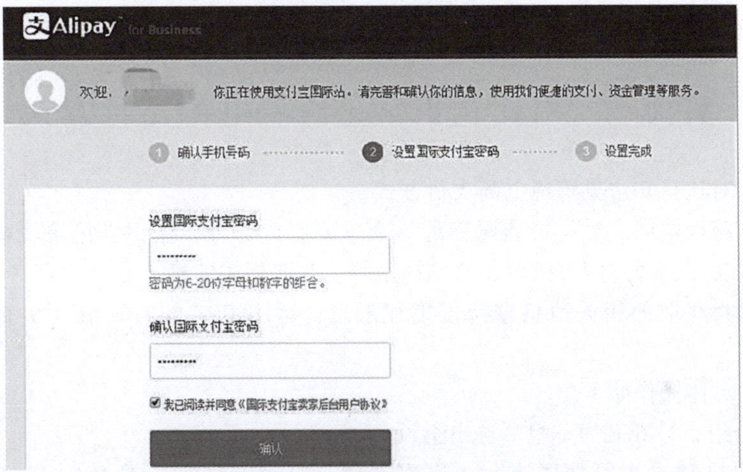

图 10-7 设置国际支付宝密码

图 10-8 支付宝登录页面

步骤 7：国内支付宝账户登录成功后，人民币提现账户就添加成功了。添加美元提现账户的方法与添加人民币提现账户的步骤基本一致，唯一的区别是美元提现账户最后一步添加的是银行账户，如图 10-9 所示。

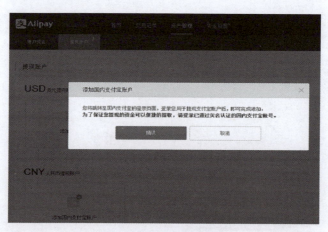

图 10-9 添加银行账户

小知识：在讲解速卖通卖家注册流程时，已经介绍过国内支付宝账户的实名认证。在实际使用过程中，只要卖家拥有国内支付宝账户，就无须再另外申请人民币提现账户。

实训二 对比认识常见跨境电商支付方式

实训目标：对比认知常见跨境电商支付方式。

实训情境：跨境电商支付是跨境电商的一个重要组成部分，认识常见跨境电商支付方式是从业人员的基本功课，通过网页浏览、百度搜索等，获取相关信息。

实训任务：将获取的相关信息进行搜集和汇总，运用 PPT 的方式展现出来，和班级同学分享。

实训步骤：具体操作如下。

（1）完成分组，4~6 人为一组，选出组长。

（2）小组成员独立浏览西联支付、连连支付、国际支付宝、PayPal、PingPong、派安盈、万里汇、银联、JCB、Visa 和万事达各网站或百度搜索、论坛（如雨果网）搜索，了解各支付方式。搜集和汇总内容包括该支付方式的简介，哪些跨境电商平台可以使用这种支付方式，该支付方式的安全机制、支持币种、收费方式等。

（3）小组成员围绕案例问题展开讨论。

（4）以小组为单位，共同撰写一份报告，以 PPT 的形式提交。

（5）每个小组派代表上台展示和讲解 PPT，小组代表在汇报中可以设计互动环节，目的在于锻炼同学们的表达能力并掌握汇报的支付方式。

实训成果：形成 PPT 文稿并汇报。

实训评价：评价表见表 10-2。

表 10-2 评价表

评分标准	分值	得分
小组合作氛围	30	
PPT 文稿内容情况	20	
PPT 文稿形式情况	20	
PPT 演讲情况	30	

同步训练

素养加油站

探索人民币跨境收付新方式

《全面深化服务贸易创新发展试点总体方案》提出：加快推进人民币在服务贸易领域的跨境使用。杭州发挥外贸新业态快速发展和跨境支付机构集聚的优势，通过实施政策创新，支持金融机构开展渠道创新和产品创新，便利人民币跨境收付，提升人民币跨境结算规模，有力地支持了服务贸易、跨境电商等外贸企业的发展。

主要做法

（一）强化政策引导，提升企业使用人民币跨境收付款的积极性。如中国人民银行杭州中心支行积极推进服务贸易等领域的跨境人民币收付。

一是在针对银行的评价办法中设置"人民币跨境贸易结算"和"跨境电商支持"指标，引导银行推动人民币跨境贸易结算，支持银行服务贸易优质企业提交收付款指令直接办理业务。

二是联合浙江省商务厅等单位出台《2022年浙江省跨境人民币"首办户"拓展行动方案》《关于开展跨境人民币便利贸易投资专项行动的通知》，深化企业跨境人民币使用场景建设，提升外贸企业使用人民币结算的积极性。

三是出台《自贸试验区油品优质企业跨境人民币贸易投资便利化方案》《浙江省优质企业跨境人民币贸易投资便利化试点方案》，引导和支持在杭优质企业使用人民币进行跨境支付结算。

（二）支持产品创新，鼓励银行提升跨境人民币收付服务水平。一是指导全国首家中外合资银行卡清算机构与21家发卡银行和29家收单机构开展合作，于2021年9月推出全球首款支持人民币交易的美国运通品牌借记卡产品，该产品具备跨境人民币一卡收付款功能。二是组织工商银行等8家试点银行开展本外币合一银行结算账户业务。三是鼓励银行探索数字人民币跨境场景试点，如指导中国银行浙江省分行等4家机构参与多边央行数字货币桥项目，探索央行数字货币跨境支付新路径。

实践成果

（一）推动人民币跨境支付结算规模的增长。2021年和2022年，杭州市跨境人民币结算总量分别为6 284亿元和7 953亿元。其中，服务贸易跨境人民币结算量分别为1 207亿元和1 239亿元，占浙江省的比例分别为92%和88%。2022年1月—2023年3月底，通过境外个人境内移动支付示范场景建设，仅一家移动支付服务商就实现境外个人使用境内移动支付交易10.95万笔，累计金额1 019.8万元。

（二）推出便利人民币跨境收付的产品。截至2023年3月末，杭州累计开立试点规则下的本外币合一银行结算账户4.11万户，办理人民币资金收付业务6.5万亿元，外币资金收付225.9亿美元。2022年12月，工商银行成功推出工行亚运数字人民币硬件钱包，为亚运期间境内外来浙人员提供金融服务。

（三）节约外贸企业跨境收款的时间和成本。企业使用跨境人民币结算，不仅可规避汇率波动风险，而且相较外币结算收款速度提升一倍，1~2天即可实现收款，有力地促进了跨境电商等新业态的发展。2021年和2022年，杭州跨境电商出口总额分别为853.2亿元、1 008.6亿元，同比分别增长12.7%、18.2%。

下一步工作思路

（一）扩大跨境人民币在重点区域、重点领域的使用。开展跨境人民币便利贸易投资专项行动、"一带一路"等重点区域及跨境电商围绕RCEPQ、对外工程承包等重点领域，建设更多跨境人民币业务场景，做好跨境人民币使用的宣传推介。

（二）继续推动跨境人民币收付产品和服务的创新。鼓励银行与第三方支付机构合作提供经常项下跨境人民币结算，积极拓展新型离岸国际贸易跨境人民币结算。支持银行入驻境外经贸合作区设立网点，指导支付机构为跨境电商平台提供定制化的跨境支付服务。

（资料来源：微信公众号——优维金融空间，2023-11-05）

案例启示

通过全面深化服务贸易创新发展试点总体方案，杭州在推进人民币在服务贸易领域的跨境使用方面取得了显著进展。这一举措不仅有力地支持了外贸企业的发展，也为大家提供了更多的机遇和选择。作为大学生，我们应该关注并积极参与人民币跨境收付新方式的探索，抓住机遇，拓宽视野，为自身的未来发展做好准备。

人民币跨境支付的推广和发展，提供了更便利、高效、安全的支付方式，同时也加速了服务贸易和跨境电商的发展。作为未来的社会精英，我们应当关注国家政策的动态，了解相关政策和发展趋势，并积极学习与适应新的支付方式和技术，通过学习金融知识、关注行业动态、参与实践项目等方式，提升自己在跨境支付领域的专业素养和竞争力。

同时，我们也要保持积极的心态和开放的思维，勇于探索和创新。跨境支付的发展不仅仅是技术和金融领域的进步，更是全球化时代下的交流与合作。让我们以正能量的心态，迎接未来的机遇与挑战，为推动人民币跨境收付新方式的发展贡献自己的力量。

项目评价

学习评价见表10-3。

表10-3　学习评价

评价指标		评价得分	未掌握情况记录
知识	当前的跨境支付模式		
	跨境支付的主要方式		
	跨境电商平台收款的主要方式		
技能	能够基本理解跨境支付的流程，了解跨境支付方式的优缺点		
	能够在跨境电商平台上设置收款工具		
素养	具备法治观念		
	具备安全意识、风险意识		
	具备消费观		
总分			
自评人：		教师：	

注：评价得分区间为0~10分，0分为完全未掌握，10分为完全掌握，数字越大代表掌握程度越深，评价者依据自身实际情况进行评分。未满10分的评价指标在最右一列陈述未掌握的具体情况，并据此向老师或同学提问

模块三
服务篇

项目十一

提升满意度——做好跨境电商客服

知识目标
1. 了解跨境电商客服应具备的技能。
2. 了解跨境电商客服应掌握的询盘沟通技巧。
3. 了解交易评价的计分规则。
4. 了解跨境电商平台上纠纷处理的流程。
5. 了解二次营销的技巧。

能力目标
1. 能够回信给买家,快速处理询盘函。
2. 能够恰当处理中差评。
3. 能够恰当处理买家未收到货的纠纷。
4. 能够妥善解决产品质量的纠纷问题。
5. 能够对买家进行二次营销。

素养目标
1. 通过客服增强服务意识。
2. 通过纠纷处理增强诚信意识。

知识导图

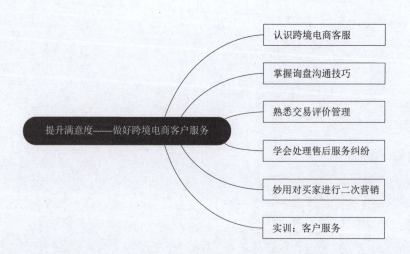

前言

维护好客户关系能够帮助店铺吸引更多的回头客、降低营销成本、提升客单利润率、保持店铺运营活力。但是跨境交易过程中，难免会产生差评和交易纠纷，此时就需要卖家巧妙处理，既要减少自身损失，还要最大限度地提升客户满意度。为此，熟练掌握沟通技巧及解决纠纷的方法是卖家的必修课。本章从客服的工作技能出发，探讨跨境电商如何做好客服工作，以及遇到交易纠纷时的处理技巧。

运营故事

被忽略的价值——跨境电话客服的魅力

最近有越来越多的卖家反馈：生意越来越难做，市场竞争变激烈，订单量没有上涨，利润持续下降，投诉变多。

屋漏偏逢连夜雨：一次退货不仅让卖家损失该产品，还引来差评，把 Listing 的权重直接搞没了。而做过亚马逊的卖家都知道，一个 Listing 有差评，对他意味着什么。

最后 Listing 的评分下降、排名下降，权重下降，销量也自然就下降了，库存周期会拉长，现金流也会越来越难看。真叫一个进退两难。

降低退货对 Listing 的影响：越来越多的卖家开始重视售后能力的搭建，开始重视电话客服的作用。

电话客服最主要的魅力，就是降低买家退货对 Listing 的影响。只要买家有问题，通过电话号码联系到你，你就大概率可以跟买家开启一段私聊。如何私聊？退货，退款，解决问题。在有些时候，多花点钱办事是可靠的。利索地把钱退了，将事情了结，就能减少一个差评。而减少一个差评对 Listing 的影响，比什么都重要。

挖掘更多服务：长期的客服沟通，还可以沉淀下来许多有实际购买行为的买家。

与此同时，既能根据客户沟通反馈的结果，去优化你的产品体验；又能邀请一部分对你产品比较满意的买家进入你的测评池，让他们未来可以免费体验你的新品，给出真实的反馈意见，甚至可以给你的 Listing 留下一些早期的好评，帮助你推新品的时候可以更快一步，真正意义上搭建起你的品牌私域用户池。

写在最后：跨境电话客服的更多魅力，等你来挖掘。

知识准备

任务一　认识跨境电商客服

了解跨境电商客服是什么，需要做什么，作为客服应该具备哪些技能，是卖家处理好客服工作的基础。

一、跨境电商客服的含义

跨境电商客服是指在开设跨境电商网店的新型商业活动中，充分利用各种网络通信工具，为境外买家提供全方位客服的岗位或人员。他们在网店的推广、产品的销售以及售后客户维护方面均起着极为重要的作用。

跨境电商客服与国内网络客服最大区别在于服务的对象不同，跨境电商客服需要具备一定的外语能力和外贸相关工作经验。

跨境电商客服技能及沟通技巧

二、跨境电商客服的工作内容

跨境电商客服的工作内容以电商交易的流程来划分，一般分为售前客服、售中客服和售后客服。就跨境电商客服的实际情况来看，其工作主要集中在售前和售后，主要是应对买家的询盘沟通和处理产品售后问题。

（一）应对询盘沟通

跨境电商卖家与买家进行沟通交流，免不了会面临买家提出的各种关于产品、价格和服务方面的咨询，也就是外贸术语中所谓的"询盘"。售前客服所要应对的询盘沟通分为以下四大主题。

（1）产品相关：关于产品的功能和兼容性、产品相关细节、产品配件等的咨询。

（2）交易相关：关于付款方式和付款时间等交易流程的咨询。

（3）物流相关：关于运送地区和运送时间，能否提供快递，快递是否挂号等物流问题的咨询。

（4）费用相关：关于合并邮费的价格、批发购买的价格、关税费用、是否有优惠等的咨询。

跨境电商客服能否较好地应对询盘，对产品成交具有直接影响。

（二）处理产品售后问题

国外买家通过产品详情页或售前客服了解产品后，往往选择静默下单。因此，一旦买家主动联系卖家或平台，往往就是投诉。跨境电商客服最主要的日常工作也就是处理买家投诉或产品售后问题，例如，处理中差评和交易纠纷等。

客服处理的主要问题如下。

1. 产品没有收到

（1）物流因素导致延迟。

（2）漏下单。

（3）仓库漏发。

（4）买家地址不对。

（5）电话等相关信息缺失。

（6）海关清关导致延迟。

（7）海关、邮局误工，安防安检，极端天气，当地邮局处理能力和其他因素。

2. 产品描述不符

（1）货不对板。贴错标签、入错库、配错货、发错地址、下错单。

（2）货对，东西不符合。质检不到位，参数不对，材质不对，缺斤少两，有色差，尺寸有出入，货运损坏。

（3）货对，东西也符合，但与买家预期不符。图片或者产品描述浮夸，买家吹毛求疵。

3. 其他主动售后联系

（1）联系买家告知付款状态，订单确认和处理的相关信息。

（2）分阶段联系买家提供包裹延误，物流滞后等相关通知。

（3）问题产品同类订单主动沟通联系。

（4）新品热卖产品推荐及店铺营销活动邮件推送。

三、跨境电商客服必备的技能

为了更好地回答买家的疑问并促成订单完成，或者解决买家提出的纠纷，减少自身损失，跨境电商客服具备必要的职业技能十分关键。他们主要应掌握如下技能。

（一）具备专业的行业和产品知识

客服必须对自己所在行业和经营的产品有足够的了解，无论是产品的用途、材质、尺寸，还是使用注意事项，都是应当了解和熟记于心的。此外，客服还要对不同国家之间产品规格的不同规定有清晰的认知，如在面对国内外服装尺码巨大差异的情况下，能够帮助国外买家推荐合适尺寸的产品；或者是在面对国内外电器类产品电压、电流、插头等各项规格不同的情况下，可为国外买家推荐能正常使用的电器产品。

（二）了解跨境电商平台的相关交易规则

客服要充分了解各个跨境电商平台的交易规则，不可违规操作。客服只有对各个平台的规则相当熟悉，才能在面对各种突发情况时镇定自若、按部就班地处理，妥善解决问题，使交易有条不紊地进行。此外，客服还要在不违背相关交易规则的前提下，熟练掌握各种交易操作，包括修改产品价格、修改评价、关闭交易、处理退款等。

（三）发现潜在大买家的敏锐性

发现潜在大买家的敏锐性不是一朝一夕能练就的，但还是有一些技巧可循。例如，与普通买家相比，潜在的批发买家更加重视卖家产品种类的丰富度、产品线的备货供应情况以及购买数量较大时是否可提供折扣等。依据这样的思路，客服可在与买家沟通交流的过程中不断观察和总结，培养自己的敏锐性。

（四）了解产品交易的成本预算

跨境电商客服被赋予促进订单成交的职责后，在特殊情形下，他们就相当于外贸业务员。因此，在传统外贸询盘-报价的模式中，客服也会遇到物流成本、产品成本计算等问题，这就需要客服充分掌握企业所经营产品的成本状况、运输方式的选择，以及各项费用的计算等技能。

（五）了解各种付款、物流方式及流程

客服应对各种跨境支付方式有一定程度的了解，并且清楚相关的付款流程，一旦买家在付款环节遇到问题，能够正确引导买家解决问题。

因为各个物流公司有着不同的特点和优势，不同的买家对物流也有不一样的需求，这就需要店铺与多家物流公司合作。客服的任务就是了解各种物流方案的优缺点，根据情况选择最合适的物流方案。另外，还要了解不同的物流方式在送达时间上的区别，以及物流信息的查询方法。

为了有效应对各种意外情况，除了以上的准备工作之外，客服还应对各种物流方式下包裹撤回、更改地址、保价、问题件退回、索赔的处理等有所了解，以保证意外状况发生时能够在第一时间作出反馈，将店铺和买家的损失降到最低。

素养小课堂

通过学习知道，我们沟通的对象是国外买家，在工作过程中，如何维护国家形象，是我们值得思考的问题。

任务二　掌握询盘沟通技巧

在买家询盘的过程中，卖家的回复一定要做到及时、专业，且要始终保持礼貌的态度，回复内容力求简洁、清晰，这样才能为买家提供优质的购物体验，进而提高订单转化率。

一、如何回复买家询盘

在跨境贸易当中，顺畅的沟通非常重要。专业、及时、流畅的询盘回复能够让卖家显得更加专业，并且提高成交的可能性。卖家在回复买家询盘的过程中，需要做好以下几点。

（一）对每一个买家的提问都要积极回复

如果卖家出售的是单品售价高或产品功能复杂的产品，如3C类产品，可能会收到大量询盘；如果卖家产品详情页不够详细，毫无疑问也会收到买家的进一步咨询。另外，实际交流过程中还会存在大量的无效询盘。在这种情况下，客服很容易产生懈怠，对询盘草草应付，而且部分买家的询盘也会让客服怀疑他们根本没有浏览过产品描述，或者根本没有购买意向。但尽管如此，还是建议卖家要及时、准确地回答所有的买家提问，同时尽量吸引他们在这件产品上多花时间，这样才能提高产品成交的可能性。

（二）在买家购买高峰期保持通信在线

以速卖通为例，建议卖家在买家购买的高峰期保持旺旺在线，以便及时对买家的询盘进行回复。

由于时差的关系，买家的购买潜伏期一般是北京时间的15：00—22：00，此时买家会浏览相关产品，可能会询问产品的具体信息；买家的购买高峰期是在北京时间的00：00—05：00，买家的询盘也会集中在这个时段。速卖通平台的调查表明，若卖家对买家的询盘在30分钟内予以回复，订单成交率将会显著提升。

（三）注意回复内容的细节

（1）买家名字。买家名字一定要输入正确，这是最基本的要求，也是最容易被忽视的。很多卖家会将买家的名字拼写错误，但自己并未发觉。

（2）称呼。可以使用 Dear ×× 来称呼，但如果已经和买家比较熟悉，就可以使用 Hello 这样的打招呼方式，显得更加亲密。

（3）内容。回复的内容要言简意赅，切忌长篇大论。此外，要尽量避免长篇幅到底，对回复内容要合理分段、分层。同时要将最重要的信息放在正文开头，使买家第一时间获得邮件主旨。

（4）态度不卑不亢。虽然卖家始终要秉持"客户至上"的理念，但是过分的谦卑会使卖家失去主动权。特别是在问题的谈判中，买家一旦有高高在上的尊贵感，卖家就会处于被动地位。交易双方是平等的，因此卖家在尊重买家的基础上礼貌回复即可。

二、询盘沟通模板

跨境电商客服
询盘沟通模板

用英文与买家沟通最重要的是要做到三点。

一是清楚，即用词准确恰当，内容主旨清晰。

二是简洁，用简短的语句清楚地表达，尽量避免使用过于复杂的词汇。

三是礼貌，英文书写要有一定的礼貌用语。

以下是一些常用的写作案例，卖家可灵活运用。

（一）售前沟通

售前沟通主要是为买家解答关于产品价格、库存、规格型号、用途，以及运费、运输等方面的问题，促使买家尽快下单。

1. 买家光顾店铺查看产品

Hello, my dear friend. Thank you for visiting our store, you can find what you want from our store. If we don't have the item, please tell us and we will spare no effort to find it. Good luck!

2. 买家询问产品价格和库存

Dear ××,

Thank you for your inquiry. Yes, we have this item in stock. How many do you want? Right now, we only have × style and × color left. Since they are hot selling items, the product has a high risk of selling out soon. Please place your order as soon as possible.

3. 因回复不及时而主动打折

Dear ××,

I am sorry for the delayed response due to the weekend. Yes, we have this item in stock. And to show our apology for our delayed response, we will offer you 5% off. Please place your order before Friday to enjoy this discount.

Please let me know if you have any further questions. Thank you!

4. 追踪已下单但未付款的订单

Dear friend,

We have got your order of ×. But it seems that the order is still unpaid. If there's anything I can help with the price, size, etc, please feel free to contact us. After the payment is confirmed, I will process the order and ship it out as soon as possible. Thanks!

5. 鼓励买家提高订单数量，提醒其尽快下单

Dear friend,

Thank you for your order. If you confirm the order as soon as possible, I will send some gifts. A good news: Recently there are a lot of activities in our store. If the value of goods you bought counts to a certain amount, we will give you a satisfied discount.

6. 产品断货

Dear ××,

We are sorry to inform you that this item is out of stock at the moment. We will contact the factory to see when they will be available again. Also, we would like to recommend to you some other items which are of the same style. We hope you like them as well. You can click on the following link to check them out. ××(Link). Please let me know for any further questions.

7. 买家议价

Dear ××,

Thank you for your interests in our item. I am sorry but we can't offer you that low price you asked for. We feel that the price listed is reasonable and has been carefully calculated and leaves me limited profit already.

However, we'd like to offer you a ×% discount if you purchase more than × pieces in an order. Please let me know for any further questions. Thanks.

8. 买家要求免运费

Dear friend,

Sorry, free shipping is not available for orders to ×. But we can give you an ×% discount of the shipping cost if you purchase more than × pieces in an order.

9. 没有好评,买家对你的产品表示怀疑

Dear friend,

I am very glad to receive your message. Although I haven't got a high score on AliExpress, I've been doing business on eBay for many years and I am quite confident about my products. Besides, since AliExpress offers buyer protection service which means the payment won't be released to us until you are satisfied with the product and agree to release the money. We sincerely look forward to establishing long business relationship with you.

10. 买家希望提供样品,但贵公司不支持随单赠送样品

Dear ××,

Thank you for your inquiry and I am happy to contact you.

Regarding your request, I am very sorry to inform you that we are not able to offer free samples. To check out our products we recommend ordering just one unit of the product (the price may be a little bit higher than ordering by lot). Otherwise, you can order the full quantity. We can assure the quality because every piece of our product is carefully examined by our working staff. We believe trustworthiness is the key to a successful business.

If you have any further questions, please feel free to contact me.

(二) 售中沟通

售中沟通主要是发货确认及告知买家产品的物流信息,让买家掌握产品动向。

1. 买家下单后发确认函

Dear friend,

We've received your order, we will ship your order out within × business days as promised. After doing so, we will send you an e-mail notifying you of the tracking number. If you have any other questions, please feel free to let me know.

2. 已发货并告知买家

Dear ××,

Thank you for shopping with us. We have shipped out your order (order ID: ×××) on Feb 5th by EMS. The tracking number is ×××. It will take 10 workdays to reach your destination, but please check the tracking information for updated information. Thank you for your patience! If you have any further questions, please feel free to contact me.

3. 海关问题

Dear friend,

We received notice of logistics company, now your customs is performing strict periodical inspection for large parcels. In order to make the goods sent to you safely, we suggest to delay the shipment, and wish you a consent to agree. Please let us know as soon as possible. Thanks.

4. 订单超重无法使用小包免邮

Dear ××,

Unfortunately, free shipping for this item is unavailable. I am sorry for the confusion. Free shipping is only for packages weighing less than 2 kg, which can be shipped via China Post Air Mail. However, the item you would like to purchase weighs more than 2 kg. You can either choose another express carrier, such as UPS or DHL (which will include shipping fees, but also much faster). You can place the orders separately, making sure each order weighs less than 2 kg, to take advantage of free shipping.

If you have any further questions, please feel free to contact me.

5. 已发货数天但买家查询不到物流信息

Dear friend,

We send the package out on ××, and we have contacted the shipping company and addressed the problem. We have got back the original package and resent it by UPS. The new tracking number is ×××**×**. I apologize for the inconveniences and hope you can receive the items soon. If you have any problems, don't hesitate to tell me.

(三) 售后沟通

1. 退换货问题

Dear friend,

I'm sorry for the inconvenience. If you are not satisfied with the products, you can return the goods back to us.

When we receive the goods, we will give you a replacement or give you a full refund. We hope to do business with you for a long time. We will give you a big discount in your next order.

2. 客户收货后投诉产品有损坏

Dear friend,

I am very sorry to hear about that. Since I carefully checked the order and the package to make sure everything was in good condition before shipping it out, I suppose that the damage might have happened during the transportation. But I'm still very sorry for the inconvenience this has brought you. I guarantee that I will give you more discount to make it up next time you buy products from us. Thanks for your understanding.

3. 提醒买家给自己留评价

Dear friend,

Thanks for your continuous support to our store, and we are striving to improve ourselves in terms of service, quality, sourcing, etc. It would be highly appreciated if you could leave us a positive feedback, which will be a great encouragement for us. If there's anything I can help with, don't hesitate to tell me.

4. 收到买家好评

Dear friend,

Thank you for your positive comment. Your encouragement will keep us moving forward. We sincerely hope that we'll have more chances to serve you.

5. 向买家推荐新品

Dear friend,

As Christmas /New year/…is coming, we found ×× has a large potential market. Many customers are buying them for resale on eBay or in their retail stores because of high profit margin. We have a large stock of ×. Please click the following link × to check them out. If you order more than 10 pieces in one order, you can enjoy a wholesale price of ×. Thanks.

任务三　熟悉交易评价管理

交易评价管理及差评纠纷处理

交易评价是买家决定是否下单的重要参考，所以对于交易评价及其评价规则，需要卖家给予足够的重视。下面以速卖通平台为例，简单介绍交易评价管理的相关内容。

一、评价时间

在速卖通平台上，交易评价管理严格按照《速卖通平台规则（卖家规则）》中的评价规则（第十节）执行。根据评价规则，卖家发货的订单在交易结束后30天内，买卖双方都可以对该项交易进行评价；超过这个时间，就无法评价了。

此外，出现下列情形，也不能进行评价或没有评价。

（1）买家选择T/T（电汇）付款，但最终订单没有得到卖家的确认。

（2）资金审核时平台自动关闭或人工关闭的订单。

（3）卖家发货超时，买家申请取消并且得到卖家同意的订单。

（4）卖家申请退款结案等交易结束前已经全额退款的订单。

（5）金额不满5美元的订单（防止信用炒作）。

买卖双方如果在规定的期限内完成互相评价，该评价便会即时公开、生效、计分，卖家查看交易评价的方法如下：进入"我的速卖通"页面（即速卖通卖家后台），单击导航栏中的"交易"按钮，在打开的页面左侧展开"交易评价"。单击"管理交易评价"按钮，然后在右侧选择"已生效的评价"选项卡。

二、评价计分

（一）评价的分类与计分

《速卖通平台规则（卖家规则）》第十节第五十二条规定："平台的评价分为信用评价及店铺评分。"

（1）"信用评价"是指交易的买卖双方在订单交易结束后对对方信用状况的评价。信用评价包括"五分制评价"和"文字评论"两部分。

信用评价的"五分制评价"计分不论订单金额，都统一为：四星、五星为好评，计分为1；三星为中评，计分为0；一星、二星为差评，计分为-1。

$$好评率=(5星评价数量+4星评价数量)/总评价数量×100\%$$

$$中评率=3星评价数量/总评价数量×100\%$$

$$差评率=(2星评价数量+1星评价数量)×100\%$$

卖家平均星级的计算公式如下：

$$平均星级=所有评价的星级总分/评价数量$$

（2）"店铺评分"是指买家在订单交易结束后以匿名的方式对卖家在交易中提供的产品描述的准确性（item as described）、沟通质量及回应速度（communication）、物品运送时间合理性（shipping speed）三方面服务作出的评价，是买家对卖家的单向评分。

单项评分的计算公式如下：

$$卖家分项评分中各单项平均评分=买家对该分项评分总和/评价次数（四舍五入）$$

小知识： 信用评价买卖双方均可以进行互评，但店铺评分只能由买家对卖家作出。

（二）评价指标

卖家的历史交易评价记录将构成卖家反馈（seller feedback）。卖家反馈由卖家摘要（seller summary）、详细的卖家评分（detailed seller ratings）、反馈历史（feedback history）三部分组成。

（1）卖家反馈：卖家反馈中显示的是卖家近6个月的正面反馈率（positive feedback），其计算方法是将过去6个月的4星和5星评级除以同一时段的评价总数。

（2）详细的卖家评分：详细的卖家评分显示了卖家店铺分项评分的情况，数据后还会为卖家提示其数据在整个店铺群体中处于何种水平。

（3）反馈历史：反馈历史展示的是店铺好评数、中评数、差评数和正面反馈率在近1个月、3个月和6个月内的表现。

三、评价修改与投诉

（一）交易评价的修改

买卖双方都可以针对自己收到的差评进行回复、解释。当一方对交易评价有异议时，应先联系对方，让对方帮助自己修改，把针对自己的中差评修改为好评，评价修改期为30天。

（二）交易评价的投诉

如果交易评价内容中含有人身攻击或其他不当言论，卖家可以向平台投诉，要求平台删除该评论。或者买家打了低分，却在评论中赞美了产品，那么可能是买家的误操作，但是联系买家又没能修改评价，在这些情况下，平台一般会满足卖家的合理要求。

在速卖通平台上，中评和差评只有一次机会修改为好评，但好评不能改为中评或差评，差评也不可以改为中评。一旦修改成功便会立即生效，同时清空评论解释。

四、中差评的成因及处理

（一）获得中差评的原因

1. 产品差异

有些卖家为了渲染产品效果，在图片处理时会或多或少添加一些产品本身所没有的"附加物"。结果买家在收到货物后发现，实物与图片的颜色、大小、形状有差异。这时买家就容易留下中差评了。

2. 标题上写着免邮，实际上买家却要付费

有些卖家标题上会写着"Free Shipping"，以吸引买家下单。但是有一些国家会产生关税，买家如果不支付关税，就拿不到货物，此时买家就会将关税与邮费等同起来，以为自己受到了欺骗。

3. 支付账户额外扣款

速卖通针对卖家的支付方式是不收取费用的，但各家银行对付款手续费的规定却可能不一样。有的支付方式需要收取手续费，而买家并不清楚，以为是卖家扣款，此时就会给中差评。

（二）中差评的处理

中差评的处理方法主要做到以下两点：一是预防，二是治理。

1. 针对产品差异

卖家尽量不要过度渲染产品效果，在上传图片时，要多发一些细节图，尽量让买家看清楚。买家收到产品，在第一时间询问或质问产品颜色和形状差异时，卖家要主动进行解释。如果解释合理，买家是可以谅解的。

2. 针对免邮付费疑虑

卖家在发商业快递时，主要填报的申报价值，可以看出运费之外是否还有关税产生。如果卖家也不清楚，要预先与买家沟通好，以免买家在支付关税时责怪卖家或拒收产品。

3. 针对支付账户额外扣款

卖家要给买家解释清楚，此额外收费是其他部门如银行收取的，卖家可以提醒一下买家这种支付方式可能产生手续费。

任务四　学会处理售后服务纠纷

在交易过程中遇到纠纷时，建议卖家积极与买家进行沟通，对买家的反馈应及时给予回应，了解买家的具体问题，并向买家提供有效的帮助和妥善的解决办法。如果买卖双方无法实现有效沟通，后续纠纷将升级到平台，由平台介入处理。下面以速卖通为例，简单介绍纠纷处理的有关事宜。

一、纠纷提交和协商的步骤

在交易过程中，买家提起退款/退货退款申请，即进入纠纷阶段，须与卖家协商解决。

（一）买家提起退款/退货退款申请

买家提起退款/退货退款申请的原因：（1）未收到货；（2）收到的货物与约定不符；（3）买家自身原因。其中，前两种情况占绝大多数。

买家可以在卖家全部发货 10 天后申请退款。若卖家设置的限时达时间小于 5 天，则买家可以在卖家全部发货后立即申请退款。

（二）买卖双方交易协商

买家提起退款/退货退款申请后，需要得到卖家的确认。卖家须在 5 天内接受或拒绝买家提出的纠纷；若逾期未响应，系统会自动根据买家提出的退款金额执行。

1. 卖家接受纠纷内容

如果卖家接受买家提起的退款申请，选择"接受纠纷内容"选项即进入纠纷解决阶段。买家提起的退款申请有以下两种类型。

（1）仅退款。卖家接受时会提示卖家确认退款方案，若同意退款申请，则退款协议达成，款项会按照双方达成一致的方案执行。

（2）退货退款。若卖家接受，则需要卖家确认收货地址，默认卖家注册时候填写的地址（地址需要全部用英文来填写）；若地址不正确，则单击"修改收货地址"按钮。

2. 卖家拒绝纠纷内容

如果卖家拒绝买家提起的退款申请，系统会让卖家填写自己建议的解决方案，包括退款金额、拒绝理由。如果买家接受卖家的解决方案，则双方达成退款协议；如果买家不接受，买家可以选择修改退款申请，再次与卖家确认并继续协商。

如果买家提起退款申请的原因是"未收到货"，卖家在拒绝买家退款申请时必须上传"附件证明"，如发货底单、物流公司的查单、物流官方网站的查询信息截图等，以证明自己已经发货。

如果买家提起退款申请的原因是"货物与约定不符"，卖家可以选填"附件证明"，提供产品发货前的图片、产品重量、沟通记录等资料，证明自己是如实发货的。

3. 买家取消退款申请

买卖双方在协商阶段，买家可以取消退款申请。如果买家因为收到货物取消了退款申请并确认收货，则交易结束，进入放款阶段；若买家因为其他原因（如货物在运输途中，愿意再等待一段时间）取消，则继续进行交易流程。

（三）平台介入协商

买家提交纠纷后，纠纷小二会在 7 天内（包含第 7 天）介入处理。平台会参看案件情况及双方协商阶段提供的证明给出方案。买卖双方在纠纷详情页面可以看到买家、卖家、平台三方的方案。纠纷处理过程中，纠纷原因、方案、举证均可随时独立修改（在案件结束之前，买卖双方如果对自己之前提供的方案、证据等不满意，可以随时进行修改）。买卖双方如果接受对方或平台给出的方案，可以点击接受此方案，此时双方对同一个方案达成一致，纠纷完成。纠纷完成赔付状态中，买卖双方不能够再协商。

二、解决纠纷需注意的事宜

一旦产生纠纷，卖家要采取积极的态度去解决，尽量降低纠纷对自己造成的负面影响。卖家需要做到以下几点。

（一）及时沟通

纠纷具有较强的时效性，如果不能及时作出回应，会逐渐形成对卖家的不利影响。因此，当收到买家的疑问或不良体验反馈时，卖家一定要第一时间回复，与买家友好协商，这样做能让买家感到卖家有解决问题的诚意。

（二）保持礼貌态度

牢记以和为贵，就事论事，不意气用事，礼貌对待买家。不礼貌的态度甚至与买家发生争吵，会导致买家恼怒，进而不配合解决纠纷。

（三）保持专业态度

与买家沟通要有专业的态度，英文表达力求完整准确，熟知海外买家的消费习惯，同时对买家所在国家有一定的了解。

和买家沟通时注意买家心理的变化，当买家不满意时，卖家应尽量引导买家朝着能保留订单的方向走，同时满足买家的其他合理需求。当出现退款时，尽量引导买家达成部分退款，尽可能避免全额退款退货。卖家应努力做到"尽管货物无法让买家十分满意，态度也要让买家无可挑剔"。

（四）将心比心

没有人愿意无故承受损失，作为卖家，当出现问题时也应站在买家的角度看待问题，在自己的承受范围之内尽量让买家减少损失，这样也会为自己赢得更多的机会。

（五）留存证据

将交易过程中的有效信息都尽量保留下来，如果出现了纠纷，这些信息能够作为证据来帮助解决问题。另外，在处理纠纷的过程中应及时充分地举证，有利于问题的快速解决。

素养小课堂

跨境交易当中，纠纷在所难免，关键在于如何处理，留住买家，将损失降到最低。

任务五　妙用对买家进行二次营销

无论是亚马逊、eBay 还是速卖通，大卖家们的交易额中，老买家都会占据 1/2 甚至更多的份额。要想保持稳定增长的交易额，并成长为大卖家，做好对老买家的服务，做好二次营销是非常关键的。

一、寻找重点买家

一次简单的交易，从买家下单到买家确认并给予好评后就基本结束了，但一个优秀的卖家仍有很多事情可以做。卖家通过对买家交易数据的整理，可以识别出那些有潜力持续交易的买家和有机会做大单的买家，更有针对性地与他们维系关系并推荐优质产品，从而使这些老买家持续稳定地下单。寻找重点买家可以从以下三方面出发。

（一）分析买家评价

卖家可以通过分析买家购物之后的产品评价来判断其性格。例如，有的买家对产品的评价比较严格，会详细阐释产品的质量、包装、物流等情况，这类客户一般对产品的要求比较严格。其次，还可以从买家的文字风格判断买家的性格、脾气。如果卖家能够摸清买家的性格、脾气，就可以依此积极调整自己的沟通方式，这样更利于双方沟通的顺利进行。

（二）分析买家购买记录

很多有经验的卖家，都会通过 Excel 对买家订单进行归类整理，根据每个买家的购买金额、采购周期长短、评价情况、买家所处国家或地区等维度来寻找重点买家。

（三）对买家进行分类管理

对买家进行分类管理，既能帮助卖家抓住重点买家，也能减少卖家维系客户关系的成本。有一些成功的大卖家会在与买家联系的过程中，主动了解买家的背景、喜好，从中识别出具有购买潜力的大买家，为后期获取大订单打下基础。

二、选择合适的二次营销时机

卖家开展二次营销的时机可以有四种选择。
（1）感恩节、圣诞节等一些重要节日，是买家的购物高峰期。
（2）有一些产品在特价销售时，做一些让利给买家的促销活动。
（3）在每次有新的优质产品上线时，宣传最新产品。
（4）转销型买家上一次转销估计已经完成，需要下一次采购时。

在这些重要的时间点主动出击，展开对买家的二次营销活动，可以让卖家获得老买家稳定的交易量。

此外，卖家还需要注意沟通的时间点。由于时差的缘故，在卖家日常工作的时候，大部分国外买家都在睡觉。这意味着，卖家应该在晚上安排一些时段来联系国外买家，因为当买家在线时，沟通的效果最好。

技能实训

实训　买家服务

实训目标： 锻炼跨境客服灵活应对纠纷并降低店铺纠纷率的能力。

实训情境与任务： 具体如下。

（1）如果你收到一封买家砍价的邮件，你会如何回复？

Hello, I like your T-shirt very much. I want to buy ten pieces, please give me a reasonable price.

（2）你要通知买家，其订单已通过E邮宝发货，大概15天到货，物流单号是××。请尝试写一封邮件。

（3）有个买家对产品进行了评价，如何回复？

Good quick delivery, the product is safe and sound, fully consistent with the description, very grateful to the seller's weekly service.

（4）速卖通平台上对于店铺纠纷率的计算如下：

纠纷率＝（买家提起退款的订单−买家主动撤销退款的订单数）/（买家确认收货+确认收货超时+买家提起退款的订单数）

裁决提起率＝提交至速卖通平台进行裁决的纠纷订单数/（买家确认收货+确认收货超时+买家提起退款并解决+提交至速卖通平台进行裁决的订单数）

卖家责任裁决率＝提交至速卖通平台进行裁决且最终被裁定为卖家责任的纠纷订单数/（买家确认收货+确认收货超时+买家提起退款并解决+提交至速卖通平台进行裁决并裁决结束的订单数）

现有店铺数据：买家确认收货20笔，买家确认收货超时3笔，买家要求退款5笔，其中买家主动撤销并确认收货1笔，已与买家协商解决2笔，提交至速卖通裁决2笔（裁定卖家责任1笔，未裁决1笔）。

试计算该店铺的纠纷率、裁决提起率、卖家责任裁决率。

实训步骤： 独立练习。

实训成果： 依据题目引导形成答案。

实训评价： 能正确完成售前、售中、售后的场景任务，会计算纠纷率、裁决提起率、卖家责任裁决率，理解纠纷对店铺的消极影响。

同步训练

素养加油站

毕业生小黄的工作经历访谈

小黄是跨境电商专业的一名毕业生，毕业后从事跨境电商运营工作，主要负责客服工作，下面是她的工作心得。

店铺运营最不能忽视的就是客服，只有处理好与客户沟通的细节，才能给买家更自如的购物体验，从而带来销售量的增长。优秀的运营人才能够利用Listing、评论、邮件等不同渠道，在售前、售后与买家进行及时适当的沟通,提升买家对店铺的好感度,让客户在购买产品后乐于将产品、店铺推荐给更多的买家。回复买家消息看着很简单,但还是需要一些技巧。由于我们和其他国家的买家存在时差,一天回复同一个客户三次消息便很难得,所以回复的时候尽量一次性将买家询问的问题解答完。国外的买家和我国的买家购物习惯不太一样,国外买家一般会自主购买下单,售前来咨询问题的客户一般很少,主要来咨询的就是物流跟踪问题。因为跨境互联网的差异,有些包裹我们可以跟踪到,但是买家的跟踪网站上查询不到,因此就需要我们帮他们查询并告诉他们包裹在哪,他们需要怎么做。退货率纠纷率高的大概率是产品的问题了,所以要关注产品的质量,及时进行调整,找到质量可靠稳定的供应商。还有要检查的地方,就是主推款的中差评。每天查看产品的评价,知道买家喜欢我们产品的什么特点,就继续保持。出现中差评及时处理解决,主动联系买家了解购物体验差的原因。

在工作中,我认为很多内容都需要自己去摸索、去探讨。要不怕吃苦,自己摸索出来并记录下来的,远比单纯靠运营主管、领导讲的印象深刻。回复买家消息,处理纠纷、仲裁、拒付,虽然单调又重复,但对培养耐心、细心、逻辑能力是一个很有效的方法,当收到买家真心赞美与感谢的时候,那种心情是无法用文字描述的。

(资料来源:跨境电商专业毕业生访谈)

案例分析:通过职场人小黄的描述,你对跨境电商客服有了哪些认识?

项目评价

学习评价见表11-1。

表11-1 学习评价

	评价指标	评价得分	未掌握情况记录
知识	跨境电商客服应具备的技能		
	跨境电商客服应掌握的询盘沟通技巧		
	交易评价的计分规则		
	跨境电商平台上纠纷处理的流程		
	二次营销的技巧		
技能	能够回信给买家,快速处理询盘函		
	能够恰当地处理买家未收到货的纠纷		
	能够对买家进行二次营销		
	能够恰当地处理中差评		
	能够妥善解决产品质量的纠纷问题		
素养	具备服务意识		
	具备诚信意识		
	总分		
自评人:		教师:	
注:评价得分区间为0~10分,0分为完全未掌握,10分为完全掌握,数字越大代表掌握程度越深,评价者依据自身实际情况进行评分。未满10分的评价指标在最右一列陈述未掌握的具体情况,并据此向老师或同学提问			

模块四
数据篇

项目十二

精准运营——精通跨境电商数据分析

知识目标
1. 了解跨境电商数据分析的基本步骤。
2. 了解跨境电商数据分析的思维方式。

能力目标
1. 会应用跨境电商数据分析常用的分析指标。
2. 会应用跨境电商数据分析常用的方法。

素养目标
1. 认识数据的客观性,不随意篡改数据。
2. 具有保密意识,不随意泄露数据。
3. 具有法治观念和职业道德,拒绝虚假营销。

知识导图

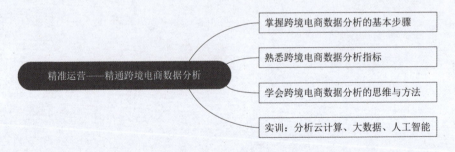

前言

人们已经进入云消费时代,大数据改变了人们的生活和工作方式,提高了人们的生活质量,人们可以足不出户就掌握所需要的数据信息。在商业领域,大数据的优势更加明显,商业智能得到越来越多人的认可和欢迎。由此可以看出,大数据已经成为当今社会发展的必然趋势,能够更好地服务于人们,满足人们的需求。

数据分析是指使用适当的方法对收集来的数据进行分析,将它们加以转化,最大化地挖掘数据中隐藏的信息,发挥数据的作用。在跨境电商行业中,数据分析至关重要。产品、销售、供应链、物流等每一个环节的改进和优化都少不了数据作支撑。卖家需要通过开展数据分析来找到、分析并解决运营中存在的问题,为作出精确的经营决策提供依据。

项目十二　精准运营——精通跨境电商数据分析

运营故事

某跨境电商平台主要销售服装、家居用品和电子产品等产品，涉及多个国家/地区的销售。为了优化运营策略和提升销售业绩，平台进行了销售数据分析。

分析目标：了解不同国家/地区的销售情况，找出热门产品和潜力市场，优化库存管理和供应链策略。

数据收集：从平台销售系统中获取销售数据，包括订单数量、销售额、产品类别、国家/地区等信息。

分析步骤如下。

（1）地域分布分析：根据订单中的国家/地区信息，对销售数据进行地域分布分析。通过统计各个国家/地区的订单数量和销售额，找出销售最好的地区，确定重点市场。

（2）产品分析：对销售数据按照产品类别进行分析，找出热门产品和畅销产品。通过比较不同产品的销售额和销售增长率，了解消费者的偏好和趋势，为产品采购和推广策略提供参考。

（3）供应链分析：通过分析订单的发货时间和交付时间，评估供应链的效率和准时交付率。了解供应链的瓶颈和问题，提出改进建议，提高客户满意度和忠诚度。

（4）库存管理：根据销售数据和产品分析结果，预测不同产品的需求量，并优化库存管理策略，避免库存积压和缺货，提高库存周转率和资金利用效率。

（5）市场潜力分析：结合地域分布和产品分析，找出潜在市场和发展机会。通过对比销售数据和市场规模、竞争情况等指标，评估进入新市场的可行性和潜在收益。

结论和建议如下。

（1）销售最好的地区是美国、英国和德国，应加大市场投入和推广力度。

（2）热门产品主要集中在服装和家居用品领域，应继续加大这些类别的产品供应和推广。

（3）供应链中存在一些延迟和配送问题，需要与供应商合作改进，提高物流效率和客户体验。

（4）库存管理方面，需要根据产品销售数据进行预测和调整，以免过多库存和缺货情况。

（5）潜在市场方面，亚洲和澳大利亚等地区的销售增长较快，值得进一步开拓。

结论：通过跨境电商数据分析，该平台能够更好地了解销售情况、消费者需求和市场趋势，为制定战略决策和优化运营提供依据。数据分析帮助平台实现了销售增长、供应链优化和市场拓展等目标，提升了企业的竞争力和盈利能力。

知识准备

任务一　掌握跨境电商数据分析的基本步骤

在店铺运营过程中，能够为卖家运营决策提供参考依据的就是数据分析。卖家开展数据分析的目的是找到适合自己店铺的运营方案，从而实现销售利润最大化。

一般来说，开展数据分析包括以下步骤。

一、确定目标

在开展数据分析之前，卖家首先要明确开展数据分析的目标，即想要通过数据分析发现并解决哪些问题。例如，通过数据分析进行选品，通过数据分析掌握某次营销活动的效果等。

二、搜集数据

开展数据分析,首先要有足够的有效数据,卖家可以通过以下几个渠道搜集数据。

(一)卖家账户后台

卖家账户后台会记录卖家店铺运营的相关数据,如账户等级、产品的销售数据、浏览数据、交易转化数据、广告推广数据等。卖家需要及时关注账户表现,并定期对账户后台中的数据进行收集、整理和归档。

(二)电商平台数据工具

各大跨境电商平台都会为卖家提供一些数据分析工具。例如,数据纵横是速卖通基于平台海量数据打造的一款数据营销工具,卖家可以利用这个工具充分了解自己店铺的运营状况。此外,在各大跨境电商平台的买家端会有热销榜、销量榜等榜单信息,这些地方也是卖家搜集行业销售数据和竞品销售数据的重要渠道。

(三)第三方数据工具

市场上有一些专门提供数据分析服务的第三方数据工具,如谷歌趋势、Keyword Spy 等,这些工具通常会提供有关跨境电商平台监测数据、市场规模、行业销售数据、竞品销售数据和网民搜索趋势等各类数据,卖家可以通过这些工具搜集自己需要的数据。

(四)网页数据抓取工具

卖家可以使用诸如八爪鱼采集器之类的网页数据采集器或 Python 语言来采集数据。

三、整理数据

将搜集来的数据进行整理,卖家可以将数据制作成图表,也可以用 Excel 表格中的公式及数据透视表对数据进行统计运算。无论采取何种方式整理数据,最重要的是要将数据整理成能够直接反映某些信息的形式。

四、分析数据

为了更好地得出结论,卖家需要对整理后的数据结果进行分析。例如,将本月数据与上月数据做对比,将不同产品的销售数据做对比等。

五、发现问题并作出改变

卖家可以通过数据分析发现自身存在的问题,并及时改正。卖家可以尝试设计多个方案,通过数据测试从中筛选出最优方案,然后将其运用到实际运营中,以达到最佳的运营效果。例如,在进行店铺装修时,卖家可以多尝试几种店铺装修风格,然后通过分析不同装修风格下店铺的浏览量、跳失率等数据来确定或调整装修方案。

素养小课堂

跨境电商从业人员的保密意识非常重要,因为他们经常处理敏感信息,如客户数据、供应链细节和商业策略,泄露这些信息可能导致竞争劣势、法律问题和信任丧失。因此,强化保密意识是确保企业安全和成功的关键。

任务二　熟悉跨境电商数据分析指标

数据统计分析工作的顺利进行离不开合理数据分析指标的支持，合理的数据分析指标能够帮助卖家更好地理解数据。因此，在开展数据分析之前，卖家需要建立科学、合理的数据分析指标体系。

一、常用的数据分析指标

构建系统的数据分析指标体系是实现跨境电商数据化运营的重要前提，不同类别的指标对应着跨境电商运营的不同环节，卖家通过对不同类别指标的分析，可以深入了解店铺各方面的情况。跨境电商数据分析常用指标有以下几类。

（一）流量类指标

（1）页面浏览量：又称访问量，指买家访问店铺内页面的次数，买家每访问一个页面就计一个访问量，买家多次访问同一页面，访问量累计。

（2）独立访问买家数：在统计时间内访问店铺内页面的人数，同一个买家在统计时间内的多次访问只计一次访问。

（3）访问深度：买家在一次访问中浏览了店铺内不同页面的数量，反映了买家对店铺内各个页面的关注程度。

（4）平均访问深度：买家平均每次连续浏览的店铺内页面的数量。

（5）页面访问时长：单个页面被访问的时间长度。

（6）人均页面访问数：人均页面访问数＝页面浏览量（PV）÷独立访问买家数（UV），该指标反映了页面的黏性。

（7）跳失率：只访问了一个页面就离开的访问次数占该页面总访问次数的百分比。该指标反映了页面内容对买家的吸引程度，跳失率越大，说明页面对买家的吸引力越小，该页面内容越需要调整。

（8）平均访问时长：总访问时长与访问次数的比值。

（二）销售转化类指标

（1）购物车支付转化率：一定周期内将产品加入购物车并支付的买家数占将产品加入购物车的买家数的百分比。

（2）浏览—下单转化率：在统计时间内下单的买家数占店铺访问买家总数的百分比。

（3）浏览—支付转化率：在统计时间内支付订单的买家数占店铺访问买家总数的百分比。

（4）下单—支付金额转化率：在统计时间内支付金额占下单总金额的百分比。

（5）下单—支付买家数转化率：在统计时间内支付的买家数占下单买家总数的百分比。

（6）下单—支付时长：买家下单时间距离支付时间的差值。

（7）连带率：销售的件数与交易次数的比值，反映买家平均单次消费的产品件数。

（三）销售业绩类指标

（1）成交总额（gross merchandise volume，GMV）：一段时间内店铺的成交总金额。只要买家下单生成订单号，无论这个订单最终是否成交，都可以计算在GMV中，即GMV包含付款和未付款的部分。

（2）销售金额：店铺产生的总销售额，一般指实际成交金额。

（3）销售毛利：产品销售收入与成本的差值。

(4) 毛利率：毛利与销售收入的百分比。

（四）会员类指标

(1) 注册会员数：一定统计周期内注册会员的数量。

(2) 活跃会员数：一定时期内有消费或登录行为的会员总数。

(3) 活跃会员比率：活跃会员数占会员总数的百分比。

(4) 会员复购率：在某时期内产生两次及两次以上购买行为的会员数占产生过购买行为的会员总数的百分比。

(5) 会员平均购买次数：在统计周期内每个会员平均购买的次数，会员平均购买次数＝订单总数÷产生购买行为的会员总数。

（五）客户类指标

(1) 留存率：买家在某段时间内开始访问店铺，经过一段时间后，仍然继续访问店铺的用户被认作是留存买家，留存买家数量与当时新增买家数量的百分比就是留存率。

(2) 客单价：每一个买家平均购买产品的金额，即成交金额与成交买家数的比值。

(3) 客单件：每一个买家平均购买产品的数量。

(4) 消费频率：一定期间内买家在店铺内产生交易行为的次数。

(5) 最近一次购买时间：买家最近一次在店铺内产生交易的时间距离现在的时间差。

(6) 消费金额：买家在最近一段时间内交易的金额。

(7) 重复购买率：在单位时间内，再次购买产品的人数占购买该产品的总人数的百分比。

（六）产品类指标

(1) 库存量单位（stock keeping unit，SKU）：物理上不可分割的最小存货单位。例如，iPhone X 64G 银色就是一个 SKU，每个 SKU 的编码均不相同，如相同则会出现产品混淆，导致卖家发错货。

(2) 标准化产品单元（standard product unit，SPU）：产品信息聚合的最小单位，它是一组可复用、易检索的标准化信息的集合，该集合描述了一个产品的特性。简单来讲，属性值、特性相同的产品就可以称为一个 SPU，如 iPhone 11 就是一个独立的 SPU。

(3) 在线 SPU：在线产品的 SPU 数。

(4) 独家产品收入比重：独家销售的产品所产生的收入占总销售收入的比例。

(5) 品牌数：店铺内产品的品牌总数量。

(6) 在线品牌数：在线产品的品牌总数量。

(7) 上架产品 SKU：店铺内上架产品的 SKU 数量。

(8) 上架产品 SPU：店铺内上架产品的 SPU 数量。

(9) 首次上架产品数：第一次在店铺内上架的产品数量。

(10) 订单执行率：订单执行率＝能够执行的订单数量/订单总数量×100%。

（七）市场营销活动指标

(1) 新增访问数：某推广活动所带来的新访问买家的数量。

(2) 活动下单转化率：某推广活动所带来的下单次数与访问该活动次数的百分比。

(3) 投资回报率 ROI：某一推广活动期产生的交易金额与该活动投资成本的百分比。

（八）风控类指标

(1) 评价率：某段时间参与评价的买家数量与该时间段内总买家数量的百分比。该指标反映了买家对评价的参与度。

(2) 好评率：某段时间内卖家收到好评的数量与该时间段内卖家收到评价总数量的百分比。

(3) 差评率：某段时间内卖家收到差评的数量与该时间段内卖家收到评价总数量的百分比。

(4) 投诉率：发起投诉的买家数量与买家总数量的百分比。

（九）市场竞争类指标

(1) 市场占有率：店铺内某一产品（或品类）的销售量（或销售额）在市场同类产品（或品类）中所占比率。

(2) 市场增长率：店铺内某一产品（或品类）的市场销售量或销售额在比较期内的增长比率。

二、数据分析指标的选择

跨境电商数据分析的指标有很多，并且各个指标所能反映的现象各有不同，那么在诸多指标中，哪些才是卖家开展数据分析时需要使用的核心指标？这个问题其实并没有标准答案，因为各个店铺所属的行业、性质不同，所处的阶段不同，卖家的关注点也不相同。不过，卖家在选择数据分析指标时，可以参考以下几个原则。

（一）店铺所处阶段不同，关注重点不同

一个新店铺，在运营初期积累数据、找准运营方向，比卖多少产品、赚多少利润更为重要。因此，处于这个阶段的卖家可以重点关注流量类指标；已经运营一段时间的店铺，通过开展数据分析提高店铺销量是首要任务，因此，处在这个阶段的卖家需要关注的重点指标是流量类指标、销售转化类指标和销售业绩类指标；已经有一定规模的店铺，利用数据分析提升店铺的整体运营水平是关键任务，此时，卖家需要重点关注的指标是独立访问买家数、页面浏览量、转化率、复购率、留存率、客单价、ROI 和销售金额等。此外，会员复购率和会员留存率也非常值得关注，因为对于店铺来说即使会员复购率很高，如果会员留存率大幅下降也是很危险的。

（二）周期不同，侧重点不同

在跨境电商中，有的数据分析指标需要按天、时段来追踪，有的数据分析指标可以以周为单位进行分析，有的数据分析指标可以作为店铺员工的绩效考核指标。

1. 每日追踪的指标

卖家需要每日追踪的指标主要有独立访客数、页面浏览量、页面访问时长、跳失率、转化率、客单价，以及重点产品的库存量、订单执行率等。

2. 按周分析的指标

大部分数据分析指标都可以按周进行分析，不过卖家可以将精力放在对重点产品和重点流量的分析上。以周为单位进行分析的指标包括日均 UV、日均 PV、访问深度、重复购买率、成交总额、销售金额、销售毛利等。

3. 绩效考核指标

数据分析指标不仅可以帮助卖家掌握店铺的运营情况，还可以作为关键绩效指标（key performance indicator，KPI）用于考核员工的工作业绩。KPI 在精而不在多，卖家需要根据员工的业务分工来制定差异化的绩效考核指标。例如，对于店铺运营人员来说，KPI 包括独立访客数、转化率、访问深度、客单价和连带率等指标；对于店铺推广人员来说，KPI 包括新增访问数、新增购买用户数、活动下单转化率、跳失率和 ROI 等。

任务三　学会跨境电商数据分析的思维与方法

数据本身没有价值，有价值的是从数据中提取出来的信息。从数据中提取信息需要讲究一定的思维和运用一定的数据分析方法，这样才能让提取出来的信息更加科学，更具参考性。

一、跨境电商数据分析的思维方式

在开展数据分析的过程中，卖家可以采用以下几种思维方式。

（一）对比思维

没有对比，就没有优劣。单独看一个数据并不能得到有效的信息，而将其与其他数据进行比较，才更容易得到有用的信息，这运用的就是对比思维。表12-1列举了某店铺在2023年12月24日和2023年12月25日两天的成交记录，单从成交总金额的角度来看，该店铺2023年12月24日的成交情况比2023年12月25日的成交情况好；而从下单支付率的角度来看，该店铺2023年12月25日的下单支付率要比2023年12月24日的下单支付率高。

表12-1　下单支付率对比

时间	下单总金额/美元	下单—支付金额/美元	成交总金额/美元	成交会员数	下单数	下单—支付订单数	下单支付率
2023年12月24日	1 023	437	437	4	8	4	50.0%
2023年12月25日	591.5	328.8	328.8	3	5	3	60.0%

将不同的数据进行对比，是开展数据分析最基本的思路，也是最重要的思路。例如，监控店铺的交易数据、对比两次营销活动的效果等，这些过程就是在做对比。卖家拿到数据后，如果每个数据都是独立的，就无法判断数据反映出来的变化趋势，也就无法从数据中获取有用的信息。

（二）拆分思维

当一些数据在某个维度可以进行对比时，卖家可以选择对比的方式对数据进行分析。如果通过对比分析后，需要找到导致这个结果出现的原因，就需要利用拆分思维。例如，为什么2023年12月24日的成交总金额会比2023年12月25日的成交总金额高，是当天购买产品的人数多，还是因为购买产品的人数少但买家购买的产品价格高呢？此时，就需要用到拆分思维，将一些数据拆分为更加细分的数据，从细节处寻找原因。

例如，成交总金额=成交买家数×客单价，而成交买家数=访客数×转化率。将成交总金额拆分之后，其分析维度更加细致，卖家可以从客单价、访客数、转化率等细节处寻找造成2023年12月24日的成交总金额比2023年12月25日高的原因。

（三）降维、增维思维

在进行数据分析时，卖家一般只需要关心对自己有用的数据即可，当某些维度下的数据与此次数据分析的目的无关时，卖家就可以将其剔除，从而达到降维的目的。增维和降维是相对的，有降必有增。当使用当前的维度不能很好地解释某个数据时，卖家就需要对该数据做一个运算，多增加一个维度，这个增加的维度通常称为辅助列。

例如，卖家在分析某个词的热搜度时，发现可以从两个维度对该数据进行分析，一个是搜索指数，另一个是当前产品数。这两个指标一个代表需求度，另一个代表竞争度，于是有很多卖家会多做一个运算，即搜索指数÷当前产品数=倍数，用倍数代表一个词的竞争度（计算的倍数越大，说明该热搜词的竞争度越小），这种做法就是在增维。

总之,增维和降维就是卖家对数据的意义进行充分的了解后,为了方便进行数据分析,有目的地对数据进行转换运算。

(四) 假设思维

当尚未得出数据分析的结果时,卖家可以运用假设思维,先假设有了结果,然后运用逆向思维推导造成这种结果的原因。从结果到原因,即探索是哪些原因才会导致这种结果。通过不断地假设原因,卖家可以知道要想导致这种结果出现,自己现在满足了多少原因,还需要多少原因。

如果导致某种结果出现的原因有多种,那么卖家也可以通过假设从众多原因中找到最重要的那个原因。当然,除了结果可以假设外,过程也是可以假设的。

二、跨境电商常用的数据分析方法

数据分析有法可循,卖家在分析数据时使用科学、合理的分析方法,可以快速有效地分析数据,从数据中获取信息。下面介绍几种跨境电商常用的数据分析方法。

(一) 对比分析法

对比分析法又称比较分析法,是指将两个或两个以上的数据进行对比,分析数据之间的差异,进而揭示这些数据背后隐藏的规律。

1. 对比分析法的类型

按照发展速度采用基期的不同,对比分析法可以分为同比、环比和定基比,三者均用百分数和倍数表示。

(1) 同比。

同比是指今年第 N 月与去年第 N 月相比较。同比发展速度主要是为了消除季节变动的影响,用于说明本期发展水平与去年同期发展水平对比而达到的相对发展速度。例如,2023 年 12 月的店铺销售额与 2022 年 12 月的店铺销售额相比。

同比增长率的计算公式如下:

$$同比增长率=(本期数据-上一周期同期数据)/上一周期同期数据\times100\%$$

(2) 环比。

环比是指报告期水平与其前一期水平之比,表明现象逐期的发展速度。例如,2023 年 12 月的店铺销售额与 2023 年 11 月的店铺销售额相比。

环比增长率的计算公式如下:

$$环比增长率=(本期数据-上期数据)/上期数据\times100\%$$

(3) 定基比。

定基比是指报告期水平与某一固定时期水平之比,表明现象在较长时期内总的发展速度。例如,将 2023 年店铺各月的销售额,均以 2022 年 12 月的销售额为基准进行对比。

定基比增长率的计算公式如下:

$$定基比增长率=(本期数据-基期数据)/基期数据\times100\%$$

2. 对比分析法的应用

在实际操作中,对比分析法的应用有以下几种方式。

(1) 将完成值与设定的目标进行对比。

将实际完成值与设定的目标进行对比,属于纵向比较。例如,在跨境电商店铺的运营中,卖家每年都会设定全年的业绩目标,将当前达成的业绩与设定的全年业绩目标做对比,以了解店铺的发展进度和业绩完成率,分析业绩目标的设定是否合理、是否需要调整等。

（2）行业内做对比。

将自身发展水平与同行业竞争对手或行业的平均水平做对比，属于横向对比，这样有利于卖家了解自身的发展水平在行业中处于何种位置，了解自身设定的指标是否具有先进性，从而为自身制定发展策略提供参考依据。

（3）不同类产品做对比。

将不同类型的产品做对比，属于横向对比。例如，在开展某项推广活动后，卖家可以将店铺内半身短裙的销售额与连衣裙的销售额进行对比，这样能够让卖家了解各个品类的销售状况，从而及时调整营销策略。

（4）将活动效果做对比。

开展某项营销推广活动后，卖家可以将活动前后的相关运营数据进行对比，这样可以了解营销推广活动的效果，分析营销推广活动是否达到预期目标。

（二）漏斗图分析法

漏斗图分析法是一种以漏斗图的形式展示分析过程和结果的方法。这种分析方法适用于业务流程比较规范、业务流程周期较长、各流程环节涉及复杂业务较多的情况。漏斗图能够让各环节的业务数据得到最直观的展示，明确指出业务流程中存在问题的环节。

例如，运用漏斗图分析法分析买家购买过程，这样能够让卖家了解买家从进入店铺到购买产品的整个过程中每一个环节的转化情况，如图 12-1 所示。

图 12-1　漏斗图

（三）相关性分析法

相关性分析法是指对两个或多个具备相关性的变量元素进行分析，从而衡量这些变量元素的相关密切程度的方法。相关性元素之间需要存在一定的联系，才可以进行相关性分析。

相关性不等于因果性，也不是简单的个性化，相关性所涵盖的范围和领域非常广泛。在数据分析中，经常需要使用相关性分析法来判断两个因素之间是否存在联系，以确定数据假设是否能够被用于业务中。

卖家可以使用 Excel 进行相关性分析，如分析店铺促销投入与销售额之间是否存在联系，具体操作方法如下。

步骤 1：在 Excel 表格中分别输入各月促销投入和销售额的数据。

步骤 2：选中 D2 单元格，然后单击“插入函数”按钮，如图 12-2 所示。

	A	B	C	D
1	月份	促销投入	销售额（万）	
2	1	0.3	15	
3	2	0.4	18	
4	3	0.6	19	
5	4	0.7	20	
6	5	0.8	22	
7	6	0.9	23	
8	7	1	25	
9	8	0.8	24	
10	9	0.6	22	
11	10	0.5	20	
12	11	0.6	24	
13	12	0.5	23	

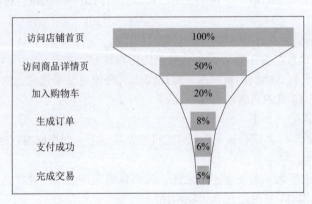

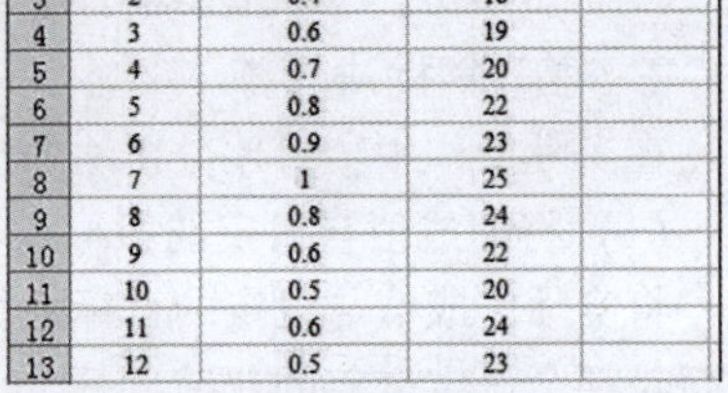

图 12-2　各月促销投入和销售额的数据

步骤 3：弹出“插入函数”对话框，在“或选择类别”下拉列表框中选择“全部”选项，在“选择函数”列表框中选择 CORREL 函数，然后单击“确定”按钮，如图 12-3 所示。

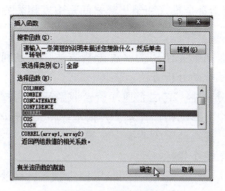

图 12-3　插入函数

步骤 4：弹出“函数参数”对话框，将光标定位到 Array1 文本框中，在工作表中选择 B1：B13 单元格区域，如图 12-4 所示；同样，将光标定位到 Array2 文本框中，在工作表中选择 C1：C13 单元格区域，然后单击“确定”按钮，如图 12-5 所示。

图 12-4　定位到 Array1 文本框

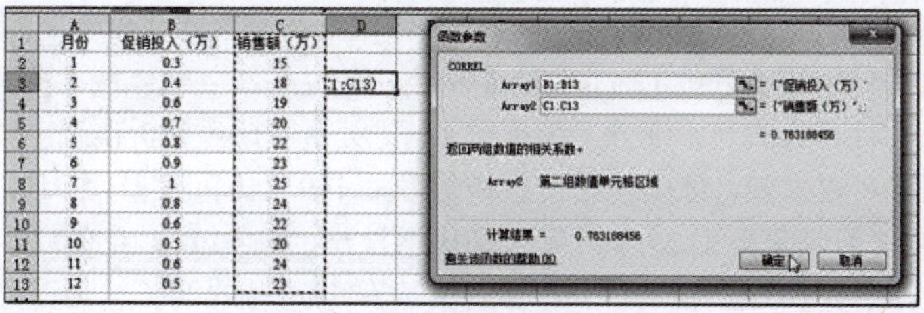

图 12-5　定位到 Array2 文本框

步骤 5：此时，即可得出计算结果 0. 763 188，如图 12-6 所示。

D3　=CORREL(B1:B13, C1:C13)

	A	B	C	D
1	月份	促销投入（万）	销售额（万）	
2	1	0.3	15	
3	2	0.4	18	0.763188
4	3	0.6	19	
5	4	0.7	20	
6	5	0.8	22	
7	6	0.9	23	
8	7	1	25	
9	8	0.8	24	
10	9	0.6	22	
11	10	0.5	20	
12	11	0.6	24	
13	12	0.5	23	

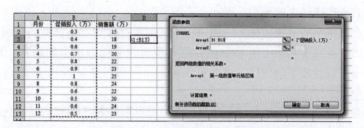

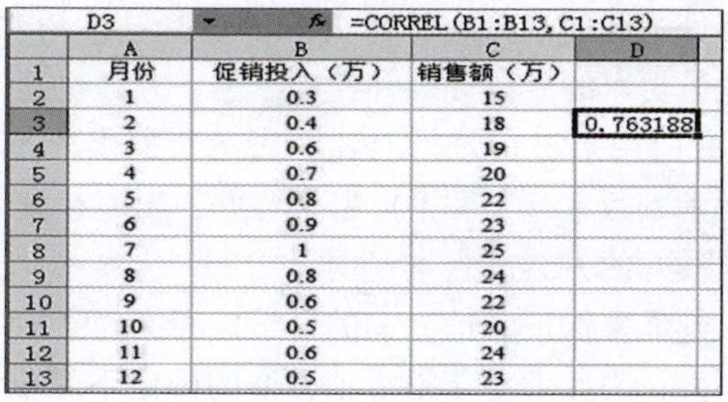

图 12-6　得出计算结果

在 Excel 中，相关性是通过相关系数来表示的，相关系数取值在 -1~1，负数表示起到阻碍作用，正数表示起到促进作用；数值越大，相关性越大，数值为零，表示没有相关性。本例中计算结果为 0.763 188，说明促销资金投入和销售额之间是中度相关关系。

（四）杜邦分析法

杜邦分析法是美国杜邦公司最先使用的一种分析方法，它是利用几种主要的财务比率之间的关系来综合分析企业财务状况的分析方法。

杜邦分析法多用于财务分析中，它以企业净资产收益率作为核心，将影响净资产收益率的因素进行逐层分解，形成一个完整的指标体系，并揭示各相关指标间的相互影响关系，从而为企业管理者了解企业经营状况、提高经营收益提供有效参考。

杜邦分析法主要基于以下三个指标。

（1）净利润率（net profit margin）：净利润除以销售收入，反映企业每一单位销售额的净利润水平。较高的净利润率表示企业能够在销售过程中获得较高的利润。

（2）总资产周转率（total asset turnover）：销售收入除以总资产，用于衡量企业资产的利用效率。较高的总资产周转率表示企业能够更有效地利用其资产来产生销售收入。

（3）杠杆比率（leverage ratio）：总资产除以所有者权益，反映企业债务资本的比例。较高的杠杆比率表示企业使用了更多的债务资本来支持业务运营。

净利润率与总资产周转率的乘积，即净资产收益率（return on equity，ROE）。ROE 是衡量企业盈利能力和资本回报率的重要指标，代表每一投入的所有者权益所获得的利润。

杜邦分析法的优势在于它能够帮助企业分解和理解盈利能力的不同因素。通过分析净利润率、总资产周转率和杠杆比率的变化，企业可以识别出哪些因素对 ROE 的影响最大，并采取相应的措施来改善业绩。

假设某个鞋类商贸公司主要销售凉鞋、休闲鞋、硫化鞋、靴子四类产品，在线上主要通过速卖通、Wish、eBay 三个跨境电商平台开设店铺进行产品销售，其中速卖通是该商贸公司的主要运营平台。在 2019 年 12 月月底的业绩总结中，该商贸公司管理者发现公司在速卖通平台上的店铺，12 月的销售额环比增长了 17.1%，但占公司整体线上销售额的比率却下降为 64.9%。此时，管理者可以运用杜邦分析法来分析 12 月速卖通店铺销售额占公司整体线上销售额的比率下降的原因。从销售份额的计算公式开始细分，形成图 12-7 所示的杜邦分析框架。

运用杜邦分析法可以发现，该公司的月度销售额从 169.3 万元上升至 216.4 万元，环比增长 27.8%；Wish 店铺 12 月销售额为 25.8 万元，环比增长 69.7%；eBay 店铺 12 月销售额为 50.1 万元，环比增长 46.9%；速卖通店铺 12 月销售额虽然有 17.1% 的增长，但其增长幅度远远低于 Wish 店铺和 eBay 店铺的增长幅度。

（五）AB 测试

在店铺运营过程中，卖家经常会面临选择何种运营方案的思考，如推广活动渠道的选择、营销邮件话术的选择、营销邮件主题的选择、优惠方式的选择、活动奖励方式的选择等。选择科学、合理的方案，一方面凭借卖家的专业知识和经验，另一方面也离不开数据分析的支持。

AB 测试（AB test）是专门用来进行效果对比，为运营提供决策支持的数据分析方法。AB 测试的核心就是确定两个元素或版本（A 和 B）哪个更好，卖家在具体操作中需要同时测试两种方案或版本，最后从中选择最好的方案或版本使用。

越是大型的营销活动，越需要保证营销方案的科学性和准确性，一旦营销方案选择失误，将会给店铺的运营造成重大损失，因此大型营销活动方案的确定不能单纯地依靠营销人员的经验。在确定最终营销方案之前，卖家可以采取 AB 测试先对几种营销方案进行测试，然后从中选择最

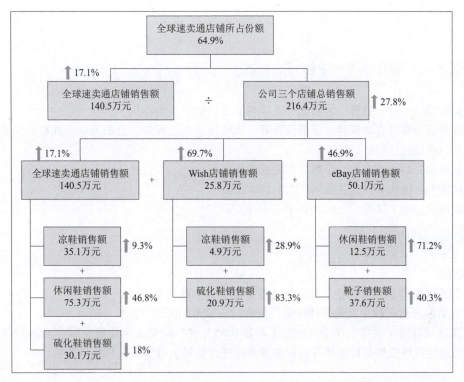

图 12-7 杜邦分析框架

优方案,以节省资金投入。

例如,运用 AB 测试确定营销邮件的设计方案,包括以下三个步骤。

1. 选择 A, B 两个对比组

卖家可以采取抽样调查的方法,从所有目标受众中随机筛选出两个不重复的样本 A 和 B。例如,从 10 万目标受众中随机抽取 1 000 个目标受众,并分为 A, B 两组,每组 500 个目标受众。

2. A, B 两组同步执行不同方案

对 A, B 两组目标受众分别执行不同的测试方案,为了更好地区分不同方案的实施效果,两种实施方案在设计时应该坚持"大部分内容保持相同,小部分内容存在差异"的原则。测试营销邮件的设计方案时,两个测试邮件只需要保证邮件的主题不同即可,邮件的排版、设计方式、邮件内容的长度等都要保持相同。

3. 对比执行结果

对 A, B 两组随机抽取的目标受众分别发送不同主题的邮件之后,观察并分析两组目标受众的邮件打开率,查看哪组目标受众的邮件打开率更高。邮件打开率更高,说明该组邮件的主题设计得更好,更容易吸引目标受众打开邮件。得出测试结果后,卖家就能确定哪种方案的实施效果更好,从而将这个方案用于对所有目标受众的营销中。

技能实训

实训　分析云计算、大数据、人工智能

实训目标： 了解云计算、大数据、人工智能三者的关系与作用。

实训任务： 通过查询资料，了解云计算、大数据、人工智能三者的关系，并指出三者对于跨境电商平台发展的重要作用。

实训步骤： 3~6人一组，小组合作完成实训任务。

实训结果： 做成PPT，并选出代表上台讲述。

实训评价： PPT效果+展示内容+展示效果。

同步训练

简答题

1. 在跨境电商数据分析中，搜索相关数据的渠道有哪些？
2. 在数据分析过程中，选择数据分析指标时应该遵循哪些原则？
3. 某店铺针对十周年店庆活动设计了两套活动方案，但卖家无法确定哪套方案的效果会更好，请问运用何种数据分析方法可以帮助该卖家作出选择？这种方法应该如何操作？

素养加油站

如何撰写商业报告

1. 公司简介

公司简介通常是对一个企业或组织基本情况的简单说明。在商业报告中撰写公司简介时，首先需要明确公司的背景，如公司的性质和组成方式（集资方式）等，再从整体上介绍公司的经营范围、公司理念和公司文化，然后再概括性地介绍公司现在的经营状况，最后指明公司未来的发展方向或者现阶段的发展目标。还有比较重要的一点是，需要让目标公司确认商业报告中的公司简介是否准确。

2. 报告目标

通常情况下，在撰写商业报告时要明确商业报告的目标。首先阐明客户对于经营的疑虑，再针对客户的疑虑提出解决办法。

3. 制作流程

商业报告的制作流程就是要写出制作商业报告的思路，概括该商业报告的写作步骤及每个步骤所用到的方法。

方案设计→工作安排→数据采集→提交报告

4. 数据来源

这一部分需要向客户说明商业报告中所有数据的来源，并指出为什么要选择这些数据，以及介绍数据的搜集方法。企业可以使用数据统计工具获得相关数据，如分析会员数据的CRM软件、分析网店运营的生意参谋软件等。

5. 数据展示

这一部分需要将商业报告中用到的数据展示出来。例如，项目中介绍了计算机产品相关数

据的各种处理方法,如果制作一个关于计算机产品销售网店的商业报告,就可以把从项目中得到的数据结果展示出来。

6. 数据分析

数据分析主要分为五方面:产品类目成交量、产品类目销售额、产品品牌成交量、产品品牌销售额、销售平台数据。数据分析部分只需根据上一部分中展示的数据,依次进行详细的解释和合理的推测即可。

7. 结论

商业报告的结论要从企业的诉求出发,为企业提供合理的建议。

项目评价

学习评价见表12-2。

表 12-2 学习评价

评价指标		评价得分	未掌握情况记录
知识	跨境电商数据分析的基本步骤		
	跨境电商数据分析的思维方式		
技能	会应用跨境电商数据分析常用的分析指标		
	会应用跨境电商数据分析常用的方法		
素养	认识数据的客观性,不随意篡改数据		
	保密意识好,不随意泄露数据		
	法治观念和职业道德,拒绝虚假营销		
总分			
自评人:		教师:	
注:评价得分区间为 0~10 分,0 分为完全未掌握,10 分为完全掌握,数字越大代表掌握程度越深,评价者依据自身实际情况进行评分。未满 10 分的评价指标在最右一列陈述未掌握的具体情况,并据此向老师或同学提问			

参 考 文 献

[1] 刘电威，张芳旭. 跨境电商 B2C 实务［M］. 北京：人民邮电出版社，2023.
[2] 冯江华，汪晓君. 跨境电商基础［M］. 北京：北京理工大学出版社，2021.
[3] 逯宇铎，陈璇，易静，等. 跨境电商理论与实务［M］. 北京：人民邮电出版社，2021.
[4] 吴宏，潘卫克. 跨境电商 Shopee 立体化实战教程［M］. 杭州：浙江大学出版社，2019.
[5] 张冠凤，邱三平，刘亚杰. 跨境电商［M］. 镇江：江苏大学出版社，2019.
[6] 肖旭. 跨境电商实务［M］. 北京：中国人民大学出版社，2021.
[7] 伍蓓. 跨境电商理论与实务［M］. 北京：人民邮电出版社，2021.
[8] 张函. 跨境电商基础［M］. 北京：人民邮电出版社，2019.
[9] 鲜军，王昂. 跨境电商实训指导版［M］. 北京：人民邮电出版社，2021.
[10] 邓志超，莫川川. 跨境电商基础与实务［M］. 2 版. 北京：人民邮电出版社，2021.